編著者
藤倉 純子

著者
山田 耕太郎
吉澤 剛士
吉本 優子

健康・医療・栄養のための
Excel ワーク

アイ・ケイ コーポレーション

健康・医療・栄養のための Excel ワーク

メインとなる図表および課題，演習問題の Excel データは
右記 QR コードからダウンロードできます。

https://www.ik-publishing.co.jp/hondana/400/download/400dl.htm

株式会社アイ・ケイ コーポレーション　ホームページ
http://www.ik-publishing.co.jp/

まえがき

　2011年に本書の初版が出てから14年が経ちました。今回は，紙面を刷新し，Excel 2021対応の改定版になります。操作画面を大きくし，操作方法を，番号入り手順解説(矢印表示)に変更しました。この手順通りに読んで，操作を進めていくことができます。もっと詳しく知りたい場合は，「解説」もお読みください。構成は，basic level(基礎レベル)とadvanced level(上級レベル)に分け，初級者から上級者と各レベルに合わせて学修を進めていくことができます。

　Office 2021で作成したファイルは，クラウドストレージに保存することができ，パソコン，スマートフォン，タブレットなどから共有することができます。上述のように現在では1人でたくさんの端末を使うようになっていますし，X(Twitter)，Instagram，LINE，Facebook，TikTok，YouTubeなどの様々なコミュニケーションアプリが普及し世界中のユーザー間の情報伝達手段(ICT)は，ますます広がりをみせています。

　また，2020年の新型コロナウイルス感染拡大により，各学校ではインターネットを使った遠隔授業(オンライン授業)やオンデマンド授業を余儀なくされました。さらに，IoT・AIの進化やビッグデータ活用などSociety 5.0に向けた技術革新や，グローバル化の急速な進展が我々の生活や産業の変革をもたらしています。これからの社会で，データとデジタル技術を活用したビジネスモデルの抜本的な変革(DX：デジタルトランスフォーメーション)を進めることが求められています。

　教育分野では，新学習指導要領の情報活用能力の育成・ICT活用が，小学校は令和2年(2020年)度から，中学校は令和3年(2021年)度から全面実施，高等学校は令和4年(2022年)度から学年進行で実施されています。大学でも，大学入学共通テストでは2025年度入試より新課程に対応した内容に切り替わり，新たに「情報I」が追加されます。2022年度以降に高校に入学した生徒は全員が履修している科目であり，国公立大学の一般選抜では受験が必須になっているところが多くなっています。

　また，政府の「AI戦略2019」においては，データとデジタル技術を活用したビジネスモデルの抜本的な変革(DX)をしていくことが重要で，このDXを担う人材として，「数理・データサイエンス・AI」を理解し，活用できる人材が必要であるとし，これらを身につけた人材を育成するしくみとして，大学(大学院を除く)，短期大学，高等専門学校が実施する教育プログラムを認定する「数理・データサイエンス・AI教育プログラム認定制度(Approved Program for Mathematics Data science and AI Smart Higher Education，略称「MDASH(エムダッシュ)」が創設されました。2021年度には「リテラシーレベル」，2022年度には「応用基礎レベル」の認定もスタートしました。文系・理系を問わず，どのような大学・学部に進学するとしても，社会に出て活躍するための基礎的な力として身につけることが期待されています。

本書は，健康・医療・栄養分野に特化し，その入り口としてのためのデータ加工や分析の知識と操作技術を身につけていただく高大接続の教育媒体としての教科書です。

　情報処理の関連科目を教養科目や専門基礎科目として置いている大学はかなりありますが，1年次か2年次に開講されることが多いようですので，高等学校での学習を考慮しながら，本書の必要と思われる部分を活用していただければ幸いです。

　また，履修科目の登録の上限に関する規程を設けているCAP制により情報関連科目が選択科目となり，在学中に学ぶ機会をもたない学生が増えていることも考えられます。その場合は，インターネットからワークシートをダウンロードして自主学習していただければと思います。

　若い学生たちはスマホやゲームを使いこなし，音楽や映像にも強く，ワープロやプレゼンソフトにも小学校から接しているようですが，なぜか数値を取り扱うことが多いExcelの活用が不十分だと常々感じています。今回の改定では，操作手順を具体的に図示しましたので，操作で迷うことは少なくなると思います。Excelの活用範囲の広さを実感していただければ幸いです。

2025年3月

編著者　藤倉純子

目　次

Chapter 01　基本操作　　Basic level
藤倉　純子

- 1-1　Excelで何ができるか　　2
- 1-2　画面の構成　　4
- 1-3　セルとセル範囲の選択　　6
- 1-4　行や列の選択・削除・挿入　　7
- 1-5　データの入力と修正　　10
- 1-6　データの移動と複写　　15
- 1-7　連続データの入力　　19
- 1-8　シートの操作　　22
- 1-9　ワークシートのグループ化　　24
- 1-10　シート間で3D集計　　28
- 1-11　シートのリンク　　30
- 1-12　ブックの操作　　32
- 1-13　Excelと他のアプリケーションの連携　　40

Chapter 02　表の作成
藤倉　純子

- 2-1　作成するシートの確認　　46
- 2-2　表の編集　　47
- 2-3　数式の入力と合計の計算　　53
- 2-4　調味パーセントの計算　　57
- 2-5　文字の変更と修飾　　62
- 2-6　罫線と塗りつぶし　　65

Chapter 03　セルの参照
吉本　優子

- 3-1　作成するシートの確認　　68
- 3-2　関数の入力　　69
- 3-3　絶対参照で数式を作成する　　74
- 3-4　表示桁数，表示スタイルを整える　　80
- 3-5　表の再利用　　81
- 3-6　複合参照で数式を作成する　　83
- 3-7　表の体裁を整える　　85

♠演習問題

Chapter 04 論理関数〔IF関数を使った判定処理〕

山田耕太郎

- 4-1 論理関数の利用 　92
- 4-2 論理関数とは 　93
- 4-3 IF関数による判定 　99
- 4-4 IF関数のネスト 　101
- ♠演習問題

Chapter 05 グラフの作成〔グラフの種類の選び方・作り方〕

吉澤 剛士

- 5-1 グラフ作成のポイント確認 　102
- 5-2 棒グラフ 　104
- 5-3 帯グラフ 　114
- 5-4 円グラフ 　117
- 5-5 折れ線グラフ 　119
- 5-6 散布図 　121
- ♠演習問題

Chapter 06 データベース

吉本 優子

- 6-1 データベース機能 　124
- 6-2 データの並び替え 　130
- 6-3 日本語の並び替え 　135
- 6-4 データの抽出 　141
- 6-5 文字列の抽出 　153
- ♠演習問題

Chapter 07 時刻関数

山田耕太郎

- 7-1 日付と時刻関数 　156

Chapter 08 論理関数〔複数の関数を使った判定処理〕 Advanced level

山田耕太郎

- 8-1 複数のIF関数をネストする 　162
- 8-2 AND・OR・NOT関数の利用 　165
- 8-3 エラーの処理 　169

Chapter 09 グラフの作成〔データによるグラフの使い分け〕

吉澤　剛士

9-1	折れ線グラフ	174
9-2	片対数グラフ	176
9-3	複合グラフ	179
9-4	生命表	182
9-5	レーダーチャート	185

Chapter 10 統計分析

吉澤　剛士

10-1	統計関数の利用	192
10-2	度数分布	196
10-3	分析ツールの活用	200
10-4	2×2分割表の検定（関連性の検定）	217
	♠演習問題	

Chapter 11 データ集計とピボットテーブル

藤倉　純子

11-1	ピボットテーブル	220
11-2	ピボットテーブルとは	223
11-3	計算の種類の変更	235
11-4	項目の変更と数値のグループ化	242
11-5	ピボットテーブルのコピー	245
	♠演習問題	

Chapter 12 検索／行列／数学関数

山田耕太郎

12-1	INDEX関数	248
12-2	HLOOKUP関数	252
12-3	VLOOKUP関数	254
12-4	HYPERLINK関数	262
12-5	RANDBETWEEN関数	264
	♠演習問題	

参考文献　　　　　　　　　　　　　　　　　　　　　　　　　267

Chapter 01 基本操作

1-1 Excelで何ができるか

Study Point
- Excelとは
- 起動方法
- 画面の構成
- セルとセル範囲の選択，行や列の選択・削除・挿入
- 文字列・数値の入力
- データの移動と複写
- 連続データの入力
- シートの操作
- シート間で3D集計
- ブックの操作
- Excelと他のアプリケーションの連携

　Excel（エクセル）とは，パーソナルコンピュータ（パソコン）向けの「表計算ソフト」とよばれるアプリケーションソフトウエア[1]であり，文字通り表の作成を簡単に行うことができる。

　Excelは，下に示すような数多くの機能をもっている。つまり，Excelはごく簡単な表作成から高度なプログラムの世界まで，幅広い機能を備えているスーパー・ソフトといえよう。

- 表に入力した数値データの集計，計算や統計分析などさまざまなデータ処理
- グラフの作成　　　　・文章作成　　　　・図形の描画や画像の取り込み
- 大小順やアルファベット順などへの「並べ替え」や，指定したデータを抜き出す「抽出」も行えるなど，データベース[2]の作成と管理
- 一定の作業を行うためのプログラム（VBA[3]により記述されるマクロ）作成

　なお，正式にはMicrosoft Office Excel（マイクロソフト・オフィス・エクセル）といい，マイクロソフト社がWindows（基本ソフトOS[4]）用[5]に販売しているソフトの名称であり，現時点では，実質上の標準「表計算ソフト」として普及している。マイクロソフト社はこのソフトの使用，改変，複製を法的・技術的な手法を用いて制限しており，利用にあたっては，正規に購入し，登録することが前提である。

　Excelは，パソコンを購入したときからインストールされている（プレインストール）こともあるが，Officeのパッケージとして，あるいは単体でも販売されている。最初のWindows用のExcelは1987年に販売されたが，バージョンアップが重ねられ，現在の最新バージョンは，2021年10月に発売された「Excel 2021」（Officeのパッケージは，Office 2021）である。

　また，Office製品やオンラインストレージ（OneDrive）やグループウェア（Microsoft Teams）が1つになったサブスクリプション[6]型サービスであるMicrosoft 365でもExcelを使用することができる。Microsoft 365は，1つのライセンスでWindows PCだけでなく，スマートフォンやタブレットなどにフル機能のOfficeアプリを5台までインストール可能（使用可能ユーザーは1人）である。

　Excelは，初心者から上級者まで，どのレベルの利用にも耐えられるソフトであり，健康科学・栄養学の学習やコメディカル栄養に関わる業務の効率化に役立つだけでなく，各人のプライベート面でもさまざまな利用が可能である。

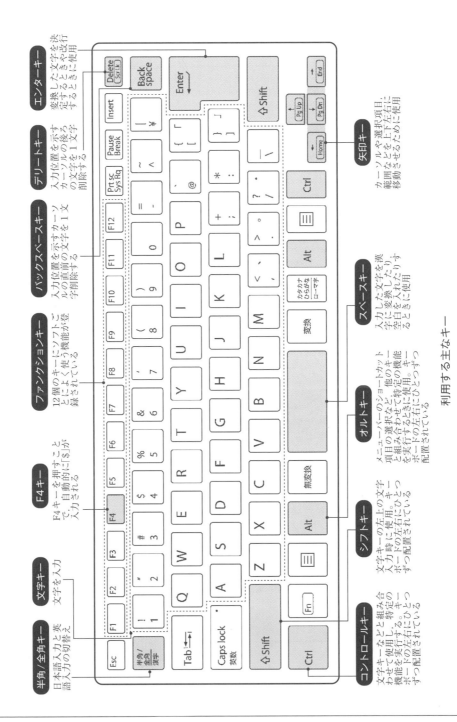

1) 利用者が特定の作業を行うために使用する応用ソフトウエアの総称
2) 特定の目的で整理されたデータの集まり
3) Visual Basic for Applications（VBA）
4) OS（オーエス）Operating System コンピュータシステム全体を管理する基本ソフトウエア
5) Mac（OS X）用も開発・販売している。
6) サブスクリプションとは，利用する期間に決められた使用料を支払うことで，製品・サービスの提供を受ける契約形態のこと。

1-2 画面の構成

1 起動方法

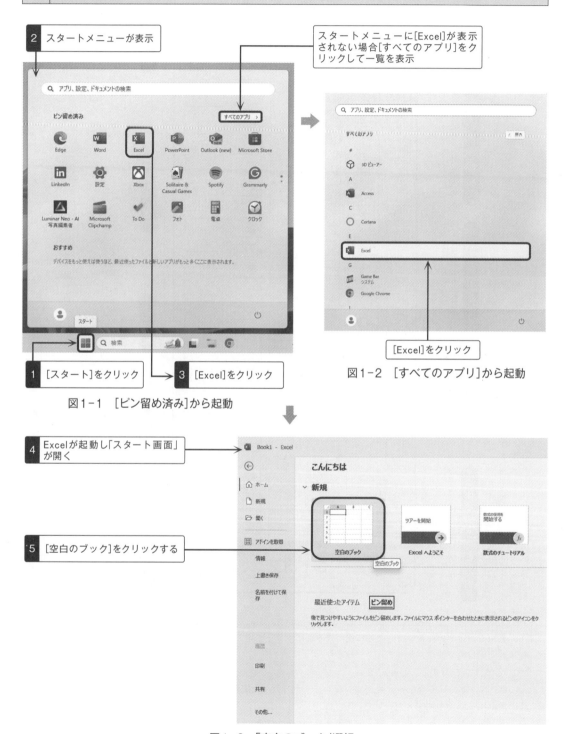

図1-1 [ピン留め済み]から起動

図1-2 [すべてのアプリ]から起動

図1-3 「空白のブック」選択

2　エクセルの画面構成

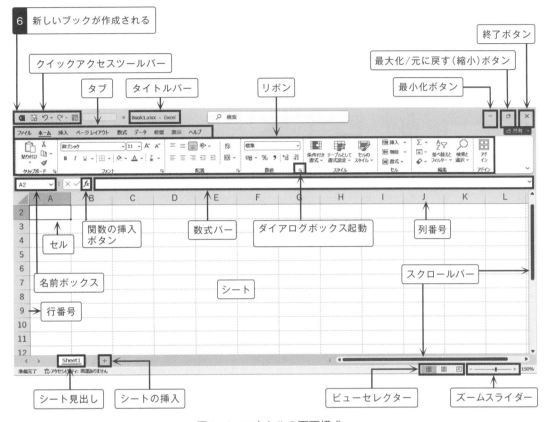

図1-4　エクセルの画面構成

解説　ワークシート

各部分は，上図の通り名前がついている。シート（「ワークシート」ともいう。本書では「シート」と記載する）が数字や文字を入力する作業領域である。

1-3　セルとセル範囲の選択

1　1つのセルの選択

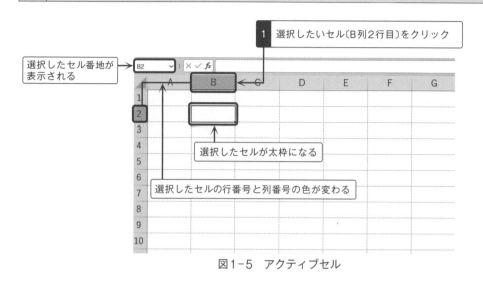

図1-5　アクティブセル

2　連続した複数のセル（セル範囲）の選択

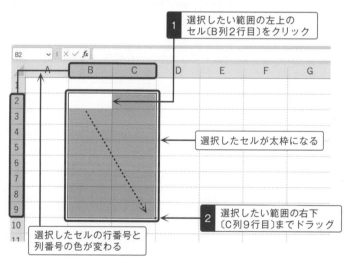

図1-6　セルの選択

解 説　広範囲のセルを選択する場合
　① 選択したい範囲の左上のセルをクリック
　② 〔Shift〕キーを押しながら，選択したい範囲の右下のセルをクリック

1-4 行や列の選択・削除・挿入

1 列や行の選択

(1) 1つの列を選択する

図1-7 列の選択

(2) 1つの行を選択する

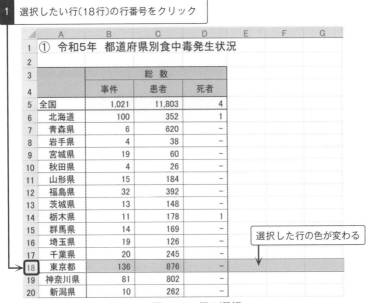

図1-8 行の選択

(3) 連続した複数の行の選択

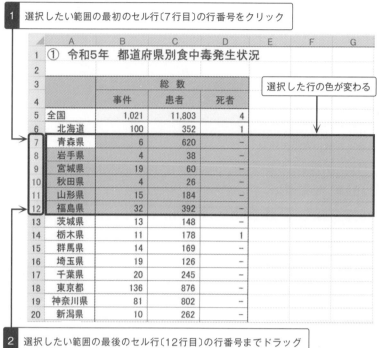

図1-9　複数行の選択

(4) 離れた複数の行（例：7, 12, 16行目）の選択

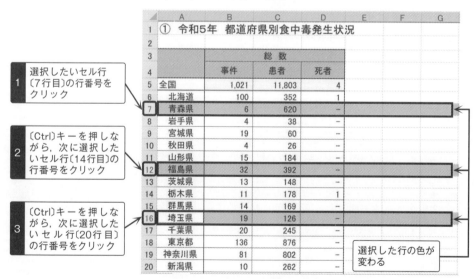

図1-10　離れた複数行の選択

2　列や行の削除

（1）　列の削除

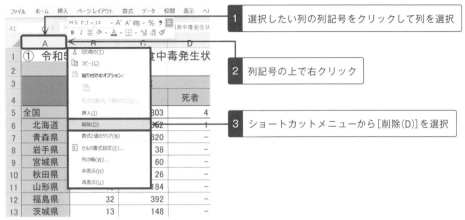

図1-11　ショートカットメニュー(削除)

（2）　行の削除

削除したい行番号をクリックし，上記と同様の操作をする。

3　列や行の挿入

（1）　列の挿入

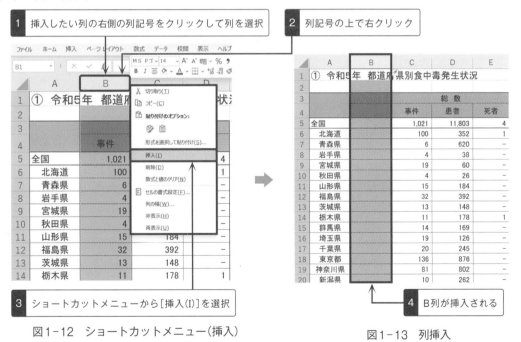

図1-12　ショートカットメニュー(挿入)　　　図1-13　列挿入

（2）　行の挿入

挿入したい行の行番号をクリックし，上記と同様の操作をする。

1-5　データの入力と修正

1　入力モードの切り替え

　Excelの基本はデータ入力から始まる。データには下表のような種類がある。入力するデータの種類に応じ，言語バーの入力モードを切り替える必要がある。

表1-1　基本入力データ

種類		半角		全角	
		大文字	小文字	大文字	小文字
文字列	アルファベット	B	b	Ｂ	ｂ
	カタカナ	ア		ア	
	ひらがな			あ	
	漢字			栄	
数値	数字	2		２	
	記号	?		？	

　日本語入力モードが「オフ」か「オン」かは，言語バーで下図のように確認する。Excelの起動時は，日本語後入力システムはオフの状態になっている。

　「オフ」と「オン」の切り替えは 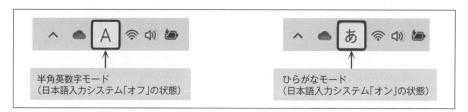 〔半角／全角〕キーで行うことができる。原則的に半角英数字を入力するときは「オフ」の状態，ひらがな，カタカナ，漢字や全角記号を入力するときは「オン」に設定する。

図1-14　日本語入力システムの切替

解説　日本語入力システム
　日本語で入力を行うために必要な変換ソフトIME（Input Method Editor）という。
　Windowsに標準で添付されているのは，「Microsoft IME」と「ATOK」である。
　デフォルトでは，「Microsoft IME」に設定されている。

2 データの入力

(1) 作成するシートの確認

例題：商店売上表のデータ入力をしてみよう。

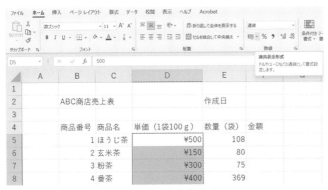

図1-15　商店売上表

(2) 文字列の入力

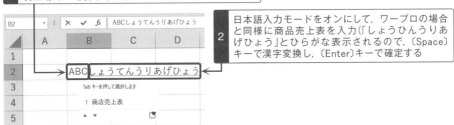

図1-16　文字列の入力（半角英数・全角）

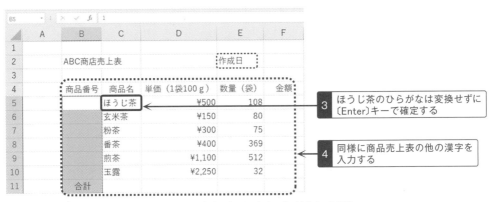

図1-17　文字列の入力（ひらがな無変換）

(3) 数値の入力

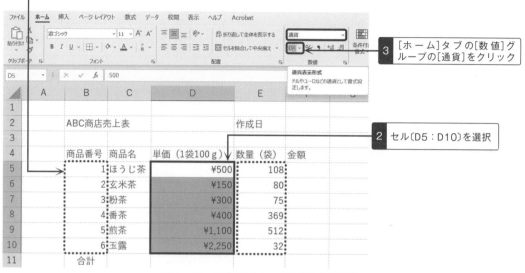

図1-18　数値の入力・表示形式（通貨）

解説

文字・数値の入力

- 文字列はセルの中で左づめ，数値は右づめで表示される。
- 数値は半角の数字で表示される。
- 数値の先頭に半角の〔'（アポストロフィー）〕を入力すると文字列として扱われる。
- 日本語入力モードをオンにして全角文字で数字を入力した場合，〔Enter〕キーを2回押して確定することになるが，全角で入力しても半角となる。

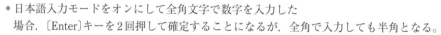

セルの移動

　データを入力した後〔Tab〕キーを押すと，アクティブセルは右に移動する。〔Shift〕キー＋〔Tab〕キーを押すと，左に移動する。〔Shift〕＋〔Enter〕キーを押すと，上に移動する。続けて〔Tab〕キーを押して同じ行にデータを入力した後〔Enter〕キーを押すと，次の行の先頭に移動する。

（4） 文字列と数値の配置の変更

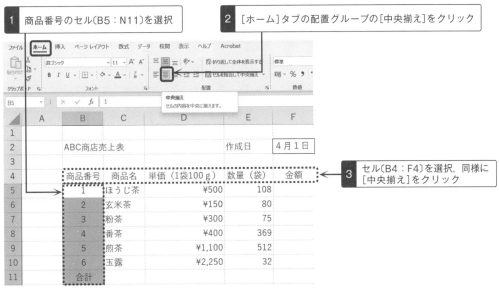

図1-19　中央揃え

（5） 日付の入力

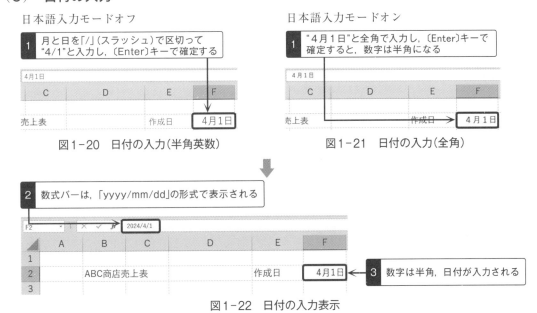

図1-22　日付の入力表示

（解説）　今日の日付の入力

　　セルをクリックして〔Ctrl〕キーを押しながら〔；〕（セミコロン）を押すと，今日の日付が自動的に表示される。

（6） 時刻の入力

日本語入力モードオフ

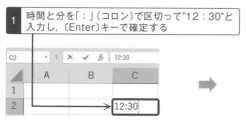

図1-23 時刻の入力（半角英数）

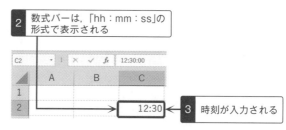

図1-24 時刻の入力結果（半角英数）

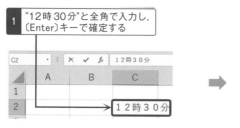

図1-25 時刻の入力（全角）

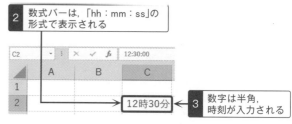

図1-26 時刻の入力結果（全角）

3 データの消去・修正

（1） データの消去

セル〔E2〕の"作成日"を消す。

図1-27 データの消去（Delキー）　　図1-28 データの消去

（2） データの上書き

セル〔E5〕の"108"を"270"に変更する。

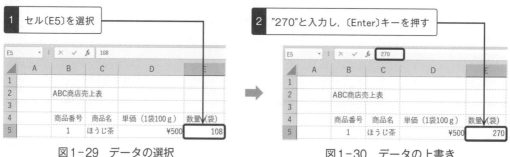

図1-29 データの選択　　図1-30 データの上書き

（3） データの一部修正

"ABC商店売上表"を"ABC園売上表"に修正する。

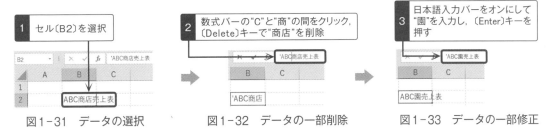

図1-31　データの選択　　　図1-32　データの一部削除　　　図1-33　データの一部修正

1-6　データの移動と複写

1　データの移動

（1）　データの移動をリボンから行う方法

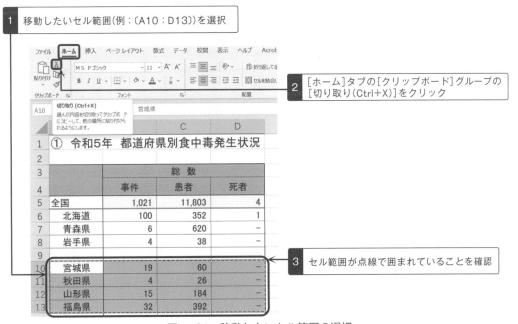

図1-34　移動したいセル範囲の選択

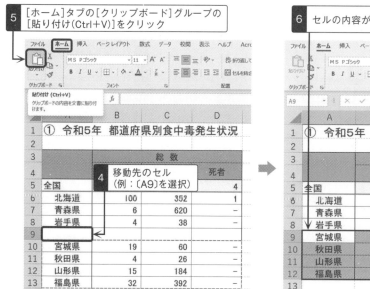

図1-35 貼り付け場所の選択　　　図1-36 移動して貼り付け

(2) データの移動をドラッグ操作で行う方法

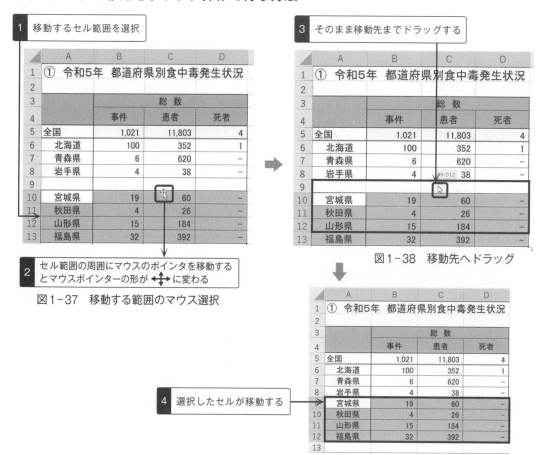

図1-37 移動する範囲のマウス選択

図1-38 移動先へドラッグ

図1-39 セルの移動

（3）データの移動をメニュー操作で行う方法

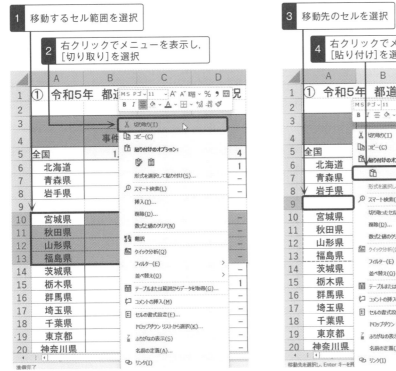

図1-40 メニューの切り取り選択

図1-41 メニューの貼り付け選択

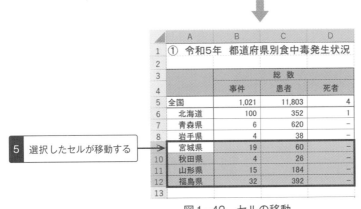

図1-42 セルの移動

解説 セルのコピー方法

セルのコピー操作は，下記の方法もある。
- マウスの右クリックでメニューを提示して，上記同様の操作を行う。
- ［コピー(Ctrl + C)］，［貼り付け(Ctrl + V)］のショートカットキーを使う。
- マウスでコピーしたいセル範囲を選択し，マウスポインターの形が✥の状態で〔Ctrl〕キーを押しながらドラッグする。

2 データの複写

（1） データのコピーをリボンから行う方法

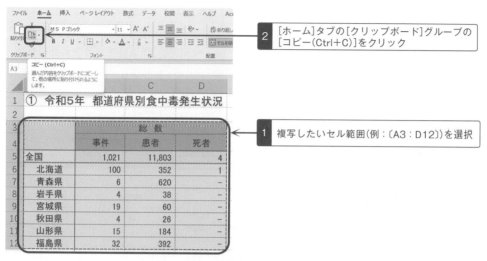

図1-43　複写元のセル範囲の選択

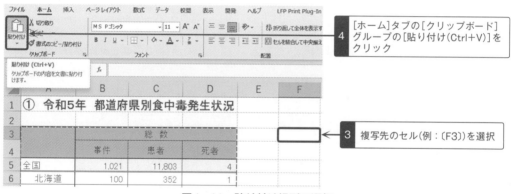

図1-44　貼り付け場所の選択

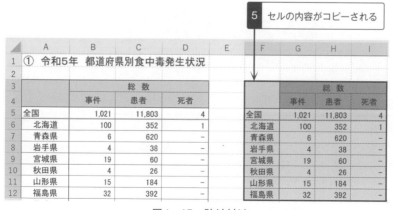

図1-45　貼り付け

1-7 連続データの入力

1 連続した数値の入力

例題1：セル〔B3：B14〕に"1～12"を入力してみよう。

図1-46 フィルハンドル

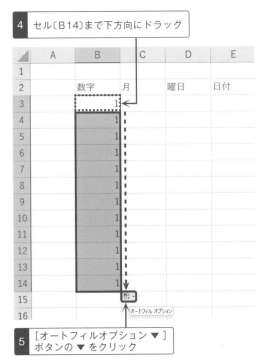

図1-47 ドラッグ指定

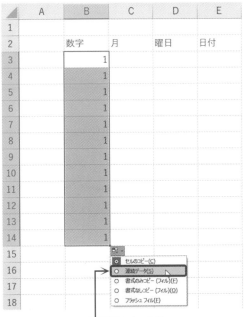

図1-48 オートフィルオプションの画面

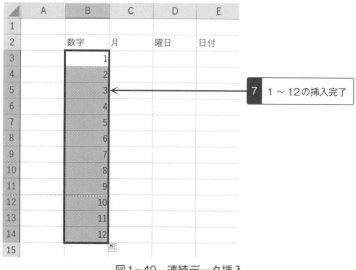

図1-49 連続データ挿入

2 連続した月の入力

例題2：セル〔C3：C14〕に"1月～12月"を入力してみよう。

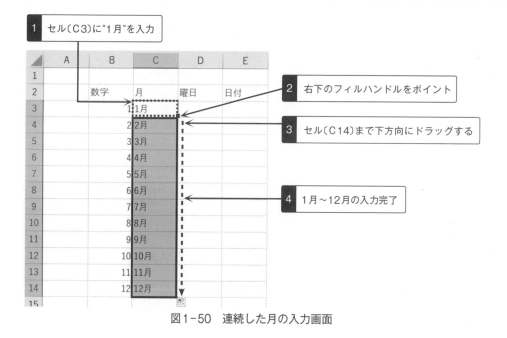

図1-50 連続した月の入力画面

3 連続した曜日の入力

例題3：セル〔D3：D14〕に"日～土"を入力してみよう。

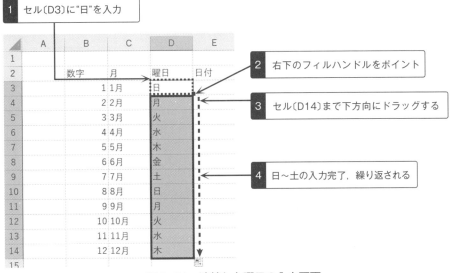

図1-51 連続した曜日の入力画面

4 連続した日付の入力

例題4：セル〔E3：E14〕に"4/1～4/12"を入力してみよう。

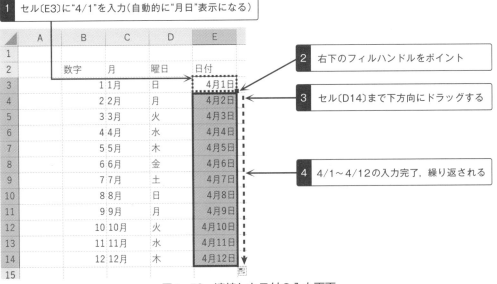

図1-52 連続した日付の入力画面

1-8　シートの操作

1　シートの移動

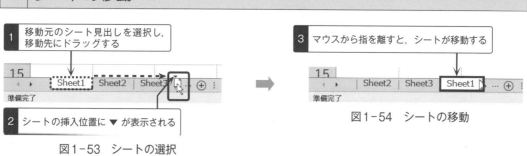

図1-53　シートの選択

図1-54　シートの移動

2　シートのコピー

図1-55　シートの選択

図1-56　シートのコピー

3　シートの挿入

図1-57　[新しいシート]ボタン

図1-58　シート挿入

4 シートの削除

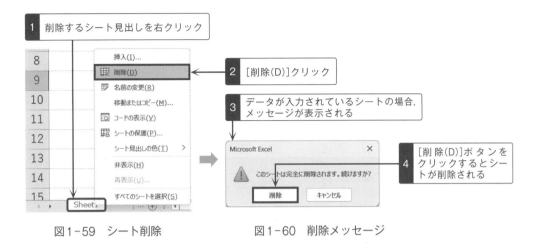

図1-59 シート削除 図1-60 削除メッセージ

5 シート名の変更

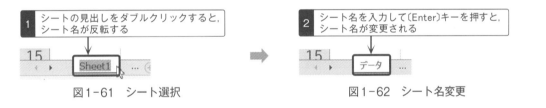

図1-61 シート選択 図1-62 シート名変更

解説

シート名の変更
　シート見出しを右クリック，[名前の変更(R)]をクリックするとシート名が反転し，シート名入力でも変更できる。シート名はシートの内容を判断する上で目安になる。

シート名のルール
　シート名の入力で誤りがある場合，エラーメッセージが表示される。

1-9 ワークシートのグループ化

> 例題：相田さん，斎藤さん，田中さんの3名の1週間のエネルギー・栄養素等摂取量の表を別々のシートに作成し，3名の1週間の平均を計算してみよう。

	A	B	C	D	E	F	G	H	I
1									
2		相田　陽子							
3			エネルギー	タンパク質	脂質	カルシウム	鉄	ビタミンB1	ビタミンC
4		月	1931	50.8	65.7	265	5.1	0.52	100
5		火	1476	48	40.2	326	6.9	0.54	122
6		水	1601	64.7	28.8	401	8.9	0.77	103
7		木	1159	68.1	27.1	231	6.1	0.79	112
8		金	1772	63.4	80	516	7.8	0.67	129
9		土	1692	48	54.1	444	7.3	0.37	51
10		日	1338	55.6	24.9	331	8	0.54	64
11		1週間平均							
12									

	A	B	C	D	E	F	G	H	I
1									
2		斎藤　貴子							
3			エネルギー	タンパク質	脂質	カルシウム	鉄	ビタミンB1	ビタミンC
4		月	1837	67.7	47.6	347	8.3	0.89	221
5		火	1515	71	20	288	5.1	0.45	46
6		水	1868	46.6	46.6	199	4.9	1.04	84
7		木	1430	50.1	50.1	251	5	0.83	124
8		金	2410	70.4	70.4	326	9.5	2.06	250
9		土	2229	89.9	89.9	335	9.8	1.38	57
10		日	2173	87.2	87.2	960	10.1	5.96	101
11		1週間平均							
12									

	A	B	C	D	E	F	G	H	I
1									
2		田中　千春							
3			エネルギー	タンパク質	脂質	カルシウム	鉄	ビタミンB1	ビタミンC
4		月	1951	67.6	59.3	300	8.2	0.88	119
5		火	1238	47.7	28.9	291	4	0.43	70
6		水	1885	67.3	49.9	351	5	0.6	49
7		木	1247	40.2	37.8	217	4.2	0.38	143
8		金	2730	76.3	135.2	483	10.5	0.72	83
9		土	1870	51.1	74.3	167	5.3	0.51	59
10		日	1846	76.4	76	242	5.8	0.65	32
11		1週間平均							
12									

図1-63　3名の1週間のエネルギー・栄養素等摂取量

❖❖❖❖ダウンロード

解説　シートのグループ化

3名の表は同じフォーマットで作成されている。このようなときは，対象となるシートに「作業グループ」を設定する「シートのグループ化」を行うとよい。シートをグループ化すると，選択されたシートはすべてアクティブシートになり，スタイルや書式をどのシートで変更しても，グループ内のすべてのシートに反映される。

1 シートのグループ化

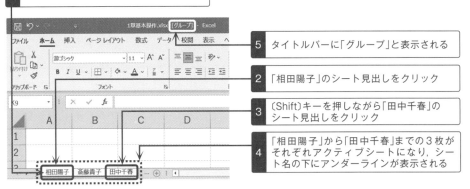

図1-64 [グループ]表示画面

2 表の作成

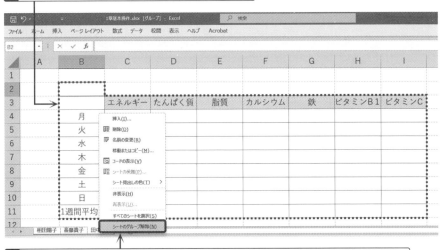

図1-65 [グループ]解除画面

(解説) 他のシートの選択方法
- 連続しないシートを選択する場合,最初のシート見出しをクリックしてアクティブにし,〔Ctrl〕キーを押しながら離れたシートの見出しをクリックする。
- グループ以外のシート見出しをクリックすると[グループ]は解除される。
- グループ内の任意のシート見出しを右クリック,[シートのグループ解除(N)]を選択で[グループ]は解除される。

3 平均値の計算

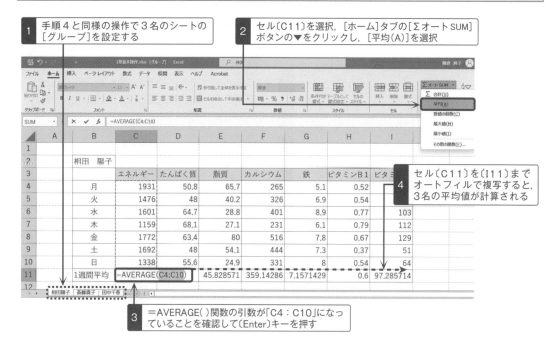

図1-66 平均値の計算

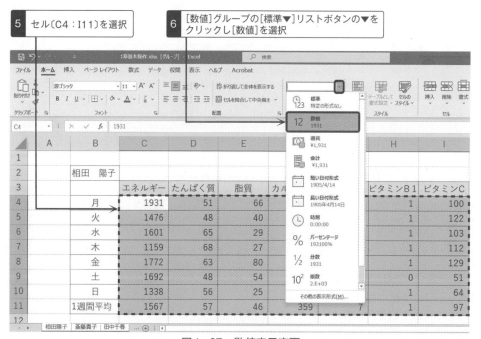

図1-67 数値表示変更

4　小数点以下の表示桁数の変更

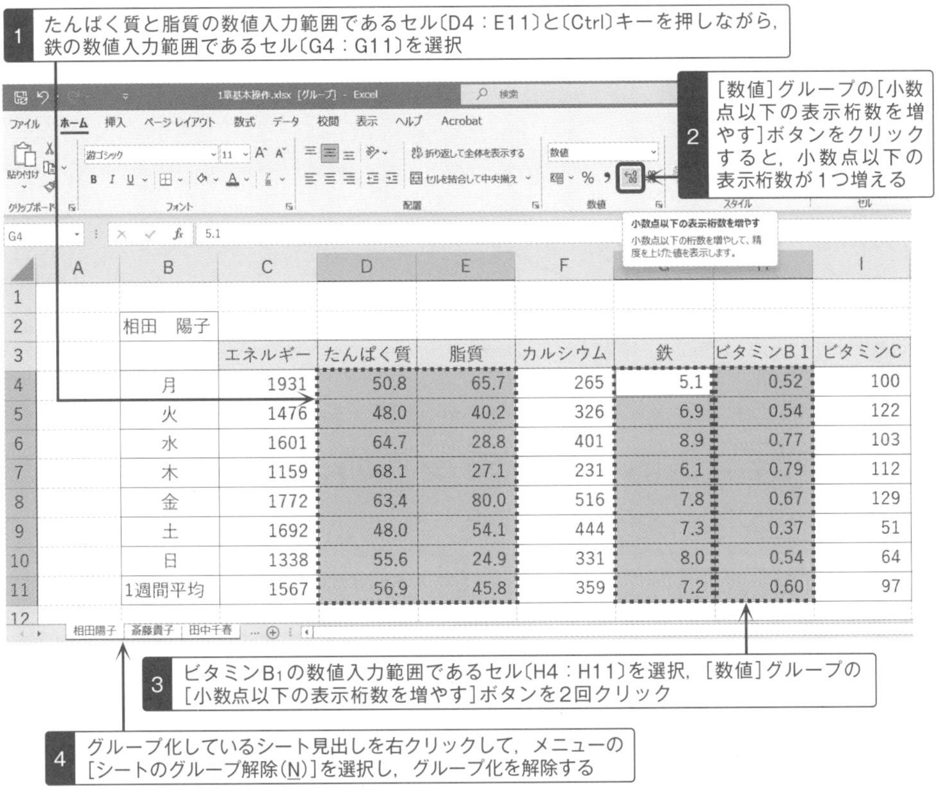
1 たんぱく質と脂質の数値入力範囲であるセル〔D4：E11〕と〔Ctrl〕キーを押しながら，鉄の数値入力範囲であるセル〔G4：G11〕を選択
2 [数値]グループの[小数点以下の表示桁数を増やす]ボタンをクリックすると，小数点以下の表示桁数が1つ増える
小数点以下の表示桁数を増やす
小数点以下の桁数を増やして、精度を上げた値を表示します。
相田　陽子
エネルギー
たんぱく質
脂質
カルシウム
鉄
ビタミンB1
ビタミンC
月
火
水
木
金
土
日
1週間平均
相田陽子
斎藤貴子
田中千春
3 ビタミンB1の数値入力範囲であるセル〔H4：H11〕を選択，[数値]グループの[小数点以下の表示桁数を増やす]ボタンを2回クリック
4 グループ化しているシート見出しを右クリックして，メニューの[シートのグループ解除(N)]を選択し，グループ化を解除する

図1-68　小数点以下の表示桁数の変更

（解 説）小数点以下の表示桁数の変更

[ホーム]タブの[小数点以下の表示桁数を増やす]をクリックすると，小数点以下の桁数が1つ増え，[小数点以下の表示桁数を減らす]をクリックすると，小数点以下の桁数が1つ減る。セルの表示上は四捨五入されているが，実際のデータは変更されない。

1-10　シート間で3D集計

例題：**01** 図1-63に示した相田さん，斎藤さん，田中さんの3名の1週間のエネルギー，栄養素等摂取量の平均を計算し，シート見出し「3名平均」としてみよう。

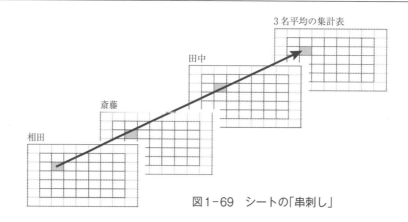

図1-69　シートの「串刺し」

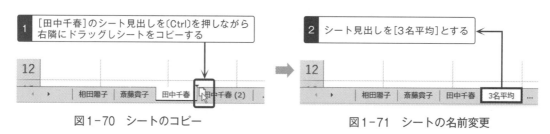

図1-70　シートのコピー　　　　　　　　図1-71　シートの名前変更

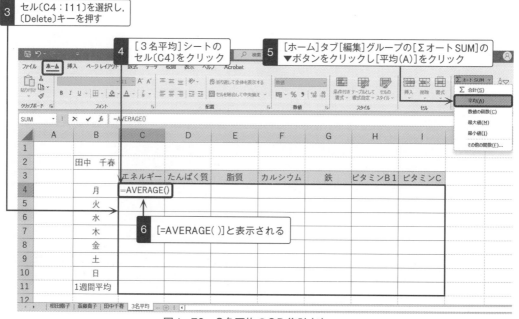

図1-72　3名平均の3D集計(1)

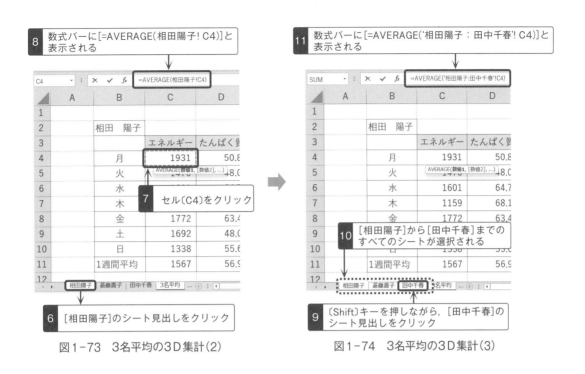

図1-73 3名平均の3D集計(2)　　図1-74 3名平均の3D集計(3)

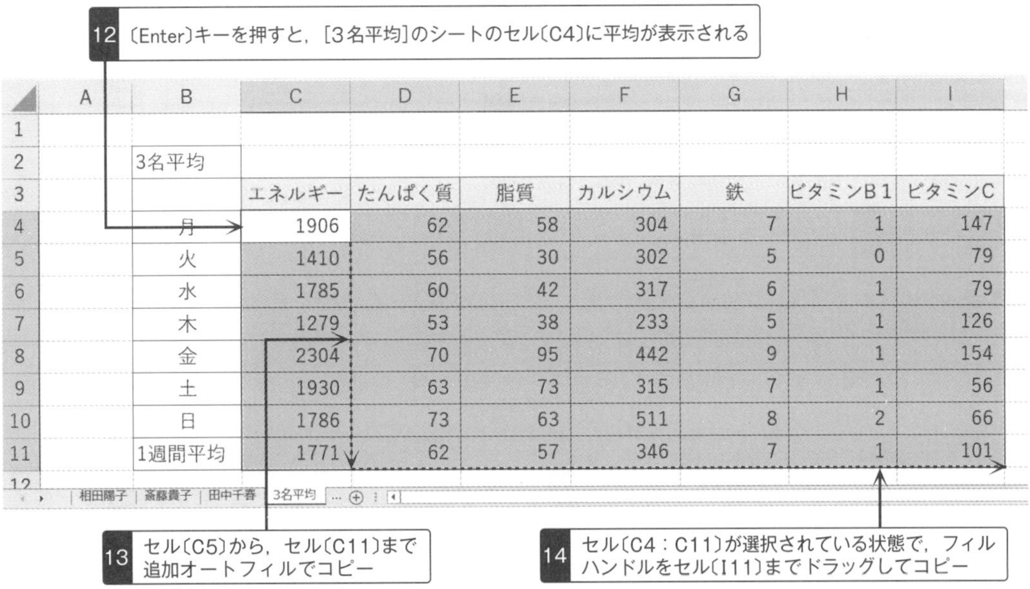

図1-75 3名平均の計算結果

解説 3D集計

「3D集計」とは複数のシート間で,同じセル位置の数値を「串刺し」集計をすることである。シートが何枚になっても集計対象の最初のシートのセルと最後のシートのシート見出しをクリックするだけで選択できる。

1-10 シート間で3D集計

1-11　シートのリンク

> 例題：相田さん，斎藤さん，田中さんの3名の1週間のエネルギー・栄養素等摂取量の平均を[個人別集計]の表に[リンク貼り付け]してみよう。

図1-76　シートのコピー　　　　　　　　　　図1-77　シートの名前変更

図1-78　個人別集計の表

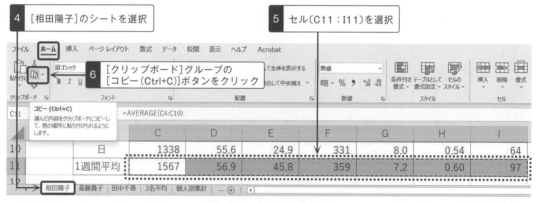

図1-79　コピー元を選択

解説

　複数のワークシートを連結した状態を「リンク」という。シートをリンクすると参照元シートのデータが更新されると，参照先のデータも自動的に更新される。

ブックやシートをリンクする参照式
- 同じシート内で参照する
  =セル参照　　　　　　　　　　　　　　例：=A1
- 同じブック内の別のシートを参照する
  =シート名！セル参照　　　　　　　　　例：=斎藤貴子！C1
- 別のブックを参照する
  ='[ブック名.xlsx]シート名'！セル参照　　例：='[01 基本操作.xlsx]田中千春'！C11

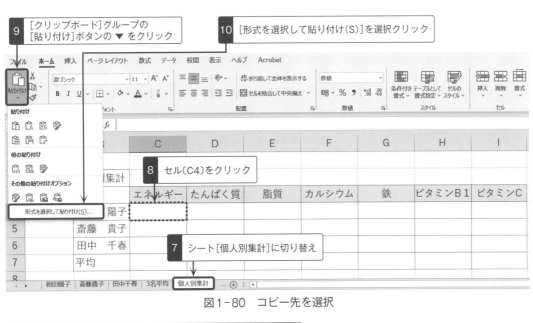

図1-80 コピー先を選択

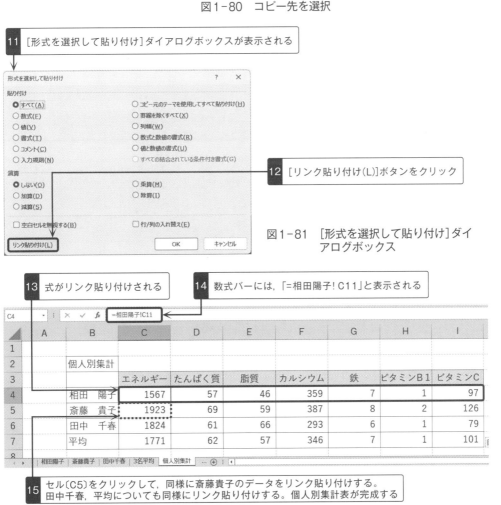

図1-81 [形式を選択して貼り付け]ダイアログボックス

図1-82 個人別集計表の完成

1-11 シートのリンク

1-12　ブックの操作

例題：ブック「1章シートの連携」，ブック「6章_統計分析」およびブック「1章ブックの連携」（新規作成）の3つのブックがあるとする。課題A～Dをやってみよう。

課題A　ブック「1章シートの連携」を複数のウィンドウで並べて表示しなさい。

課題B　ブック「1章シートの連携」とブック「6章_統計分析」の2つのブックをウィンドウ内に並べて表示しなさい。

課題C　ブック「6章_統計分析」の「栄養素等摂取量」のシートをブック「1章シートの連携」にコピーしなさい。

課題D　ブック「1章シートの連携」の個人別集計の表の値をブック「1章ブックの連携」の[連携]シートに参照しなさい。

課題A　ブック「1章シートの連携」を複数のウィンドウで並べて表示しなさい。

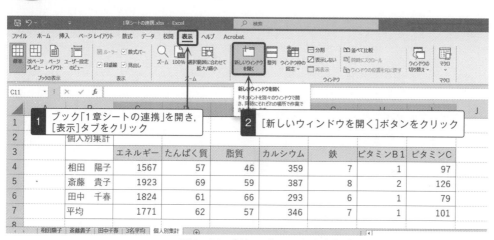

図1-83　新しいウィンドウを開く

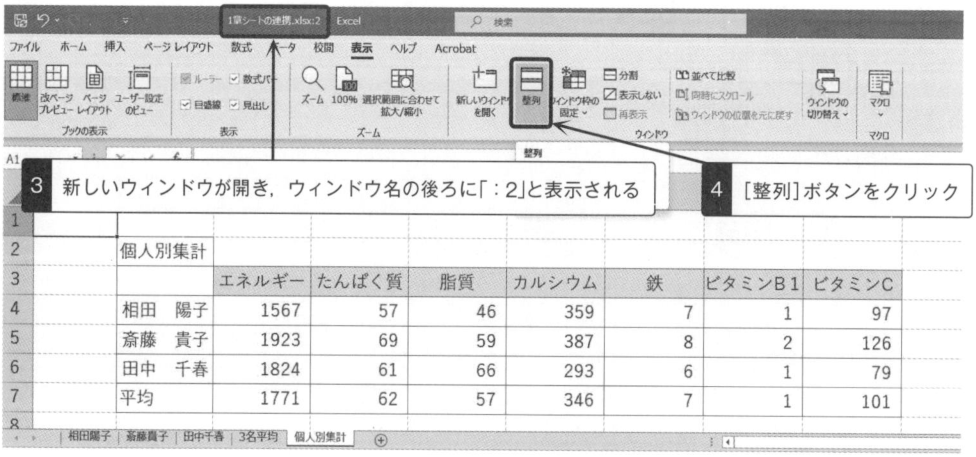

図1-84　ファイル名に「:2」が表示

5 [ウィンドウの整列]ダイアログボックスが表示される

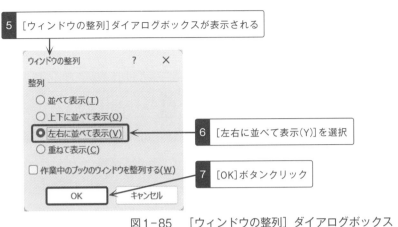

6 [左右に並べて表示(Y)]を選択

7 [OK]ボタンクリック

図1-85　[ウィンドウの整列]ダイアログボックス

8 2つのウィンドウが左右に表示される

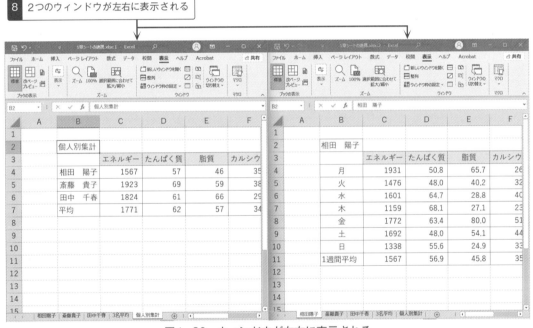

図1-86　ウィンドウが左右に表示される

(解説)　ブックの複数表示

　　同じブック内にある別々のシートを比較しながら作業する場合，1つのブックを複数のウィンドウで表示すると便利である。上図のようにウィンドウごとに異なるシートを表示できる。

課題B ブック「1章シートの連携」とブック「6章_統計分析」の2つのブックをウィンドウ内に並べて表示しなさい。

1. 課題Aのブック「1章シートの連携」を開いたままで，ブック「6章_統計分析」を開く
2. [表示]タブをクリック
3. [整列]ボタンをクリック
4. [ウィンドウの整列]ダイアログボックスの[並べて表示(T)]を選択
5. [OK]ボタンをクリック

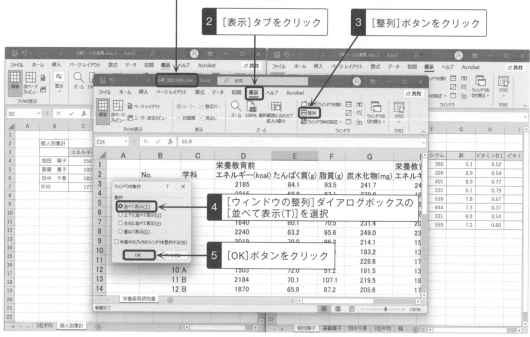

図1-87　[並べて表示]選択

1. 複数のウィンドウが表示される

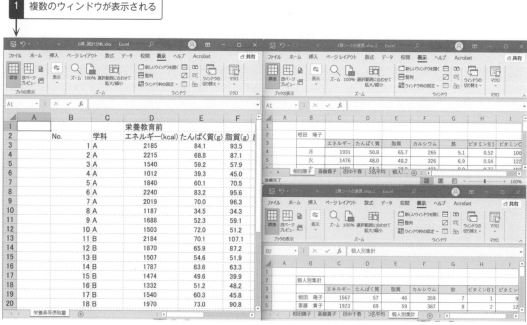

図1-88　2つのブックの複数のウィンドウ表示([並べて表示]を選択した場合)

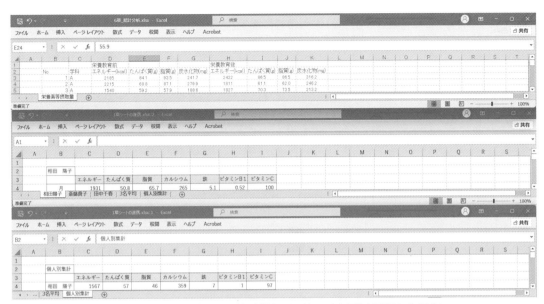

図1-89　シートが上下に整列（[上下に並べて表示]を選択した場合）

(解説)　複数のブックを参考にする場合

　複数のブックを参考にする場合に1つの画面内に表示できれば便利である。1つの画面内に表示する方法は図1-90のように4通りある。作業しやすい整列方法を選択すればよい。

1-12　ブックの操作

課題C ブック「6章_統計分析」の「栄養素等摂取量」のシートをブック「1章シートの連携」にコピーしなさい。

図1-90 [シートの移動またはコピー]を選択

図1-91 [シートの移動またはコピー]ダイアログボックス

(解説) シートの移動,またはコピーの別方法
　移動またはコピーしたいシート見出しを右クリックして,メニューの[移動またはコピー(M)]をクリックすると図1-94[シートの移動,またはコピー]ダイアログボックスが表示される。

10 ブック「1章シートの連携」の末尾(右端)に，［栄養素等摂取量］シートがコピーされる

	A	B	C	D	E	F	G	H	I	J	K
1				栄養教育前				栄養教育後			
2		No.	学科	エネルギー(kcal)	たんぱく質(g)	脂質(g)	炭水化物(mg)	エネルギー(kcal)	たんぱく質(g)	脂質(g)	炭水化物(mg)
3		1	A	2185	84.1	93.5	241.7	2422	86.5	86.5	316.2
4		2	A	2215	68.8	87.1	279.9	1811	61.1	62.0	246.2
5		3	A	1540	59.2	57.9	188.6	1827	70.3	73.5	213.2
6		4	A	1012	39.3	45.0	108.2	1206	41.2	51.2	144.9
7		5	A	1840	60.1	70.5	231.4	2032	72.1	71.3	267.9
8		6	A	2240	83.2	95.6	249.0	2317	67.7	97.6	287.6
9		7	A	2019	70.0	96.3	214.1	1573	65.5	50.8	207.0
10		8	A	1187	34.5	34.3	183.2	1354	55.6	51.9	159.4
11		9	A	1688	52.3	59.1	228.6	1784	76.1	61.0	222.1
12		10	A	1503	72.0	51.2	191.5	1312	51.6	39.4	179.4
13		11	B	2184	70.1	107.1	219.5	1942	71.6	82.0	219.6
14		12	B	1870	65.9	87.2	205.6	1788	54.4	76.1	215.2
15		13	B	1507	54.6	51.9	198.8	984	30.1	30.9	142.4
16		14	B	1787	63.6	63.3	235.9	1618	61.1	67.5	182.5
17		15	B	1474	49.6	39.9	224.3	1321	43.4	40.9	192.9
18		16	B	1332	51.2	48.2	166.5	1420	46.0	43.7	204.5
19		17	B	1540	60.3	45.8	217.4	1449	50.3	52.9	192.9
20		18	B	1970	73.0	90.8	205.1	1445	51.0	69.8	143.1
21		19	B	1230	44.5	27.1	198.5	1512	61.3	35.2	231.4
22		20	B	1907	60.8	81.6	228.1	903	23.3	26.6	136.9

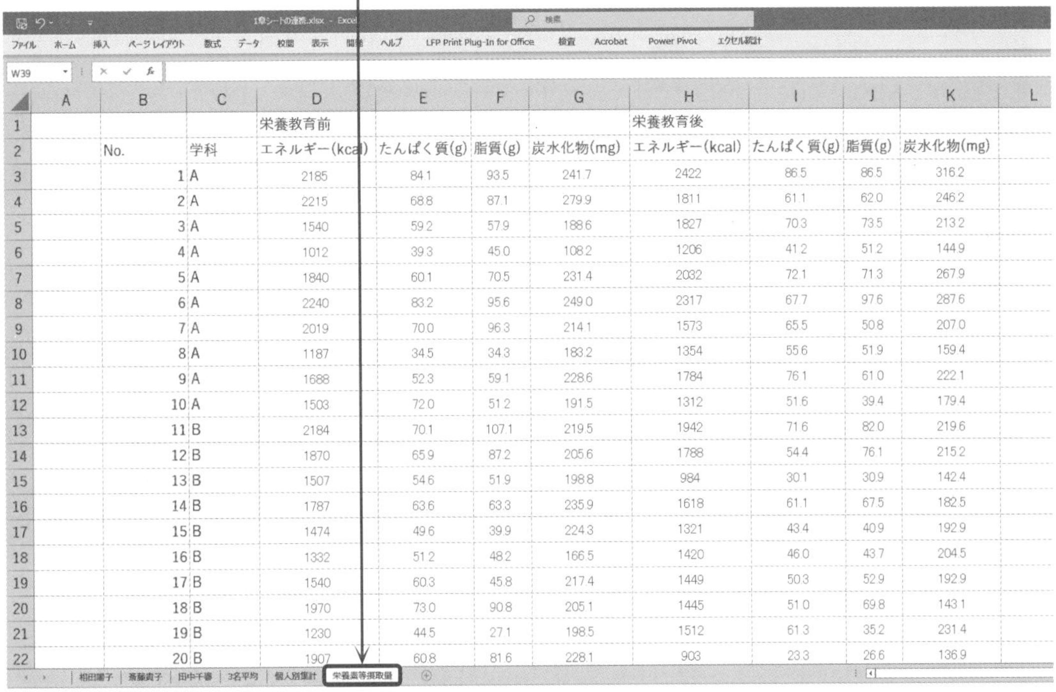

図1-92　コピーされたシート

課題D　ブック「1章シートの連携」の個人別集計の値をブック「1章ブックの連携」の〔連携〕シートに参照しなさい。

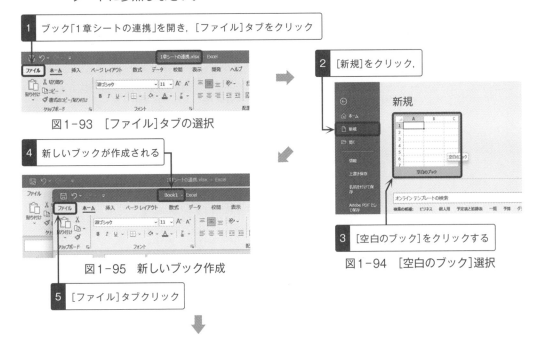

1 ブック「1章シートの連携」を開き，［ファイル］タブをクリック

図1-93　［ファイル］タブの選択

2 ［新規］をクリック，

3 ［空白のブック］をクリックする

図1-94　［空白のブック］選択

4 新しいブックが作成される

図1-95　新しいブック作成

5 ［ファイル］タブクリック

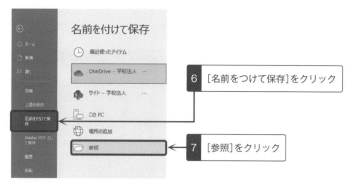

図1-96　名前をつけて保存

図1-97　保存場所指定

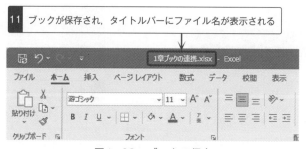

図1-98　ブックの保存

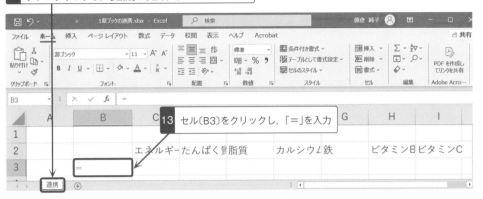

図1-99 参照式入力

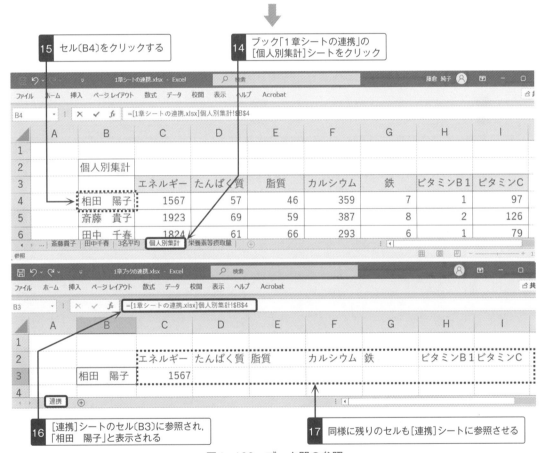

図1-100 ブック間の参照

(解説) 参照式の意味
　=[1章シートの連携.xlsx]個人別集計!$B$4
「1章シートの連携.xlsx」というエクセルのブックの[個人別集計]シートのセル〔B4〕を参照する。

1-13　Excelと他のアプリケーションの連携

例題：ブック「1章シートの連携」の「栄養素等摂取量」シートを開き，課題A～課題Cをやってみよう。

課題A　ブック「1章シートの連携」の「栄養素等摂取量」シートにある表をワードに貼り付けなさい。

課題B　ブック「1章シートの連携」の「栄養素等摂取量」シートにある表をワードにリンクとして貼り付けなさい。

課題C　ブック「1章シートの連携」の「栄養素等摂取量」のシートをPDFファイルとして保存しなさい。

課題A　ブック「1章シートの連携」の「栄養素等摂取量」シートにある表をワードに貼り付けなさい。

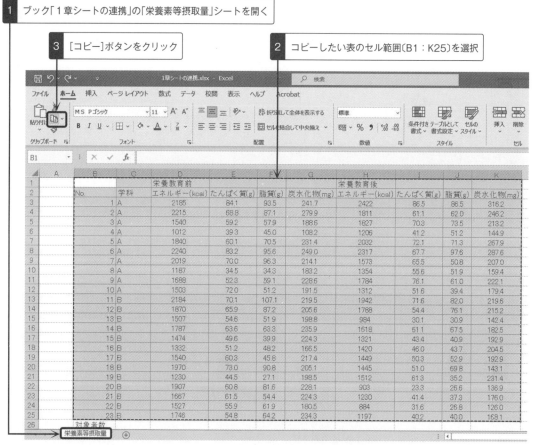

図1-101　コピー元のエクセル表の選択

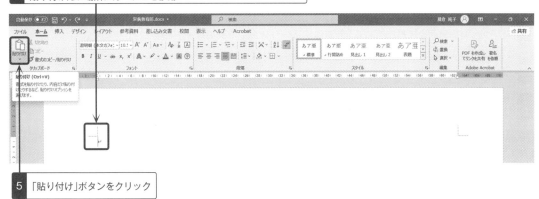

図1-102 ワードを開いて貼り付けボタンを押す

図1-103 ワードに表が貼り付く

課題B　ブック「1章シートの連携」の「栄養素等摂取量」シートにある表をワードリンクとして貼り付けなさい。

1. ブック「1章シートの連携」の「栄養素等摂取量」シートとリンク先のワードを開く
2. 課題Aと同様に「栄養素等摂取量」シートのコピーしたい表のセル範囲（B1：K25）を選択し，コピーボタンをクリック
3. ワードで[ホーム]タブの[クリップボード]グループの[貼り付け]ボタンの▼をクリックし，[形式を選択して貼り付け(S)]をクリック

図1-104　[形式を選択して貼り付け]を選択

4. [形式を選択して貼り付け]ダイアログボックスで[リンク貼り付け(L)]のボタンをクリック
5. [貼り付けり形式(A)]のボックスで[Microsoft Excel ワークシートオブジェクト]を選択
6. [OK]ボタンをクリック

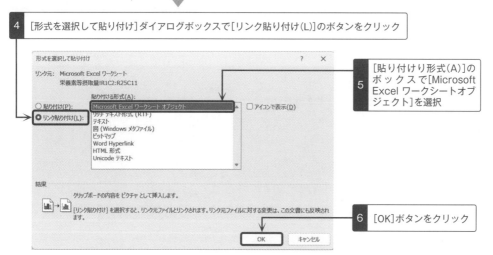

図1-105　エクセルの表をワードにリンク貼り付けする場合の形式

（解説）　リンク貼り付け

　エクセルで作成したデータを他のアプリケーションに貼り付けて，データをそのまま利用することができる。

　「リンク貼り付け」とは，コピー元のデータと貼り付け先のデータが関連づけられ，参照関係（リンク）を作ることである。したがって，コピー元のデータを修正すると，自動的に貼り付け先のデータも修正される。一方，通常の「貼り付け」を使った場合は，コピー元のデータは貼り付け先のデータとリンクせず，コピー元のデータを修正しても貼り付け先のデータは修正されない。

7 エクセルの表がワードにリンクとして貼り付く

図1-106　ワードに表がリンクとして貼り付く

解説　リンク解除

リンクを解除するには，❶表内で右クリック⇒❷[リンクされたWorksheetオブジェクト(Q)]へマウスを移動⇒❸[リンクの設定(K)]を選択⇒❹[リンクの設定]ダイアログボックス表示⇒❺対象となる表の名前をチェック⇒❻[リンクの解除]をクリック⇒❼確認画面の[はい]をクリック⇒❽リンクは解除される。

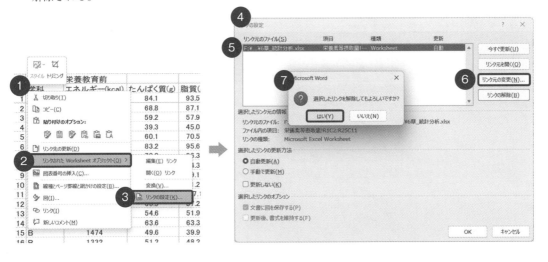

1-13　Excelと他のアプリケーションの連携　43

課題C ブック「1章シートの連携」の「栄養素等摂取量」のシートをPDFファイルとして保存しなさい。

1 ブック「1章シートの連携」の「栄養素等摂取量」シートを開く

2 [ファイル]タブをクリック

図1-107 「ファイル」タブ

3 [名前を付けて保存]を選択

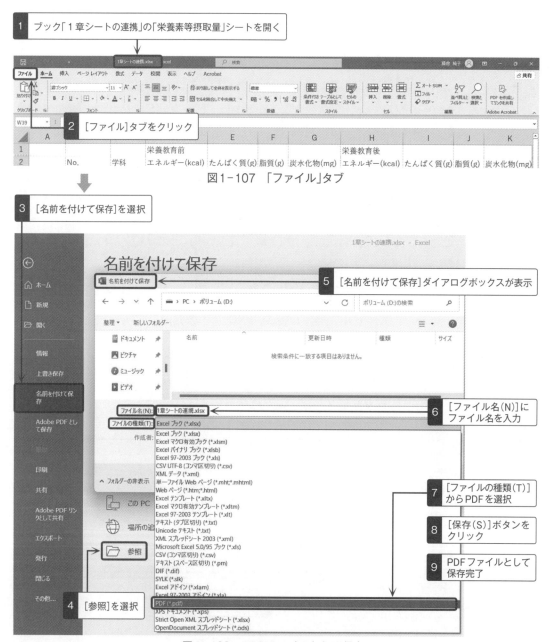

4 [参照]を選択
5 [名前を付けて保存]ダイアログボックスが表示
6 [ファイル名(N)]にファイル名を入力
7 [ファイルの種類(T)]からPDFを選択
8 [保存(S)]ボタンをクリック
9 PDFファイルとして保存完了

図1-108 PDFファイルとして保存

解説 PDFファイル

　PDFファイルとはPortable Document Formatの略記で，Adobe株式会社によって開発された電子文書のためのフォーマットである。コンピュータの機種やシステムによらず，元のレイアウトを再現できるため，特別な機種やソフトがなくても，閲覧・印刷することができる。また，ファイルのセキュリティ設定によって変更不可の設定もできるので，安心して配布できる。PDFは現在ではオープンスタンダードとなり，国際標準化機構(ISO)で管理されている。

PDF形式で保存する方法

　PDF形式で保存操作は，下記の方法もある。

- ［ファイル］タブをクリック，［エクスポート］をクリックし，［PDF/XPS］をクリック，保存先を指定し，ファイル名を入力し，［ファイルの種類］で［PDF］を選択，［発行後にファイルを開く］をチェック，［最適化］で「標準(オンライン発行および印刷)（A）」または「最小サイズ(オンライン発行)（M）」のいずれかを選択し，［発行(S)］をクリック，変換されたPDFファイルが表示される。
- ［印刷］画面を表示して，［プリンター］を［Adobe PDF］または［Microsoft Print to PDF］に設定し，［印刷］をクリックして保存する。
- ［ファイル］タブをクリック，［Adobe PDFとして保存］をクリック，［Adobe PDFファイルに名前を付けて保存］ダイアログボックスでファイル名を入力，［保存］をクリック

Chapter 02 表の作成

Study Point
表の編集
- 数式の入力と合計の計算
- 調味パーセントの計算
- 文字の編集と修飾
- 罫線と塗りつぶし

2-1 作成するシートの確認

例題：調味パーセント（汁物）図2-1を課題の順に完成（図2-2）してみよう。

	A	B	C	D	E	F	G	H	I	J	K	L	M	N	O
1															
2		■調味パーセント（汁物）											作成日	4月1日	
3															
4					調味パーセント									備考	
5								割合			重量(g)				
6		No	料理名	調味対象	調味対象分量	塩分%	塩分全体	塩：しょうゆ：みそ			塩	しょうゆ	みそ		
7		1	みそ汁	だし	150	0.008		-	-	1	-	-		みそ1	
8		2	かす汁	だし+材料	250	0.007		2	-	5		-		塩：みそ=2:5	
9		3	スープ	とりがら	200	0.005		1	-	-		-	-	塩1	
10		4	すまし汁	だし	150	0.006		4	1	-		-		塩：しょうゆ=4:1	
11		5	けんちん汁	だし+材料	200	0.007		4	1	-		-		塩：しょうゆ=4:1	
12		6	吉野汁	だし+くず	200	0.008		4	5	-		-		塩：しょうゆ=4:5	
13		計													

図2-1　調味パーセント（汁物）

・・・・・・ダウンロード

● 完成例　＊　＊　＊　＊　＊　＊　＊　＊　＊　＊

	A	B	C	D	E	F	G	H	I	J	K	L	M	N
1														
2		■調味パーセント（汁物）											作成日	4月1日
3														
4					調味パーセント									
5		No	料理名	調味対象	調味対象分量(g)	塩分%	塩分全体(g)	割合			重量(g)			備考
6								塩：しょうゆ：みそ			塩	しょうゆ	みそ	
7		1	みそ汁	だし	150	0.8%	1.2	-	-	1	-	-	10.0	みそ1
8		2	かす汁	だし+材料100	250	0.7%	1.8	2	-	5	0.5	-	10.4	塩：みそ=2:5
9		3	スープ	とりがらだし	200	0.5%	1.0	1	-	-	1.0	-	-	塩1
10		4	すまし汁	だし	150	0.6%	0.9	4	1	-	0.7	1.2	-	塩：しょうゆ=4:1
11		5	けんちん汁	だし+材料50	200	0.7%	1.4	4	1	-	1.1	1.9	-	塩：しょうゆ=4:1
12		6	吉野汁	だし+くず材料50	200	0.8%	1.6	4	5	-	0.7	5.9	-	塩：しょうゆ=4:5
13		計					7.9				4.1	9.0	20.4	

図2-2　調味パーセント（汁物）完成表

2-2 表の編集

1 セルの中央揃え

（1） 表頭項目 "塩～みそ"

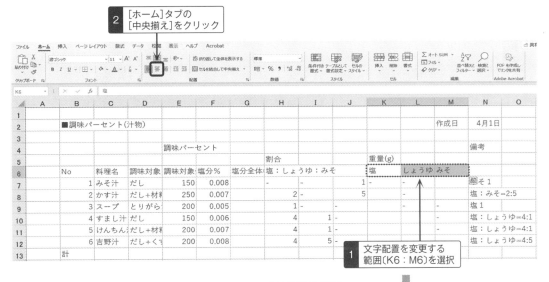

図2-3 表頭項目を選択

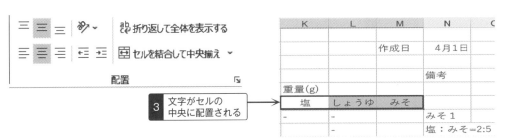

図2-4 セル内の文字を中央揃え

解説 セル内のデータ配置

[ホーム]タブの[配置]グループの次のボタンを使用する。

（2） 離れたセル内の文字

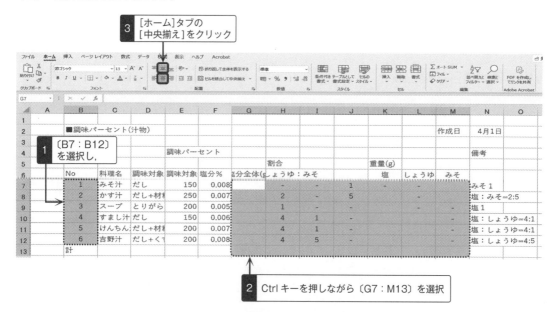

図2-5　離れたセルの文字選択

2 セルの結合

（1） セルを結合して"計"の文字を中央に配置

図2-6　結合するセルを選択

図2-7　セルを結合して中央揃え表示

（2） 表頭項目 "No ～備考" の文字をそれぞれ結合して中央に配置

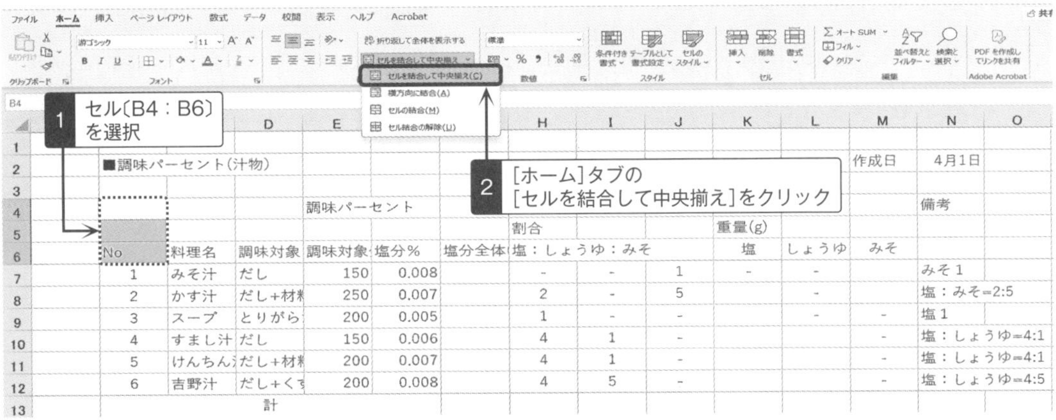

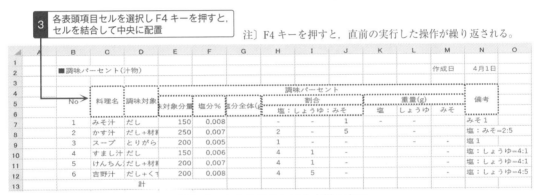

図2-8 セルを縦に結合して中央揃え表示

注〕F4キーを押すと，直前の実行した操作が繰り返される。

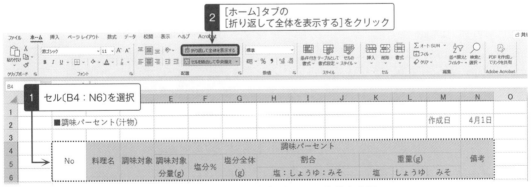

図2-9 セルを結合して中央揃え表示

（3） 表頭項目の "No ～備考" の文字を折り返して全体を表示

図2-10 表頭項目を折り返して全体を表示

3 列幅と行の高さ，表示形式の調整

（1） 列幅の変更，数値による列幅の指定

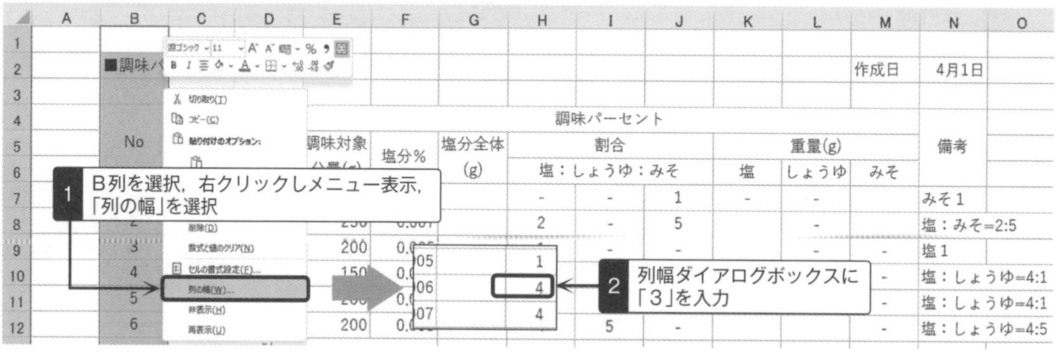

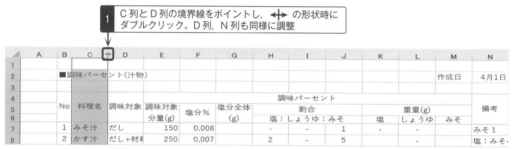

図2-11 列幅の変更（数値入力）

（2） 列幅の変更・自動調整

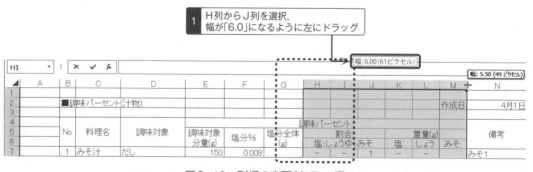

図2-12 列幅の変更（自動調整）

（3） 列幅の変更・マウスでドラッグ

図2-13 列幅の変更（ドラッグ）

解 説　Excel規定の列幅

　　Excel規定の列幅は「8.38」である。列幅を表す数値は，「標準フォント[1]」の半角文字の文字数を表す。列幅が「16」の場合，「標準フォントの半角文字が16文字分表示できる列幅」ということになる。つまり，列幅を表す単位は「表示できる文字数」である。

1) 標準フォント：Excelを新規に起動して文字を入力したときに使用されるフォントのこと。

（4） 行の高さの変更

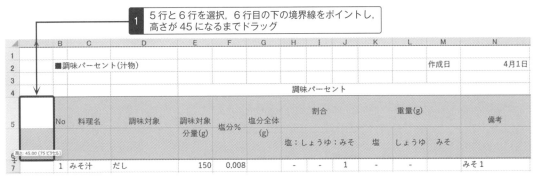

図2-14　行の高さ変更（ドラッグ）

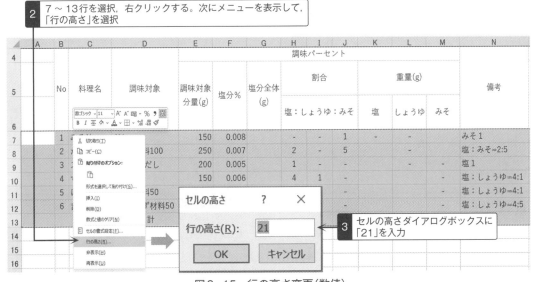

図2-15　行の高さ変更（数値）

解説　列の幅や行の高さの変更　3つの方法がある。

① **数値による指定**：調整したい列を選択し，右クリックしてメニューを表示，「列の幅」を選択し列幅ダイアログボックスに数値を入力する。

② **セルのデータに合わせ自動調整**：列番号の境界にマウスポインターの形が ↔ や ↕ に変わったら，ダブルクリックすると自動的に調整される。

③ **マウスでドラッグ**：列番号や行番号の境界にマウスポインターを合わせ，ポインターの形が ↔ や ↕ に変わった状態でクリックすると右上に数値が表示され，ドラッグすると列幅や行の高さを変更できる。

（5） 表示形式の変更

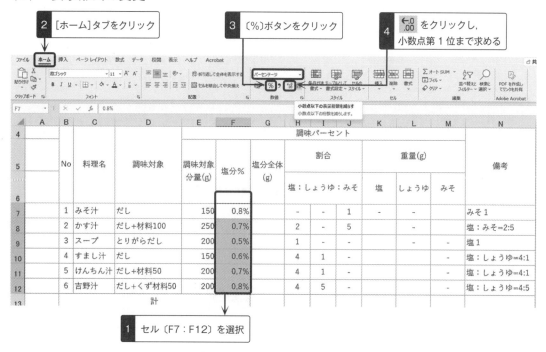

図2-16 表示形式の変更

解説

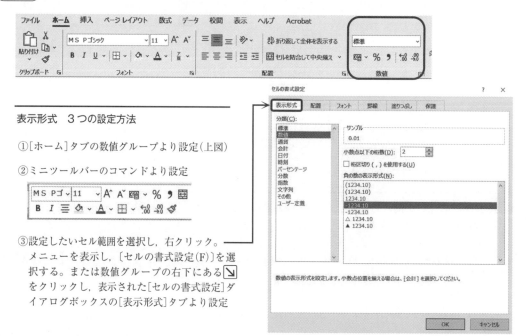

表示形式　3つの設定方法

①［ホーム］タブの数値グループより設定（上図）

②ミニツールバーのコマンドより設定

③設定したいセル範囲を選択し，右クリック。メニューを表示し，〔セルの書式設定(F)〕を選択する。または数値グループの右下にある ⇘ をクリックし，表示された［セルの書式設定］ダイアログボックスの［表示形式］タブより設定

2-3 数式の入力と合計の計算

1 数式の入力

(1) 数式入力のルール

数式は先頭に（＝）をつけて始める。（＝）のあと計算の対象となるセル番地や演算記号（演算子）を入力する。Excelで用いる演算子は右表の通りである。

表2-1 Excelで用いる演算子

種　類	演算子	読　み
足し算（加算）	＋	プラス
引き算（減算）	－	マイナス
かけ算（乗算）	＊	アスタリスク
割り算（除算）	／	スラッシュ
べき乗（累乗）	＾	カレット

(2) 塩分全体量を計算する

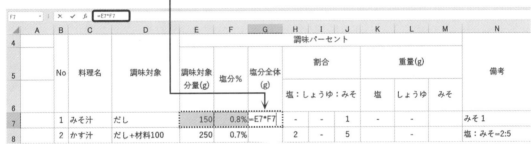

図2-17 計算式入力

注）「＝」を入力するには，〔shift〕キーを押しながらキーを押す。

解説 調味パーセントとは

材料の重量に対しての調味料（主に塩分や糖分）の割合を表したものである。ここでいう塩分，糖分とは，調味料に含まれる食塩や砂糖の量を示したものである。

$$調味パーセント(\%) = \frac{調味料の重量}{材料の重量} \times 100$$

調味パーセントは塩分（食塩，しょうゆ，みそ），糖分（砂糖，みりん）のほかに，酢，油，かたくり粉，小麦粉，だしなどにも適用できる。調味パーセントの使い方は，その材料に用いる調味料の重量を計算する。計算方法は，次の通りである。

$$調味料の重量 = 材料の重量(g) \times \frac{調味パーセント}{100}$$

(3) 表示形式の変更(桁揃え)

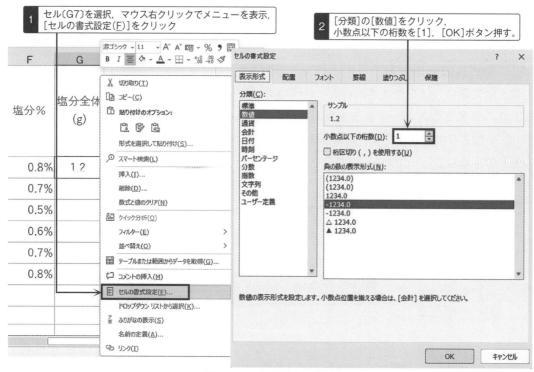

図2-18 表示形式の変更

(4) 数式の複写

1 セル〔G7〕を選択，フィルハンドルを選択し，セル〔G12〕までドラック

No	料理名	調味対象	調味対象分量(g)	塩分%	塩分全体(g)	割合 塩:しょうゆ:みそ			重量(g) 塩 しょうゆ みそ			備考
1	みそ汁	だし	150	0.8%	1.2	-	-	1	-	-		みそ1
2	かす汁	だし+材料100	250	0.7%	1.8	2	-	5				塩:みそ=2:5
3	スープ	とりがらだし	200	0.5%	1.0	1	-	-		-	-	塩1
4	すまし汁	だし	150	0.6%	0.9	4	1	-			-	塩:しょうゆ=4:1
5	けんちん汁	だし+材料50	200	0.7%	1.4	4	1	-				塩:しょうゆ=4:1
6	吉野汁	だし+くず材料50	200	0.8%	1.6	4	5	-				塩:しょうゆ=4:5
		計										

図2-19 数式の複写

解説 調味パーセントの計算
　調味パーセントを少数で入力している場合は，100で除算しない。材料の重量とは，なべやボールに入る状態の材料重量のことで，ほとんどが正味重量(魚などは骨つきの場合もある)である。なお，汁物や汁けの多い煮物などの場合は，だしの分量に対して，調味パーセントを計算する。

2 合計の計算

（1） 塩分全体の合計を計算する

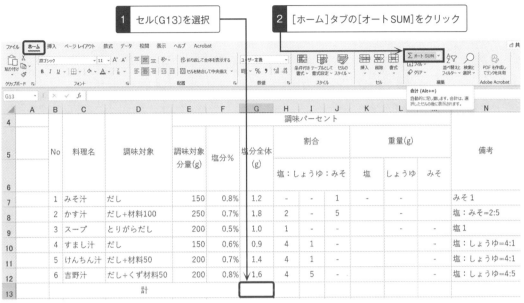

図2-20　塩分全体合計量表示セルの選択

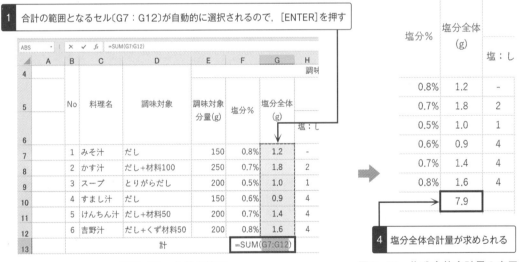

図2-21　合計の範囲　　　　図2-22　塩分全体合計量の表示

（解説）　合計を求める関数

SUM関数は，指定された数値やセル範囲の合計を求める関数である。
　　書式：SUM（数値1，数値2…）指定された数値の合計を求める場合
　　書式：SUM（数値1：数値2）セルの範囲の合計を求める場合
［オートSUM］は，［数式］タブの［関数ライブラリ］グループ（図2-23）からも入力できる。

（2） 塩の合計を計算する

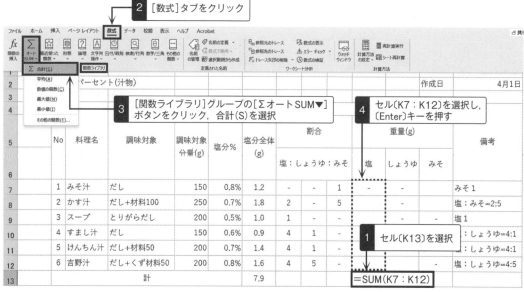

図2-23　塩合計量の表示

（3） しょうゆ，みその合計を計算する

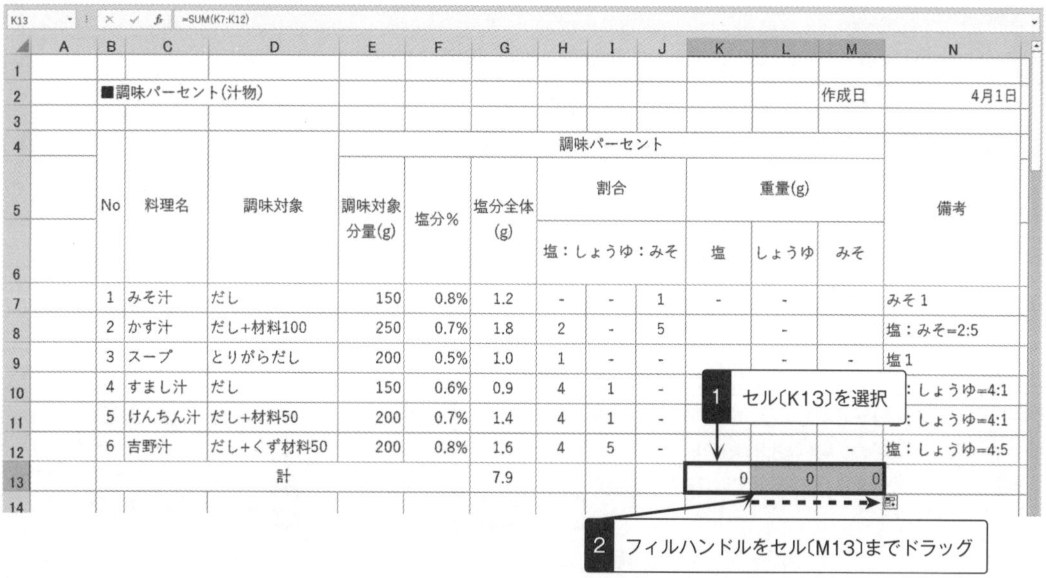

図2-24　塩合計量の式複写

注〕ここでは，しょうゆ，みそはまだ計算式を入れていないので「0」と表示される。

2-4 調味パーセントの計算

1 割合の計算

(1) 塩：しょうゆ：みその調味割合を計算する

① 塩の量を計算する

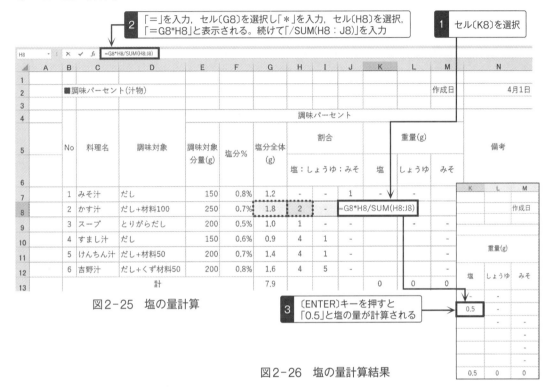

図2-25 塩の量計算

図2-26 塩の量計算結果

塩以外のみそ，しょうゆの場合は，みそ，しょうゆの塩分量を換算する必要がある。すまし汁の場合，しょうゆの塩分量は①$0.9*1/5=0.18$ g となる。

今回は濃い口しょうゆ（②塩分15%）で計算するので，以下の比例式となる。

$$0.18 : 15 = x : 100$$
　　　①　　　　②
$$15x = 0.18 * 100$$
$$x = 0.18 * 100 / 15$$
　　　①　　　③
$$x = 1.2 \text{g}$$

関数では，　=G10*I10/SUM(H10:J10)*100/15　　となる。
　　　　　　　　①　　　　　　　　③

解説 調味パーセント割合の計算方法

No1のみそ汁の場合，調味料は「みそ」のみ使用，「塩：しょうゆ：みそ＝－：－：1」なので，みその割合は「みそ／（塩＋しょうゆ＋みそ）」となり，計算すると1となる。（塩＋しょうゆ＋みそ）は（+H7+I7+J7）とせずにSUM合計巻数を用いる。

② しょうゆの量を計算する(ここでは，しょうゆ塩分15%で計算する)

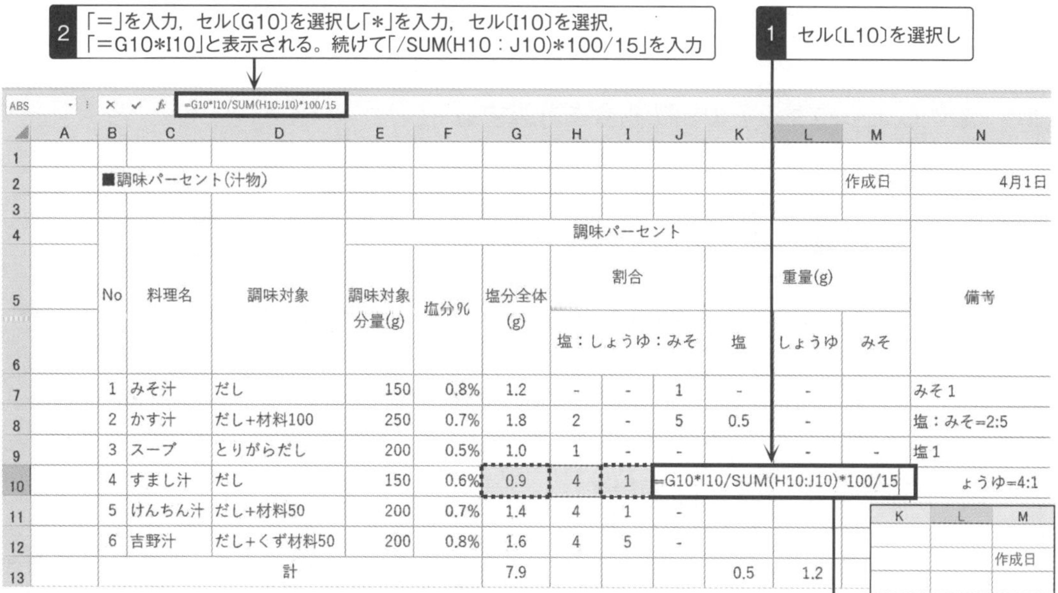

2 「＝」を入力，セル〔G10〕を選択し「＊」を入力，セル〔I10〕を選択，「＝G10＊I10」と表示される。続けて「/SUM(H10：J10)＊100/15」を入力

1 セル〔L10〕を選択し

数式バー: =G10*I10/SUM(H10:J10)*100/15

	A	B	C	D	E	F	G	H	I	J	K	L	M	N
1														
2		■調味パーセント(汁物)										作成日		4月1日
3														
4							調味パーセント							
5		No	料理名	調味対象	調味対象分量(g)	塩分%	塩分全体(g)	割合 塩：しょうゆ：みそ			重量(g) 塩 しょうゆ みそ			備考
6														
7		1	みそ汁	だし	150	0.8%	1.2	-	-	1	-	-	-	みそ1
8		2	かす汁	だし+材料100	250	0.7%	1.8	2	-	5	0.5	-	-	塩：みそ=2:5
9		3	スープ	とりがらだし	200	0.5%	1.0	1	-	-	-	-	-	塩1
10		4	すまし汁	だし	150	0.6%	0.9	4	1	=G10*I10/SUM(H10:J10)*100/15				ょうゆ=4:1
11		5	けんちん汁	だし+材料50	200	0.7%	1.4	4	1	-				
12		6	吉野汁	だし+くず材料50	200	0.8%	1.6	4	5	-				
13				計			7.9					0.5	1.2	

図2-27 しょうゆの量計算

K	L	M
	作成日	
	重量(g)	
塩	しょうゆ	みそ
-		
0.5		
	1.2	
0.5	1.2	0.0

3 〔ENTER〕キーを押すと「1.2」と塩の量が計算される

図2-28 しょうゆの重量計算結果

解説 塩分の換算方法

料理の塩味は食塩だけではなく，しょうゆやみそを用いることが多い。調味パーセントの塩分は食塩の量で示したものであり，みそは辛みそ(10～13％)，しょうゆは15％の塩分を含んでいる。

しょうゆやみそを使ってその材料に必要な塩味をつけるには塩分の換算が必要となる。しょうゆの塩分は約15％(100g中に約14.5gの食塩を含む)なので，塩分パーセントをしょうゆの量に換算するには，6～7倍する。みその場合は，種類によって違うが，10％塩分の辛みそは10倍に，13％塩分の辛みそは8倍にする。食塩1gとしょうゆ6～7g，辛みそ8～10gは同じ塩分になる。

計量スプーン・カップによる調味料の重量，および塩分・糖分換算表

種類	ミニスプーン(1ml)		小さじ(5ml)		大匙(15ml)		カップ(200ml)	
	重量(g)	塩分(g)	重量(g)	塩分(g)	重量(g)	塩分(g)	重量(g)	塩分(g)
食塩	1	1	6	6	18	18	240	240
濃い口しょうゆ(塩分15％)			6	1	18	3	230	35
淡色辛みそ(塩分12％)			6	0.7	18	2.2	230	28

出典：八訂食品成分表2024(女子栄養大学出版部)より抜粋

③ みその量を計算する（ここでは，みそ塩分12％で計算する）

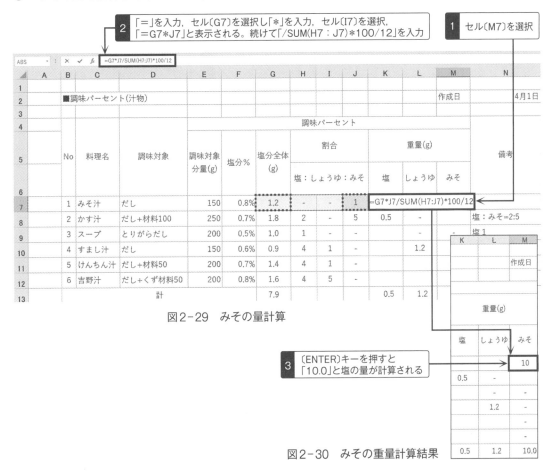

図2-29　みその量計算

図2-30　みその重量計算結果

④ 塩の量の式を複写する

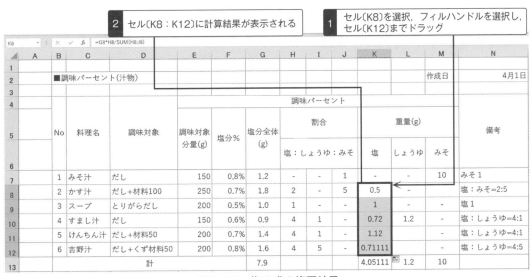

図2-31　塩の式の複写結果

⑤ しょうゆ，みそ の塩分量の式を複写する

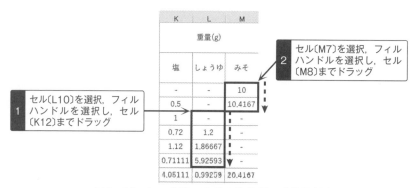

図2-32 しょうゆ，みそ の塩分量の式複写結果

⑥ 表示形式の変更（小数点第1位まで表示）

1 セル〔K7：M13〕を選択

	A	B	C	D	E	F	G	H	I	J	K	L	M	N
1														
2		■調味パーセント（汁物）											作成日	4月1日
3														
4							調味パーセント							
5		No	料理名	調味対象	調味対象分量(g)	塩分%	塩分全体(g)	割合			重量(g)			備考
6								塩:しょうゆ:みそ			塩	しょうゆ	みそ	
7		1	みそ汁	だし	150	0.8%	1.2	-	-		-	-	10	みそ1
8		2	かす汁	だし+材料100	250	0.7%	1.8	2	-	5	0.5	-	10.4167	塩:みそ=2:5
9		3	スープ	とりがらだし	200	0.5%	1.0	1	-	-	1	-	-	塩1
10		4	すまし汁	だし	150	0.6%	0.9	4	1	-	0.72	1.2	-	塩:しょうゆ=4:1
11		5	けんちん汁	だし+材料50	200	0.7%	1.4	4	1	-	1.12	1.86667	-	塩:しょうゆ=4:1
12		6	吉野汁	だし+くず材料50	200	0.8%	1.6	4	5	-	0.71111	5.92593	-	塩:しょうゆ=4:5
13				計			7.9				4.05111	8.99259	20.4167	

図2-33 重量の表示形式変更前

右ページへつづく

図2-34 メニュー表示　　図2-35 セルの書式設定ダイアログボックス　　図2-36 表示形式の変更後

2-4 調味パーセントの計算

2-5　文字の変更と修飾

1　フォントの変更

"■調味パーセント(汁物)" のフォント(文字の書体)を「游ゴシック」から「HGP ゴシックE」に変更する

図2-37　フォント変更セルの選択

図2-38　フォント表示

■調味パーセント(汁物)												作成日	4月1日
No	料理名	調味対象	調味パーセント										備考
			調味対象分量(g)	塩分%	塩分全体(g)	割合			重量(g)			
						塩：しょうゆ：みそ			塩	しょうゆ	みそ	
1	みそ汁	だし	150	0.8%	1.2	-	-	1	-	-	10.0	みそ1
2	かす汁	だし+材料100	250	0.7%	1.8	2	-	5	0.5	-	10.4	塩：みそ=2:5
3	スープ	とりがらだし	200	0.5%	1.0	1	-	-	1.0	-	-	塩1
4	すまし汁	だし	150	0.6%	0.9	4	1	-	0.7	1.2	-	塩：しょうゆ=4:1
5	けんちん汁	だし+材料50	200	0.7%	1.4	4	1	-	1.1	1.9	-	塩：しょうゆ=4:1
6	吉野汁	だし+くず材料50	200	0.8%	1.6	4	5	-	0.7	5.9	-	塩：しょうゆ=4:5
		計			7.9				4.1	9.0	20.4	

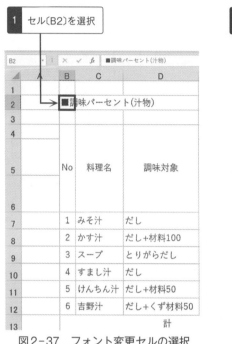

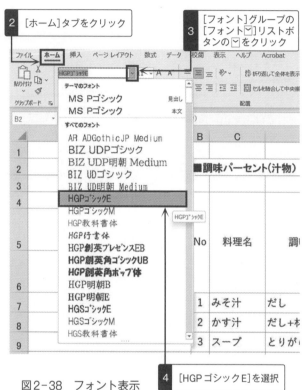

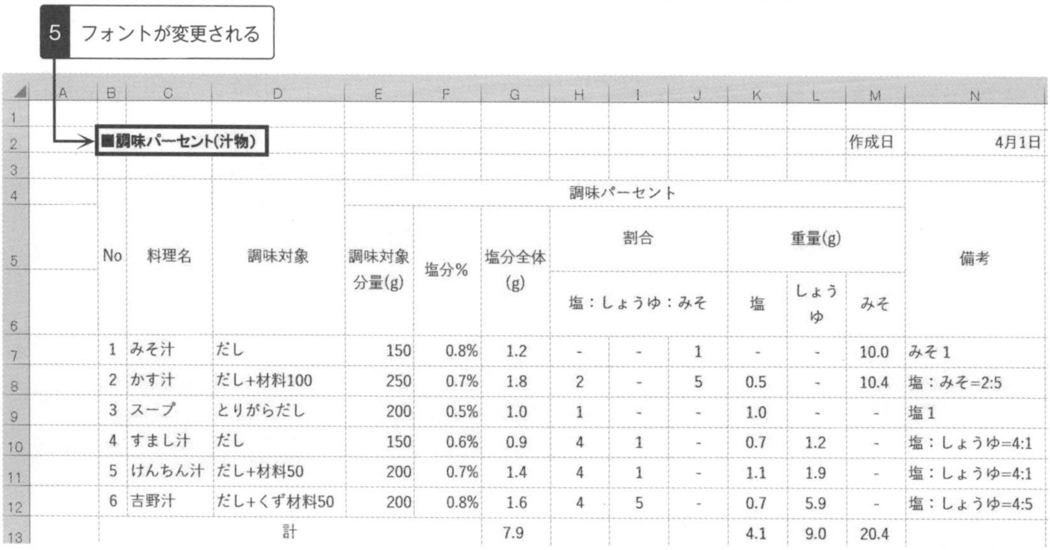

図2-39　フォント変更後

2 文字のフォントサイズの変更

"■調味パーセント(汁物)"のフォントサイズを「11ポイント」から「16ポイント」に変更する。

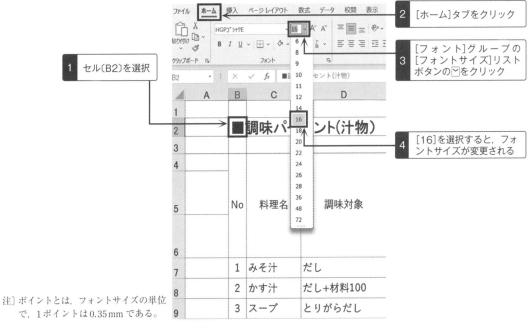

注)ポイントとは,フォントサイズの単位で,1ポイントは0.35mmである。

図2-40　フォントサイズ変更

3 文字の修飾

表頭項目(セル〔B4:N6〕),"計"(セル〔B13:M13〕)の文字を太字にする。

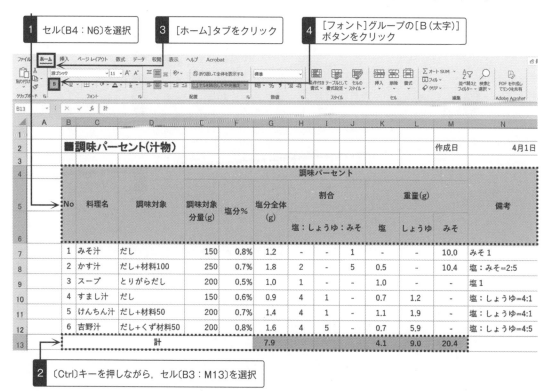

図2-41 文字を太字に変更

2-6 罫線と塗りつぶし

1 罫線を引く

(1) セル〔B4：N13〕の表全体に罫線を引く

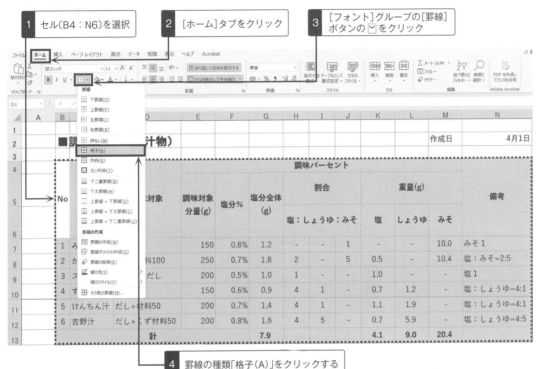

図2-42 罫線の種類の表示

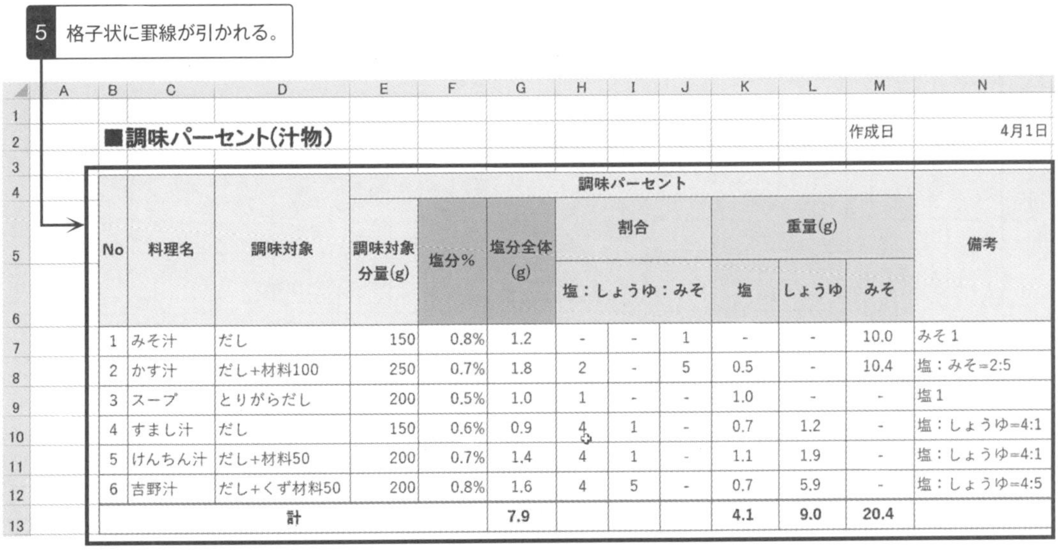

図2-43 罫線(格子状)表示

(2) "吉野汁"のセル〔B12：N12〕に下二重罫線を引く

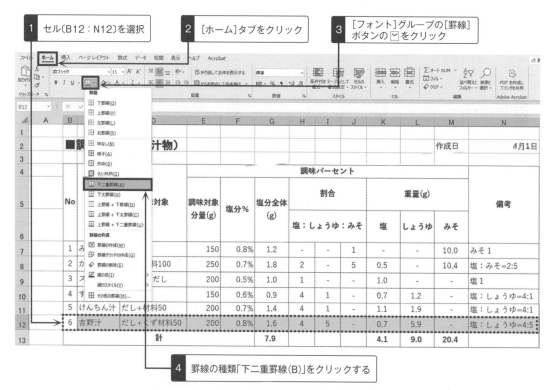

図2-44　罫線の変更

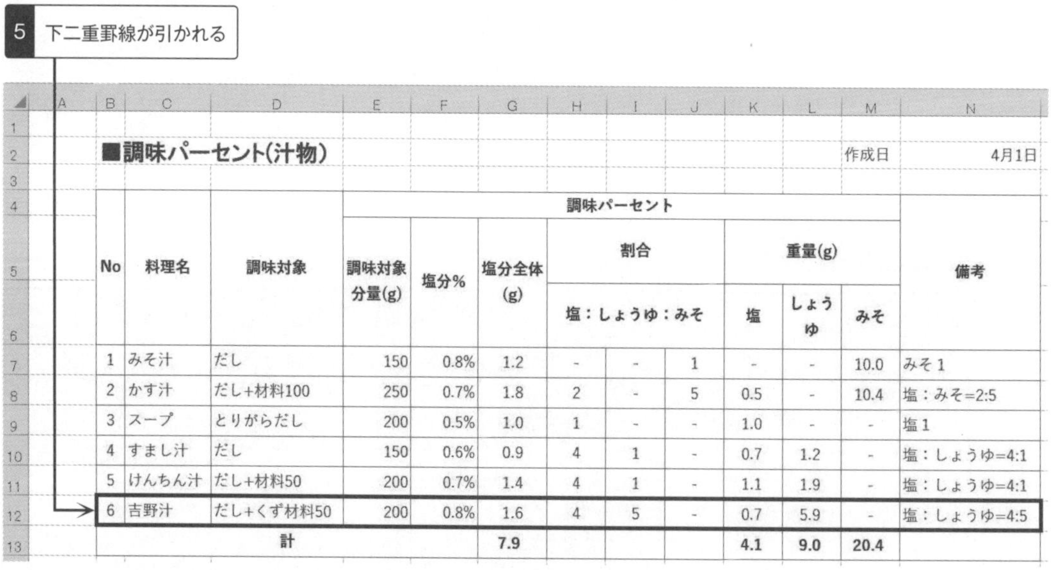

図2-45　罫線(下二重)表示

2 塗りつぶし

表頭のセルに色を塗る(任意の色でよい)

図2-46 セルに色を塗る

■調味パーセント(汁物)　作成日　4月1日

No	料理名	調味対象	調味対象分量(g)	塩分%	塩分全体(g)	割合 塩	割合 しょうゆ	割合 みそ	重量(g) 塩	重量(g) しょうゆ	重量(g) みそ	備考
1	みそ汁	だし	150	0.8%	1.2	-	-	1	-	-	10.0	みそ 1
2	かす汁	だし+材料100	250	0.7%	1.8	2	-	5	0.5	-	10.4	塩：みそ=2:5
3	スープ	とりがらだし	200	0.5%	1.0	1	-	-	1.0	-	-	塩 1
4	すまし汁	だし	150	0.6%	0.9	4	1	-	0.7	1.2	-	塩：しょうゆ=4:1
5	けんちん汁	だし+材料50	200	0.7%	1.4	4	1	-	1.1	1.9	-	塩：しょうゆ=4:1
6	吉野汁	だし+くず材料50	200	0.8%	1.6	4	5	-	0.7	5.9	-	塩：しょうゆ=4:5
	計				7.9				4.1	9.0	20.4	

図2-47 調味パーセント(汁物)完成表

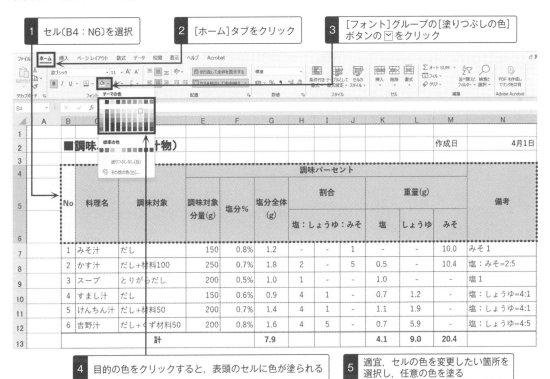

Chapter 03 セルの参照

Study Point
- 関数の入力
- 絶対参照で数式を作成する
- 表示桁数，表示スタイルを整える
- 表の再利用
- 複合参照で数式を作成する
- 表の体裁を整える

3-1 作成するシートの確認

例題：食中毒発生件数の表を完成してみよう。

出典：厚生労働省，食中毒発生状況（2023）

	原因物質	月別発生件数												年間合計	1か月平均	原因物質別割合
		1月	2月	3月	4月	5月	6月	7月	8月	9月	10月	11月	12月			
4	サルモネラ属菌	0	0	1	2	1	1	5	7	3	0	2	3			
5	ぶどう球菌	1	0	2	1	3	2	4	4	3	0	0	0			
6	ボツリヌス菌	0	0	0	0	0	0	0	0	0	0	0	0			
7	腸炎ビブリオ	0	0	0	0	0	0	0	2	0	0	0	0			
8	腸管出血性大腸菌	1	0	1	0	0	1	3	4	0	4	4	0			
9	その他の病原大腸菌	0	0	0	0	0	0	0	0	1	0	0	1			
10	ウェルシュ菌	1	0	1	3	3	4	0	2	2	3	4	5			
11	セレウス菌	0	0	0	0	0	0	0	0	1	0	0	0			
12	カンピロバクター	7	9	20	17	14	30	26	17	21	20	15	15			
13	ナグビブリオ	0	0	0	0	0	0	0	0	0	0	0	0			
14	コレラ菌	0	0	0	0	0	0	0	0	0	0	0	0			
15	赤痢菌	0	0	0	0	0	0	0	0	0	0	0	0			
16	チフス菌	0	0	0	0	0	0	0	0	0	0	0	0			
17	パラチフスA菌	0	0	0	0	0	0	0	0	0	0	0	0			
18	その他の細菌	0	0	0	0	0	0	1	0	0	0	0	0			
19	ノロウィルス	24	28	34	13	9	4	2	1	5	2	11	30			
20	月別合計															
21	月別割合															

図3-1　食中毒発生件数

・・・・・・・・ダウンロード

● 完成例　＊　＊　＊　＊　＊　＊　＊　＊　＊　＊

	原因物質	月別発生件数												年間合計	1か月平均	原因物質別割合
		1月	2月	3月	4月	5月	6月	7月	8月	9月	10月	11月	12月			
4	サルモネラ属菌	0	0	1	2	1	1	5	7	3	0	2	3	25	2.1	5.3%
5	ぶどう球菌	1	0	2	1	3	2	4	4	3	0	0	0	20	1.7	4.2%
6	ボツリヌス菌	0	0	0	0	0	0	0	0	0	0	0	0	0	0.0	0.0%
7	腸炎ビブリオ	0	0	0	0	0	0	0	2	0	0	0	0	2	0.2	0.4%
8	腸管出血性大腸菌	1	0	1	0	0	1	3	4	0	4	4	0	19	1.6	4.0%
9	その他の病原大腸菌	0	0	0	0	0	0	0	0	1	0	0	1	3	0.3	0.6%
10	ウェルシュ菌	1	0	1	3	3	4	0	2	2	3	4	5	28	2.3	5.9%
11	セレウス菌	0	0	0	0	0	0	0	0	1	0	0	0	2	0.2	0.4%
12	カンピロバクター	7	9	20	17	14	30	26	17	21	20	15	15	211	17.6	44.5%
13	ナグビブリオ	0	0	0	0	0	0	0	0	0	0	0	0	0	0.0	0.0%
14	コレラ菌	0	0	0	0	0	0	0	0	0	0	0	0	0	0.0	0.0%
15	赤痢菌	0	0	0	0	0	0	0	0	0	0	0	0	0	0.0	0.0%
16	チフス菌	0	0	0	0	0	0	0	0	0	0	0	0	0	0.0	0.0%
17	パラチフスA菌	0	0	0	0	0	0	0	0	0	0	0	0	0	0.0	0.0%
18	その他の細菌	0	0	0	0	0	0	1	0	0	0	0	0	1	0.1	0.2%
19	ノロウィルス	24	28	34	13	9	4	2	1	5	2	11	30	163	13.6	34.4%
20	月別合計	34	37	59	36	31	44	40	38	35	30	36	54	474	39.5	100.0%
21	月別割合	7.2%	7.8%	12.4%	7.6%	6.5%	9.3%	8.4%	8.0%	7.4%	6.3%	7.6%	11.4%	100%		

図3-2　食中毒発生件数完成表

3-2 関数の入力

合計と平均の算出

(1) 月別の発生数の合計を求める

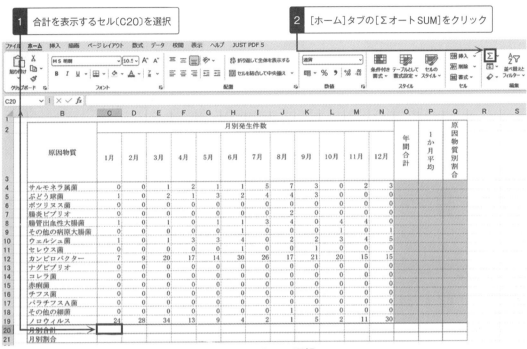

図3-3 セルの選択

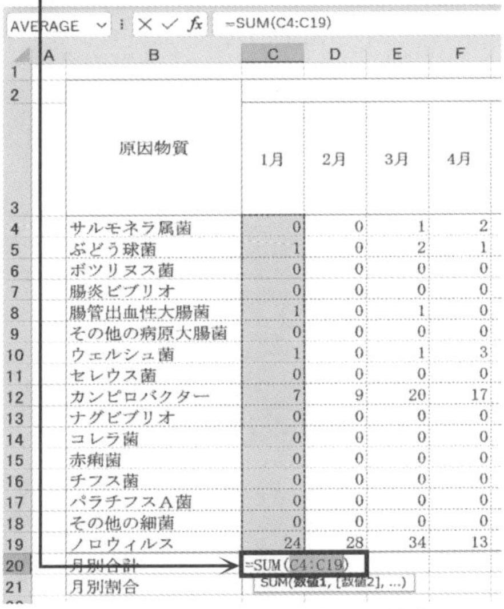

図3-4 セルの範囲の拡大

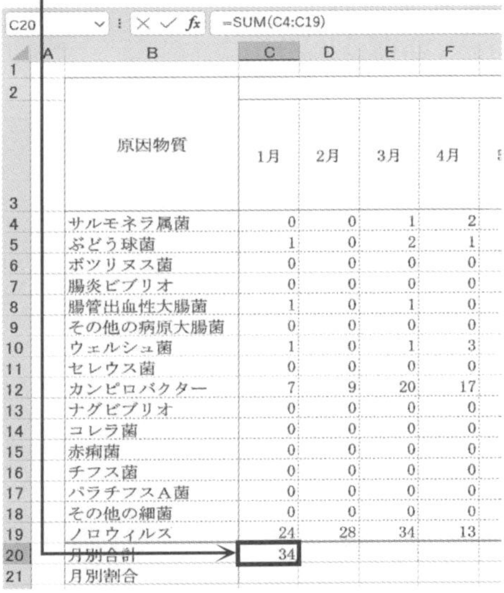

図3-5 合計の表示

原因物質	月別発生件数												年間合計	1か月平均	原因物質別割合
	1月	2月	3月	4月	5月	6月	7月	8月	9月	10月	11月	12月			
サルモネラ属菌	0	0	1	2	1	1	5	7	3	0	2	3			
ぶどう球菌	1	0	2	1	3	2	4	4	3	0	0	0			
ボツリヌス菌	0	0	0	0	0	0	0	0	0	0	0	0			
腸炎ビブリオ	0	0	0	0	0	0	0	2	0	0	0	0			
腸管出血性大腸菌	1	0	1	0	1	1	3	4	0	4	4	0			
その他の病原大腸菌	0	0	0	0	0	1	0	0	0	1	0	1			
ウェルシュ菌	1	0	1	3	3	4	0	2	2	3	4	5			
セレウス菌	0	0	0	0	0	1	0	0	1	0	0	0			
カンピロバクター	7	9	20	17	14	30	26	17	21	20	15	15			
ナグビブリオ	0	0	0	0	0	0	0	0	0	0	0	0			
コレラ菌	0	0	0	0	0	0	0	0	0	0	0	0			
赤痢菌	0	0	0	0	0	0	0	0	0	0	0	0			
チフス菌	0	0	0	0	0	0	0	0	0	0	0	0			
パラチフスA菌	0	0	0	0	0	0	0	0	0	0	0	0			
その他の細菌	0	0	0	0	0	0	0	1	0	0	0	0			
ノロウィルス	24	28	34	13	9	4	2	1	5	2	11	30			
月別合計	34	37	59	36	31	44	40	38	35	30	36	54			
月別割合															

図3-6　式のコピー

(2)　原因物質別の年間合計発生数を求める

原因物質	月別発生件数												年間合計	1か月平均	原因物質別割合
	1月	2月	3月	4月	5月	6月	7月	8月	9月	10月	11月	12月			
サルモネラ属菌	0	0	1	2	1	1	5	7	3	0	2	3			
ぶどう球菌	1	0	2	1	3	2	4	4	3	0	0	0			
ボツリヌス菌	0	0	0	0	0	0	0	0	0	0	0	0			
腸炎ビブリオ	0	0	0	0	0	0	0	2	0	0	0	0			
腸管出血性大腸菌	1	0	1	0	1	1	3	4	0	4	4	0			
その他の病原大腸菌	0	0	0	0	0	1	0	0	0	1	0	1			
ウェルシュ菌	1	0	1	3	3	4	0	2	2	3	4	5			
セレウス菌	0	0	0	0	0	1	0	0	1	0	0	0			
カンピロバクター	7	9	20	17	14	30	26	17	21	20	15	15			
ナグビブリオ	0	0	0	0	0	0	0	0	0	0	0	0			
コレラ菌	0	0	0	0	0	0	0	0	0	0	0	0			
赤痢菌	0	0	0	0	0	0	0	0	0	0	0	0			
チフス菌	0	0	0	0	0	0	0	0	0	0	0	0			
パラチフスA菌	0	0	0	0	0	0	0	0	0	0	0	0			
その他の細菌	0	0	0	0	0	0	0	1	0	0	0	0			
ノロウィルス	24	28	34	13	9	4	2	1	5	2	11	30			
月別合計	34	37	59	36	31	44	40	38	35	30	36	54			
月別割合															

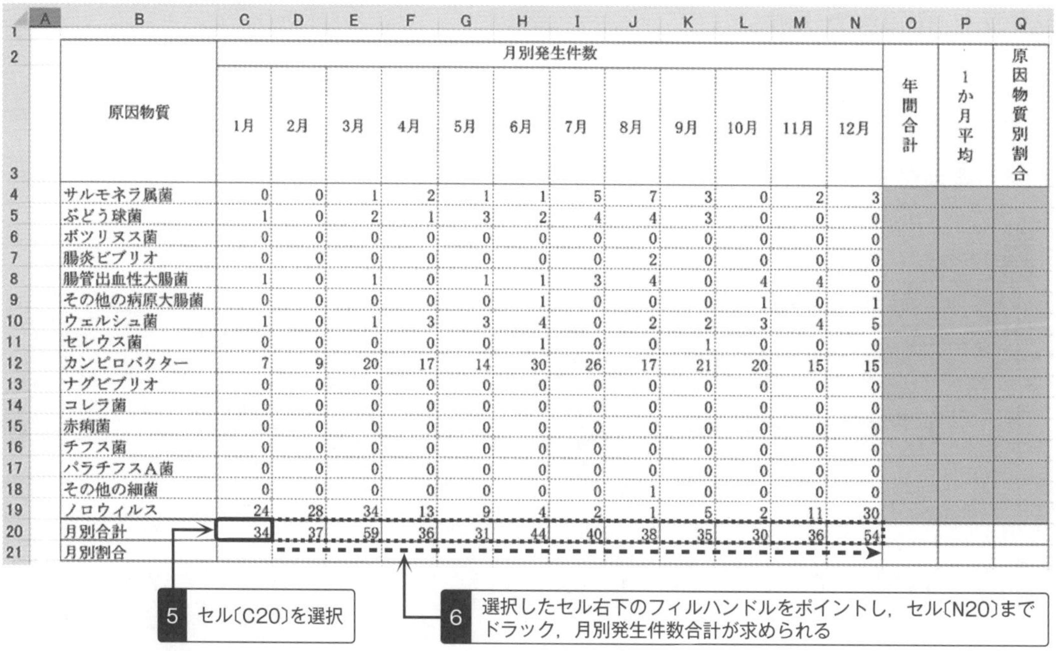

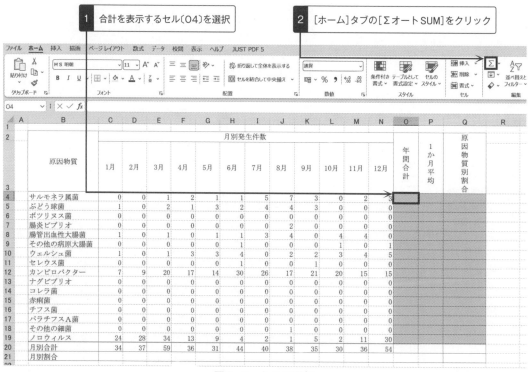

図3-7　セルの選択

図3-8 合計の表示

図3-9 式のコピー

3-2 関数の入力

(3) 原因物質別の1か月平均発生数を求める

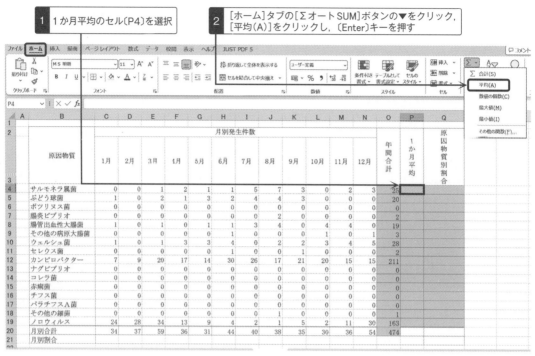

図3-10 セルの選択

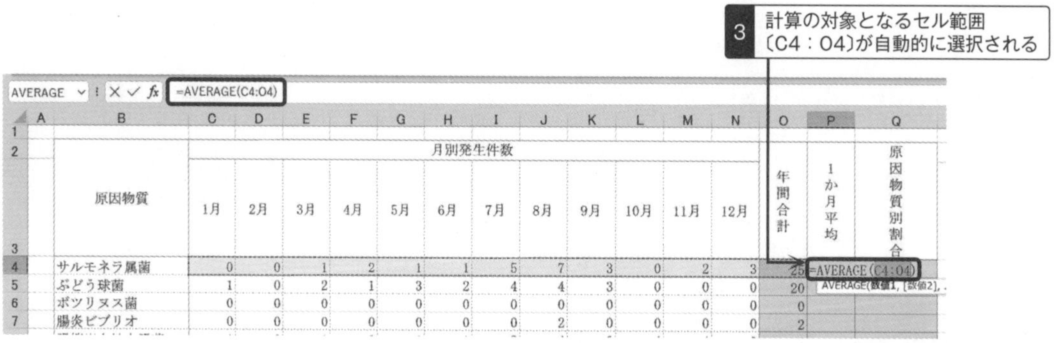

図3-11 セル範囲の確認

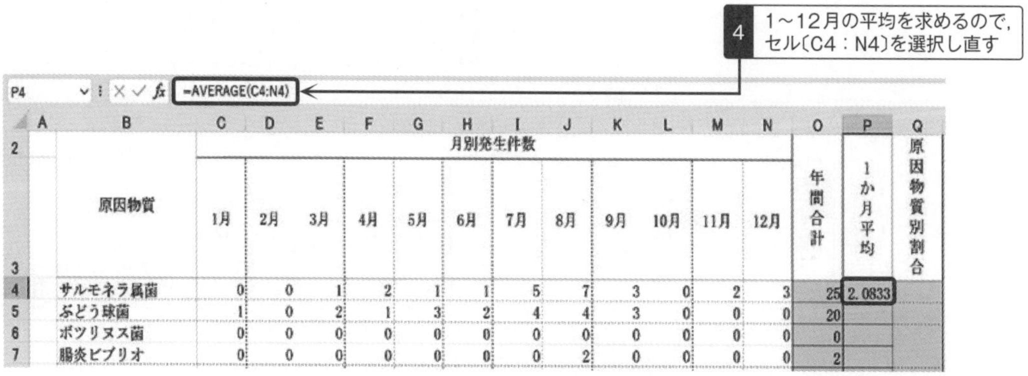

図3-12 セルの範囲の変更

5 セル〔P04〕を選択

	原因物質	月別発生件数												年間合計	1か月平均	原因物質別割合
		1月	2月	3月	4月	5月	6月	7月	8月	9月	10月	11月	12月			
4	サルモネラ属菌	0	0	1	2	1	1	5	7	3	0	2	3	25	2.0833	
5	ぶどう球菌	1	0	2	1	3	2	4	4	3	0	0	0	20	1.6667	
6	ボツリヌス菌	0	0	0	0	0	0	0	0	0	0	0	0	0	0	
7	腸炎ビブリオ	0	0	0	0	0	0	0	2	0	0	0	0	2	0.1667	
8	腸管出血性大腸菌	1	0	1	0	1	1	3	4	0	4	4	0	19	1.5833	
9	その他の病原大腸菌	0	0	0	0	0	0	0	0	0	1	0	1	3	0.25	
10	ウェルシュ菌	1	0	1	3	3	4	0	2	2	3	4	5	28	2.3333	
11	セレウス菌	0	0	0	0	0	0	0	0	1	0	0	0	2	0.1667	
12	カンピロバクター	7	9	20	17	14	30	26	17	21	20	15	15	211	17.583	
13	ナグビブリオ	0	0	0	0	0	0	0	0	0	0	0	0	0	0	
14	コレラ菌	0	0	0	0	0	0	0	0	0	0	0	0	0	0	
15	赤痢菌	0	0	0	0	0	0	0	0	0	0	0	0	0	0	
16	チフス菌	0	0	0	0	0	0	0	0	0	0	0	0	0	0	
17	パラチフスA菌	0	0	0	0	0	0	0	0	0	0	0	0	0	0	
18	その他の細菌	0	0	0	0	0	0	0	0	1	0	0	0	1	0.0833	
19	ノロウィルス	24	28	34	13	9	4	2	1	5	2	11	30	163	13.583	
20	月別合計	34	37	59	36	31	44	40	38	35	30	36	54	474	39.5	
21	月別割合															

6 選択したセルの右下のフィルハンドルをポイントし，セル〔P20〕までドラック

図3-13 式のコピー

（解 説） 塩分の換算方法

　［ΣオートSUM▼］ボタンで直接入力できる関数は以下の5種類である。

関　数	機　能
SUM	合　計(S)
AVERAGE	平均値(A)
COUNT	数値の個数(C)
MAX	最大値(M)
MIN	最小値(I)

3-2　関数の入力

3-3　絶対参照で数式を作成する

割合の算出

セル参照とは，「2章2-3の1数式の入力」で学んだように，数式にセル番地を指定することをいう。セル参照を利用すると，1つのセルの値を複数の数式で利用したり，参照したセルの値の変更を自動的に数式にも反映させたりすることができる。

セル参照には，相対参照，絶対参照，複合参照の3種類がある。

① **相対参照**　数式が入力されているセル番地を基準として，ほかのセルの位置を相対的な位置関係で指定する。数式をコピーすると，コピー先のセル位置に応じて参照先のセルが自動的に変化する。セル番地の指定方法は，列記号と行番号を並べて〔A1〕のように指定する。

② **絶対参照**　参照するセル番地は，コピーしても変わらず，常に固定される参照方法である。セル番地の指定方法は，列記号と行番号の両方に「$C$3」のように「$」をつける。

③ **複合参照**　セル番地の列または行のどちらか一方に「$」をつけることで，参照先の列または行だけが固定される参照方法である。

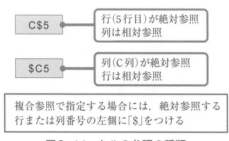

図3-14　セルの参照の種類

（**解説**）　参照方法の切り替え

〔F4〕キーを押すと，セル内の列記号・行番号の前に「$」が挿入され，行と列が固定される。

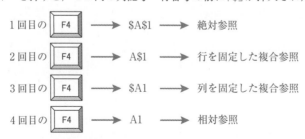

(1) 年間発生件数の原因物質別割合を求める

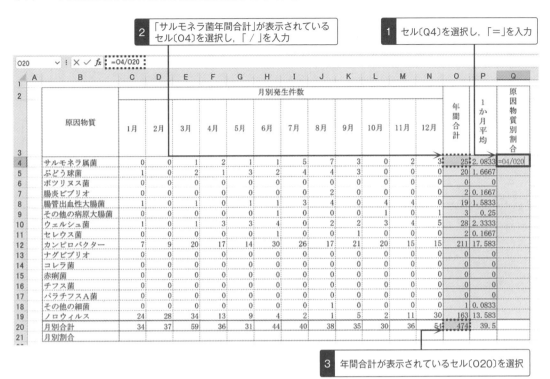

図3-15 原因物質別割合の計算

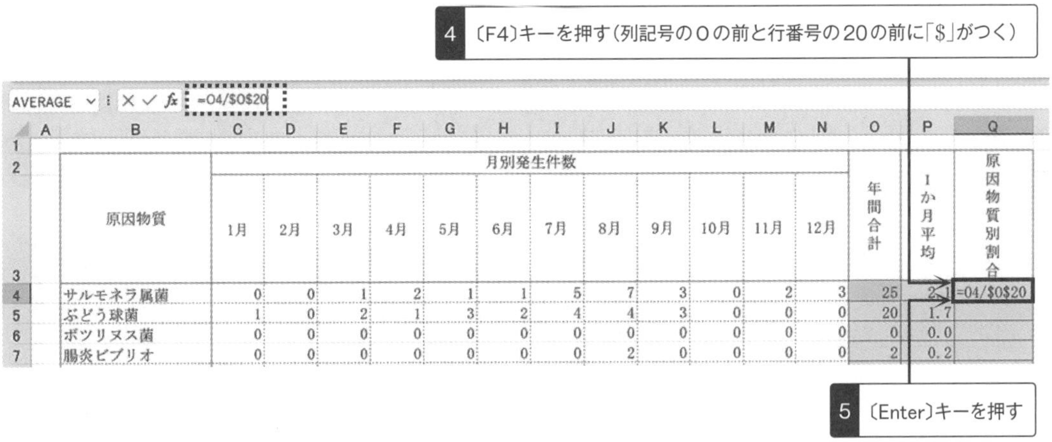

図3-16 絶対参照の設定

[6] セル〔Q4〕を選択

	A	B	C	D	E	F	G	H	I	J	K	L	M	N	O	P	Q
1																	
2			月別発生件数												年間合計	1か月平均	原因物質別割合
3		原因物質	1月	2月	3月	4月	5月	6月	7月	8月	9月	10月	11月	12月			
4		サルモネラ属菌	0	0	1	2	1	1	5	7	3	0	2	3	25	2.0833	0.052743
5		ぶどう球菌	1	0	2	1	3	2	4	4	3	0	0	0	20	1.6667	0.042194
6		ボツリヌス菌	0	0	0	0	0	0	0	0	0	0	0	0	0	0	0
7		腸炎ビブリオ	0	0	0	0	0	0	0	0	0	0	0	0	2	0.1667	0.004219
8		腸管出血性大腸菌	1	0	1	0	1	1	3	4	0	4	4	0	19	1.5833	0.040084
9		その他の病原大腸菌	0	0	0	0	0	1	0	0	0	1	0	1	3	0.25	0.006329
10		ウェルシュ菌	1	0	1	3	3	4	0	2	2	3	4	5	28	2.3333	0.059072
11		セレウス菌	0	0	0	0	0	1	0	0	1	0	0	0	2	0.1667	0.004219
12		カンピロバクター	7	9	20	17	14	30	26	17	21	20	15	15	211	17.583	0.445148
13		ナグビブリオ	0	0	0	0	0	0	0	0	0	0	0	0	0	0	0
14		コレラ菌	0	0	0	0	0	0	0	0	0	0	0	0	0	0	0
15		赤痢菌	0	0	0	0	0	0	0	0	0	0	0	0	0	0	0
16		チフス菌	0	0	0	0	0	0	0	0	0	0	0	0	0	0	0
17		パラチフスA菌	0	0	0	0	0	0	0	0	0	0	0	0	0	0	0
18		その他の細菌	0	0	0	0	0	0	0	0	0	0	0	1	1	0.0833	0.00211
19		ノロウィルス	24	28	34	13	9	4	2	1	5	2	11	30	163	13.583	0.343882
20		月別合計	34	37	59	36	31	44	40	38	35	30	36	54	474	39.5	1
21		月別割合															

[7] 選択したセルの右下のフィルハンドルをポイントし，セル〔Q20〕までドラック

図3-17　式のコピー

（2）年間発生件数の月別割合を求める

O20　=C20/O20

	A	B	C	D	E	F	G	H	I	J	K	L	M	N	O	P	Q
2			月別発生件数												年間合計	1か月平均	原因物質別割合
3		原因物質	1月	2月	3月	4月	5月	6月	7月	8月	9月	10月	11月	12月			
4		サルモネラ属菌	0	0	1	2	1	1	5	7	3	0	2	3	25	2.0833	0.052743
5		ぶどう球菌	1	0	2	1	3	2	4	4	3	0	0	0	20	1.6667	0.042194
6		ボツリヌス菌	0	0	0	0	0	0	0	0	0	0	0	0	0	0	0
7		腸炎ビブリオ	0	0	0	0	0	0	0	0	0	0	0	0	2	0.1667	0.004219
8		腸管出血性大腸菌	1	0	1	0	1	1	3	4	0	4	4	0	19	1.5833	0.040084
9		その他の病原大腸菌	0	0	0	0	0	1	0	0	0	1	0	1	3	0.25	0.006329
10		ウェルシュ菌	1	0	1	3	3	4	0	2	2	3	4	5	28	2.3333	0.059072
11		セレウス菌	0	0	0	0	0	1	0	0	1	0	0	0	2	0.1667	0.004219
12		カンピロバクター	7	9	20	17	14	30	26	17	21	20	15	15	211	17.583	0.445148
13		ナグビブリオ	0	0	0	0	0	0	0	0	0	0	0	0	0	0	0
14		コレラ菌	0	0	0	0	0	0	0	0	0	0	0	0	0	0	0
15		赤痢菌	0	0	0	0	0	0	0	0	0	0	0	0	0	0	0
16		チフス菌	0	0	0	0	0	0	0	0	0	0	0	0	0	0	0
17		パラチフスA菌	0	0	0	0	0	0	0	0	0	0	0	0	0	0	0
18		その他の細菌	0	0	0	0	0	0	0	0	0	0	0	1	1	0.0833	0.00211
19		ノロウィルス	24	28	34	13	9	4	2	1	5	2	11	30	163	13.583	0.343882
20		月別合計	34	37	59	36	31	44	40	38	35	30	36	54	474	39.5	1
21		月別割合	=C20/O20														

[1] 月別割合のセル〔C21〕を選択

[2] 計算式「＝C20/O20」を入力
（＝「1月の月別合計の表示セル」/「年間合計表示セル」）

図3-18　月別割合の計算式

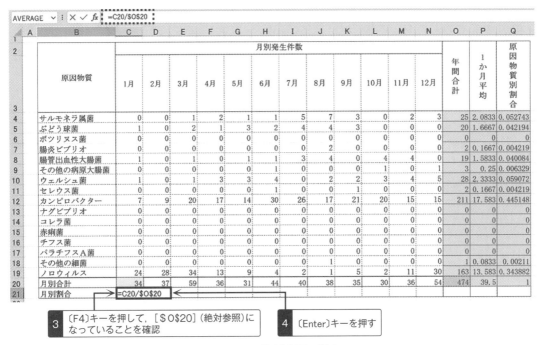

図3-19 絶対参照の設定

(3) 原因物質別の発生割合を％表記にする

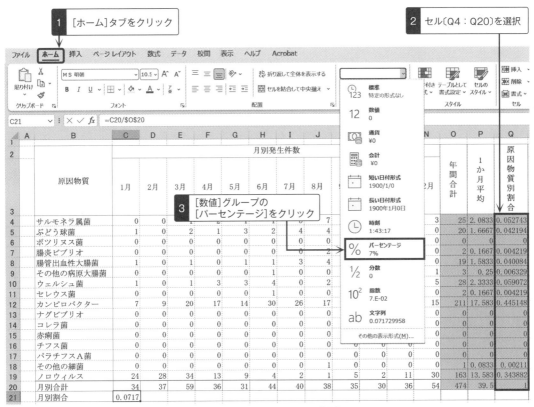

図3-20 パーセンテージ選択

3-3 絶対参照で数式を作成する

図3-21 %表記

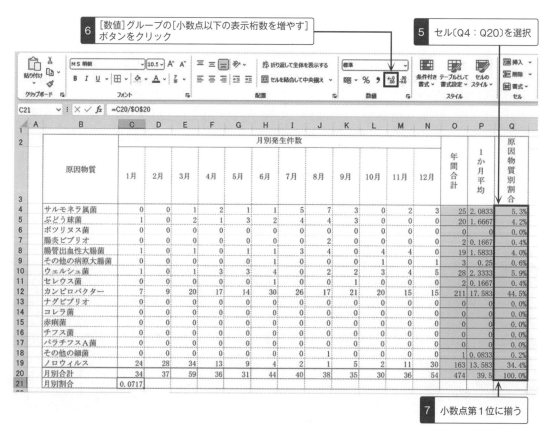

図3-22 原因物質割合の小数点第1位表記

（4） 年間発生数の月別割合の%表記にする

1. セル〔C21〕を選択し，「(3)原因物質の発生割合を%表記する」と同じ手順で，月別割合を小数点以下1桁の%表記に変更する

	A	B	C	D	E	F	G	H	I	J	K	L	M	N	O	P	Q
1																	
2		原因物質	\multicolumn{12}{c}{月別発生件数}	年間合計	1か月平均	原因物質別割合
3			1月	2月	3月	4月	5月	6月	7月	8月	9月	10月	11月	12月			
4		サルモネラ属菌	0	0	1	2	1	1	5	7	3	0	2	3	25	2.0833	5.3%
5		ぶどう球菌	1	0	2	1	3	2	4	4	3	0	0	0	20	1.6667	4.2%
6		ボツリヌス菌	0	0	0	0	0	0	0	0	0	0	0	0	0	0	0.0%
7		腸炎ビブリオ	0	0	0	0	0	0	0	2	0	0	0	0	2	0.1667	0.4%
8		腸管出血性大腸菌	1	0	1	0	0	1	3	4	0	4	4	0	19	1.5833	4.0%
9		その他の病原大腸菌	0	0	0	0	0	1	0	0	0	1	0	1	3	0.25	0.6%
10		ウェルシュ菌	1	0	1	3	3	4	0	2	3	2	4	5	28	2.3333	5.9%
11		セレウス菌	0	0	0	0	0	0	0	0	1	0	0	0	2	0.1667	0.4%
12		カンピロバクター	7	9	20	17	14	30	26	17	21	20	15	15	211	17.583	44.5%
13		ナグビブリオ	0	0	0	0	0	0	0	0	0	0	0	0	0	0	0.0%
14		コレラ菌	0	0	0	0	0	0	0	0	0	0	0	0	0	0	0.0%
15		赤痢菌	0	0	0	0	0	0	0	0	0	0	0	0	0	0	0.0%
16		チフス菌	0	0	0	0	0	0	0	0	0	0	0	0	0	0	0.0%
17		パラチフスA菌	0	0	0	0	0	0	0	0	0	0	0	0	0	0	0.0%
18		その他の細菌	0	0	0	0	0	0	0	1	0	0	0	0	1	0.0833	0.2%
19		ノロウィルス	24	28	34	13	9	4	2	1	5	2	11	30	163	13.583	34.4%
20		月別合計	34	37	59	36	31	44	40	38	35	30	36	54	474	39.5	100.0%
21		月別割合	7.2%	7.8%	12.4%	7.6%	6.5%	9.3%	8.4%	8.0%	7.4%	6.3%	7.6%	11.4%	100.0%		

2. 選択したセルの右下のフィルハンドルをポイントし，セル〔Q21〕までドラック

図3-23 月別割合の%・小数点第1位表記・式のコピー

3-4 表示桁数，表示スタイルを整える

表示の統一

（1） 原因物質別の1か月平均発生数を小数点第1位に揃える

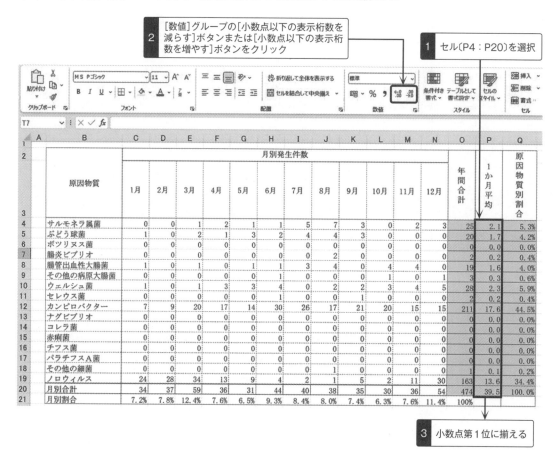

図3-24 食中毒発生件表数の完成

解説 表示桁数を整える

小数点の表示は，下の桁の値によって四捨五入される。

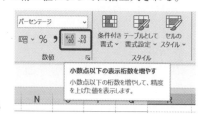

表示桁数を整える

3-5　表の再利用

複写と貼り付け

（1）　表の複写

原因物質	月別発生件数												年間合計	1か月平均	原因物質別割合
	1月	2月	3月	4月	5月	6月	7月	8月	9月	10月	11月	12月			
サルモネラ属菌	0	0	1	2	1	1	5	7	3	0	2	3	25	2.1	5.3%
ぶどう球菌	1	0	2	1	3	2	4	4	3	0	0	0	20	1.7	4.2%
ボツリヌス菌	0	0	0	0	0	0	0	0	0	0	0	0	0	0.0	0.0%
腸炎ビブリオ	0	0	0	0	0	0	0	2	0	0	0	0	2	0.2	0.4%
腸管出血性大腸菌	1	0	1	0	1	1	3	4	0	4	4	0	19	1.6	4.0%
その他の病原大腸菌	0	0	0	0	0	1	0	0	0	1	0	1	3	0.3	0.6%
ウェルシュ菌	1	0	1	3	3	4	0	2	2	3	4	5	28	2.3	5.9%
セレウス菌	0	0	0	0	0	1	0	0	1	0	0	0	2	0.2	0.4%
カンピロバクター	7	9	20	17	14	30	26	17	21	20	15	15	211	17.6	44.5%
ナグビブリオ	0	0	0	0	0	0	0	0	0	0	0	0	0	0.0	0.0%
コレラ菌	0	0	0	0	0	0	0	0	0	0	0	0	0	0.0	0.0%
赤痢菌	0	0	0	0	0	0	0	0	0	0	0	0	0	0.0	0.0%
チフス菌	0	0	0	0	0	0	0	0	0	0	0	0	0	0.0	0.0%
パラチフスA菌	0	0	0	0	0	0	0	0	0	0	0	0	0	0.0	0.0%
その他の細菌	0	0	0	0	0	0	0	1	0	0	0	0	1	0.1	0.2%
ノロウィルス	24	28	34	13	9	4	2	1	5	2	11	30	163	13.6	34.4%
月別合計	34	37	59	36	31	44	40	38	35	30	36	54	474	39.5	100.0%
月別割合	7.2%	7.8%	12.4%	7.6%	6.5%	9.3%	8.4%	8.0%	7.4%	6.3%	7.6%	11.4%	100.0%		

図3-25　表の複写元

原因物質	月別発生件数												間合
	1月	2月	3月	4月	5月	6月	7月	8月	9月	10月	11月	12月	
サルモネラ属菌	0	0	1	2	1	1	5	7	3	0	2	3	25
ぶどう球菌	1	0	2	1	3	2	4	4	3	0	0	0	20
ボツリヌス菌	0	0	0	0	0	0	0	0	0	0	0	0	0
腸炎ビブリオ	0	0	0	0	0	0	0	2	0	0	0	0	2
腸管出血性大腸菌	1	0	1	0	1	1	3	4	0	4	4	0	19
その他の病原大腸菌	0	0	0	0	0	1	0	0	0	1	0	1	3
ウェルシュ菌	1	0	1	3	3	4	0	2	2	3	4	5	28
セレウス菌	0	0	0	0	0	1	0	0	1	0	0	0	2
カンピロバクター	7	9	20	17	14	30	26	17	21	20	15	15	211
ナグビブリオ	0	0	0	0	0	0	0	0	0	0	0	0	0
コレラ菌	0	0	0	0	0	0	0	0	0	0	0	0	0
赤痢菌	0	0	0	0	0	0	0	0	0	0	0	0	0
チフス菌	0	0	0	0	0	0	0	0	0	0	0	0	0
パラチフスA菌	0	0	0	0	0	0	0	0	0	0	0	0	0
その他の細菌	0	0	0	0	0	0	0	1	0	0	0	0	1
ノロウィルス	24	28	34	13	9	4	2	1	5	2	11	30	163
月別合計	34	37	59	36	31	44	40	38	35	30	36	54	474

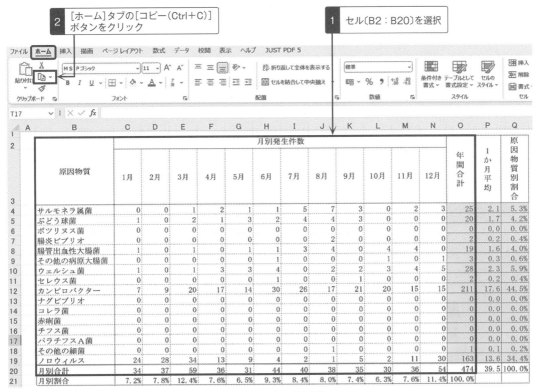

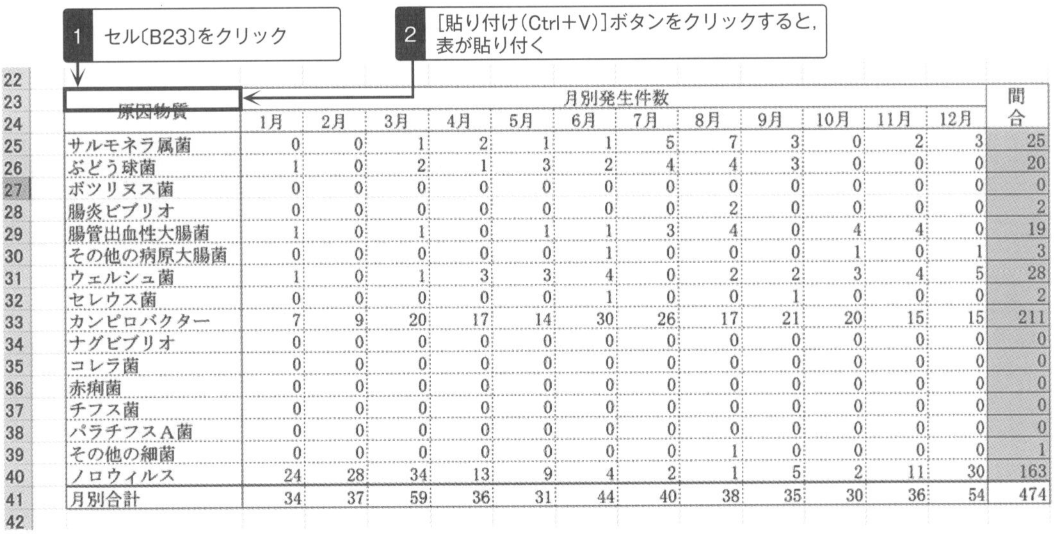

図3-26　表の複写

（2） コピーしたセル内をクリア

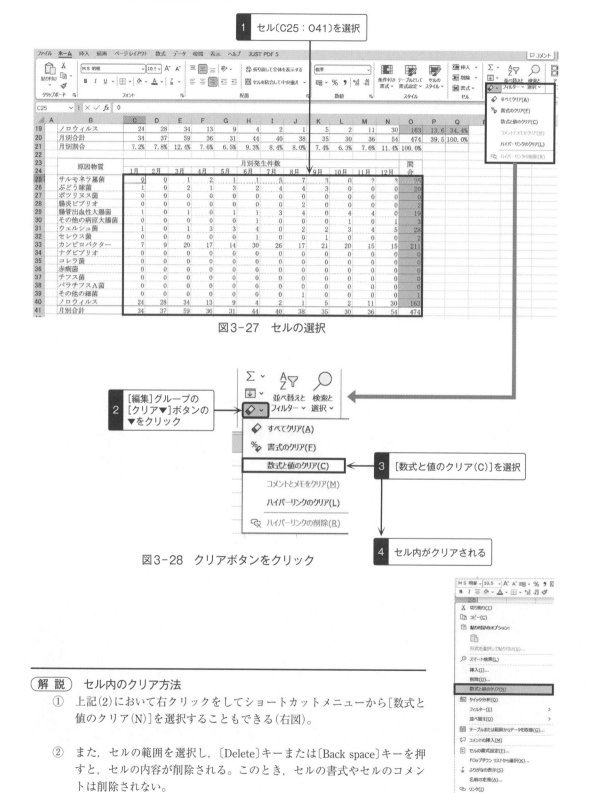

図3-27　セルの選択

図3-28　クリアボタンをクリック

解説　セル内のクリア方法

① 上記(2)において右クリックをしてショートカットメニューから〔数式と値のクリア(N)〕を選択することもできる(右図)。

② また，セルの範囲を選択し，〔Delete〕キーまたは〔Back space〕キーを押すと，セルの内容が削除される。このとき，セルの書式やセルのコメントは削除されない。

3-6　複合参照で数式を作成する

絶対参照と複合参照

（1）　原因菌別ごとにみた，月別の食中毒構成割合を％表記で少数第１位まで求める

	B	C	D	E	F	G	H	I	J	K	L	M	N	O	P	Q
4	サルモネラ属菌	0	0	1	2	1	1	5	7	3	0	2	3	25	2.1	5.3%
5	ぶどう球菌	1	0	2	1	3	2	4	4	3	0	0	0	20	1.7	4.2%
6	ボツリヌス菌	0	0	0	0	0	0	0	0	0	0	0	0	0	0.0	0.0%
7	腸炎ビブリオ	0	0	0	0	0	0	0	2	0	0	0	0	2	0.2	0.4%
8	腸管出血性大腸菌	1	0	1	0	1	1	3	4	0	4	4	0	19	1.6	4.0%
9	その他の病原大腸菌	0	0	0	0	0	1	0	0	0	1	0	1	3	0.3	0.6%
10	ウェルシュ菌	1	0	1	3	3	4	0	2	2	3	4	5	28	2.3	5.9%
11	セレウス菌	0	0	0	0	0	1	0	0	1	0	0	0	2	0.2	0.4%
12	カンピロバクター	7	9	20	17	14	30	26	17	21	20	15	15	211	17.6	44.5%
13	ナグビブリオ	0	0	0	0	0	0	0	0	0	0	0	0	0	0.0	0.0%
14	コレラ菌	0	0	0	0	0	0	0	0	0	0	0	0	0	0.0	0.0%
15	赤痢菌	0	0	0	0	0	0	0	0	0	0	0	0	0	0.0	0.0%
16	チフス菌	0	0	0	0	0	0	0	0	0	0	0	0	0	0.0	0.0%
17	パラチフスA菌	0	0	0	0	0	0	0	0	0	0	0	0	0	0.0	0.0%
18	その他の細菌	0	0	0	0	0	0	0	1	0	0	0	0	1	0.1	0.2%
19	ノロウィルス	24	28	34	13	9	4	2	1	5	2	11	30	163	13.6	34.4%
20	月別合計	34	37	59	36	31	44	40	38	35	30	36	54	474	39.5	100.0%
21	月別割合	7.2%	7.8%	12.4%	7.6%	6.5%	9.3%	8.4%	8.0%	7.4%	6.3%	7.6%	11.4%	100.0%		
22																
23	原因物質	月別発生件数												年間		
24		1月	2月	3月	4月	5月	6月	7月	8月	9月	10月	11月	12月			
25	サルモネラ属菌	=C4/O4														
26	ぶどう球菌															
27	ボツリヌス菌															
28	腸炎ビブリオ															
29	腸管出血性大腸菌															

図3-30　式の入力

	B	C	D	E
19	ノロウィルス	24	28	34
20	月別合計	34	37	59
21	月別割合	7.2%	7.8%	12.4%
22				
23	原因物質			
24		1月	2月	3月
25	サルモネラ属菌	=C4/$O$4		
26	ぶどう球菌			
27	ボツリヌス菌			
28	腸炎ビブリオ			

図3-31　F4キー押下

	B	C	D	E
19	ノロウィルス	24	28	34
20	月別合計	34	37	59
21	月別割合	7.2%	7.8%	12.4%
22				
23	原因物質			
24		1月	2月	3月
25	サルモネラ属菌	=C4/$O4		
26	ぶどう球菌			
27	ボツリヌス菌			
28	腸炎ビブリオ			

図3-32　列を固定した複合参照

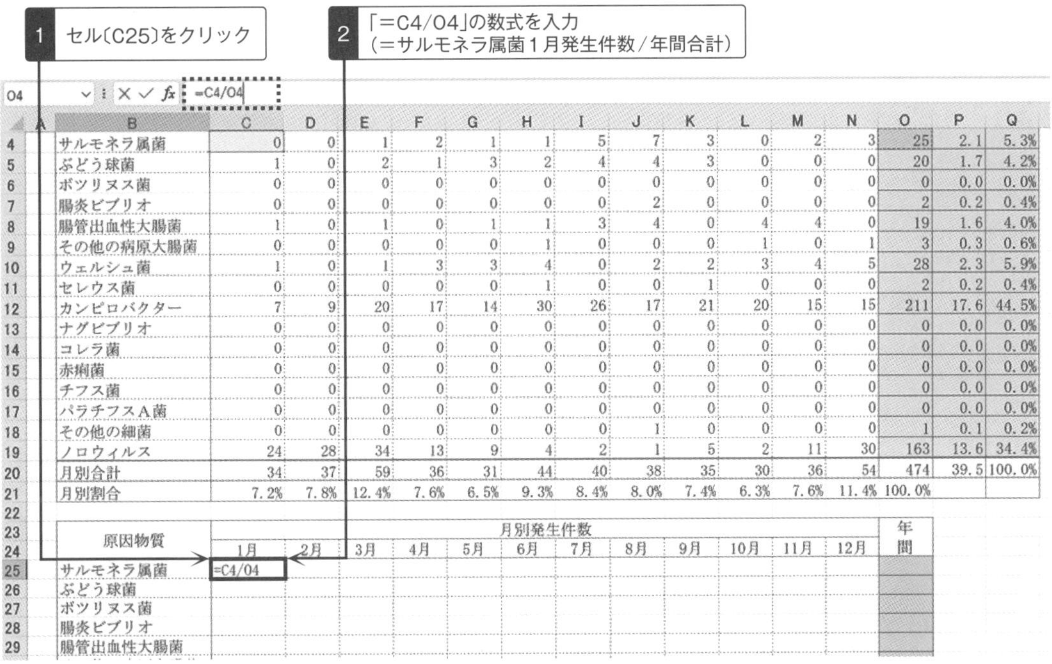

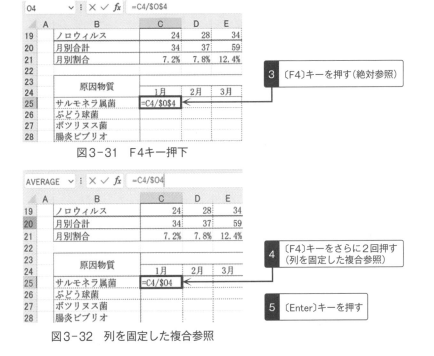

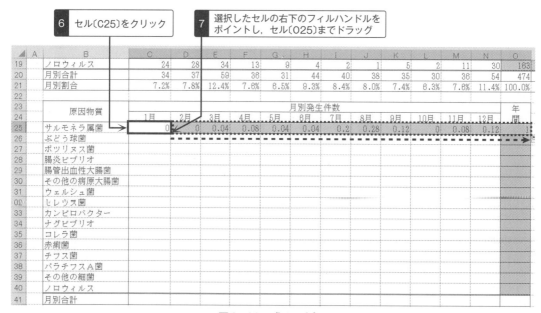

図3-33 式のコピー

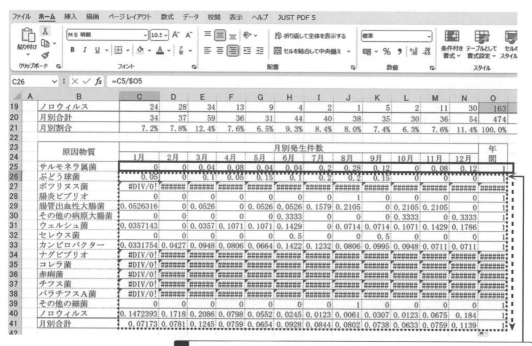

図3-34 式のコピー(全体)

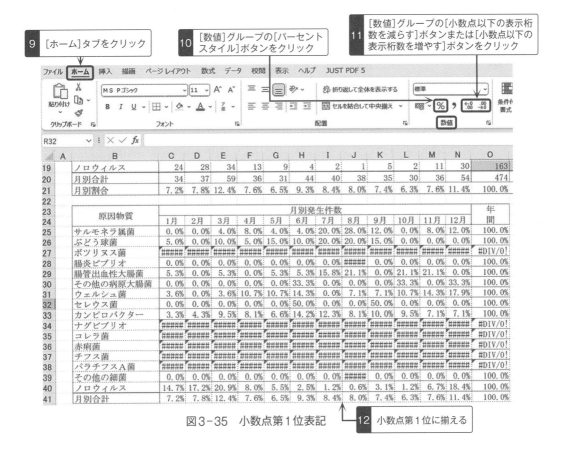

図3-35 小数点第1位表記

3-7 表の体裁を整える

スタイルの変更

(1) エラー表示

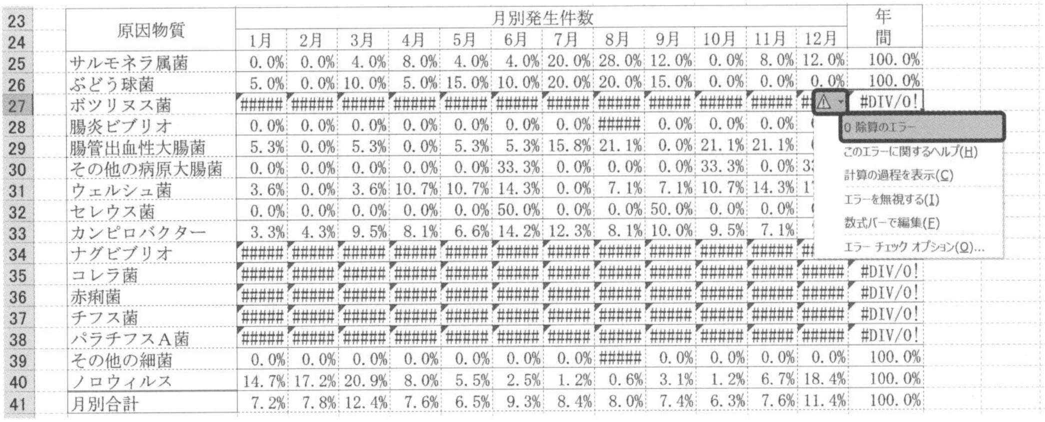

図3-36 エラーチェック

（2） エラー値の編集

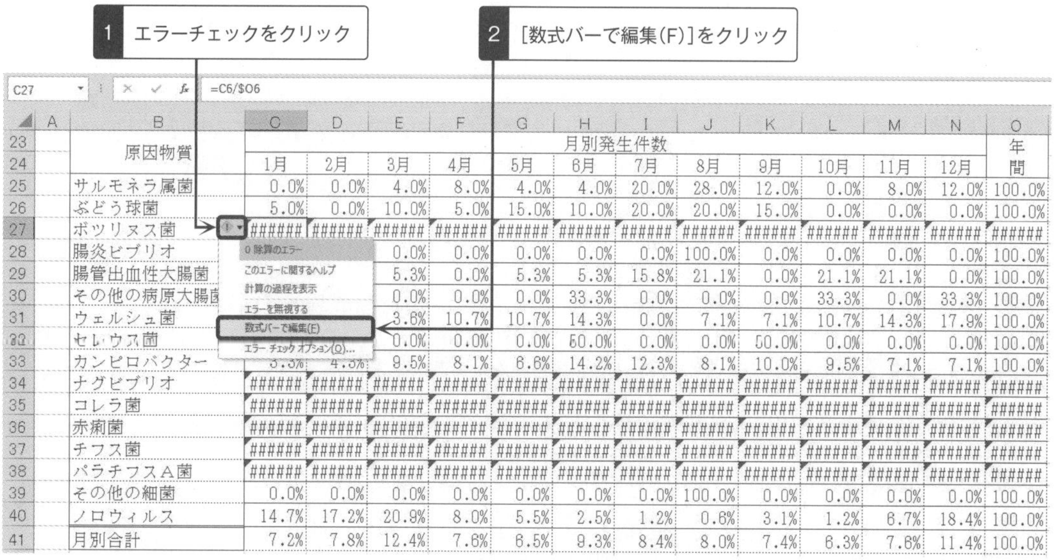

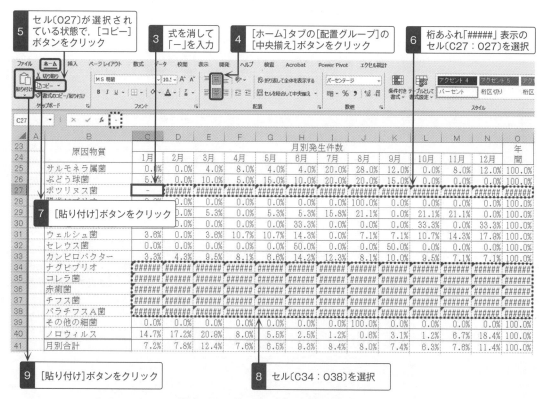

図3-37　エラー値の編集

図3-38　セルのコピー・貼り付け

図3-39 エラー値を消して見栄えをよくする

（3）表の罫線を引く

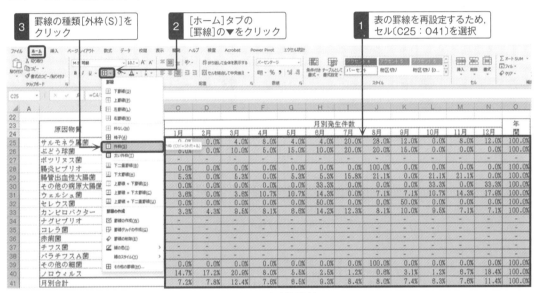

図3-40 外枠罫線

解説　エラー表示

上記の表で，令和5年度に1件も発生のなかった「ボツリヌス菌」，「ナグビブリオ」，「コレラ菌」，「赤痢菌」，「チフス菌」，「パラチフスA菌」による食中毒は，年間合計発生数「0」で除すことになり「#DIV/0!」のエラーが表示される。エラーの可能性のあるセルには △・（エラーチェック）が表示される。エラーチェックをクリックすると，上記のように一覧が表示され，エラーの原因を参照したり（ここでは0除算のエラー），結果を変更したりできる。なお，「####」が表示されているセルは，セルの列幅が狭くて計算結果または，「#DIV/0!」の文字が表示しきれなかったためである。

Excelのエラーには，他に6種ある（下図）。エラー値の解決方法については次章（第4章）で取り上げる。

#N/A	関数や数式に使用する値が未入力	#REF!	参照先のセル範囲が削除されている
#NAME?	処理できない文字列が使用されている	#NUM!	数式または関数の数値が正しくない
#VALUE!	数値ではなく文字が入力されているなど引数の指定が正しくない	#NULL!	参照セル範囲や参照演算子が正しくない

3-7 表の体裁を整える

（4）表の縦区切り線を「破線」にする

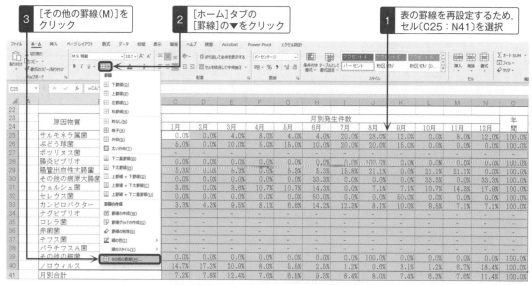

図3-41　その他の罫線選択

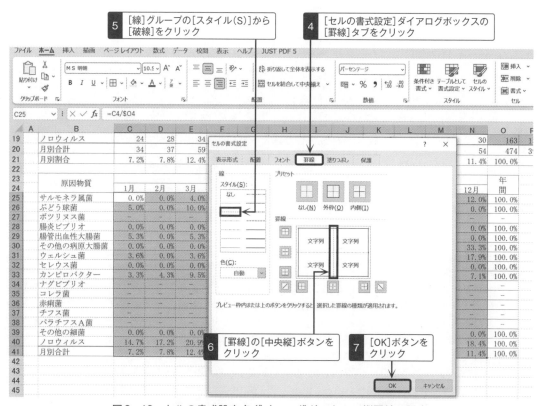

図3-42　セルの書式設定をダイアログボックスで縦罫線の設定

	原因物質	月別発生件数												年間
		1月	2月	3月	4月	5月	6月	7月	8月	9月	10月	11月	12月	
25	サルモネラ属菌	0.0%	0.0%	4.0%	8.0%	4.0%	4.0%	20.0%	28.0%	12.0%	0.0%	8.0%	12.0%	100.0%
26	ぶどう球菌	5.0%	0.0%	10.0%	5.0%	15.0%	10.0%	20.0%	20.0%	15.0%	0.0%	0.0%	0.0%	100.0%
27	ボツリヌス菌	-	-	-	-	-	-	-	-	-	-	-	-	-
28	腸炎ビブリオ	0.0%	0.0%	0.0%	0.0%	0.0%	0.0%	0.0%	100.0%	0.0%	0.0%	0.0%	0.0%	100.0%
29	腸管出血性大腸菌	5.3%	0.0%	5.3%	0.0%	5.3%	5.3%	15.8%	21.1%	0.0%	21.1%	21.1%	0.0%	100.0%
30	その他の病原大腸菌	0.0%	0.0%	0.0%	0.0%	0.0%	33.3%	0.0%	0.0%	0.0%	33.3%	0.0%	33.3%	100.0%
31	ウェルシュ菌	3.6%	0.0%	3.6%	10.7%	10.7%	14.3%	0.0%	7.1%	7.1%	10.7%	14.3%	17.9%	100.0%
32	セレウス菌	0.0%	0.0%	0.0%	0.0%	0.0%	50.0%	0.0%	0.0%	50.0%	0.0%	0.0%	0.0%	100.0%
33	カンピロバクター	3.3%	4.3%	9.5%	8.1%	6.6%	14.2%	12.3%	8.1%	10.0%	9.5%	7.1%	7.1%	100.0%
34	ナグビブリオ	-	-	-	-	-	-	-	-	-	-	-	-	-
35	コレラ菌	-	-	-	-	-	-	-	-	-	-	-	-	-
36	赤痢菌	-	-	-	-	-	-	-	-	-	-	-	-	-
37	チフス菌	-	-	-	-	-	-	-	-	-	-	-	-	-
38	パラチフスA菌	-	-	-	-	-	-	-	-	-	-	-	-	-
39	その他の細菌	0.0%	0.0%	0.0%	0.0%	0.0%	0.0%	0.0%	100.0%	0.0%	0.0%	0.0%	0.0%	100.0%
40	ノロウィルス	14.7%	17.2%	20.9%	8.0%	5.5%	2.5%	1.2%	0.6%	3.1%	1.2%	6.7%	18.4%	100.0%
41	月別合計	7.2%	7.8%	12.4%	7.6%	6.5%	9.3%	8.4%	8.0%	7.4%	6.3%	7.6%	11.4%	100.0%

8 表の縦区切り線が「破線」になる

図3-43 縦区切り破線

(5) 表の横区切り線を「破線」にする

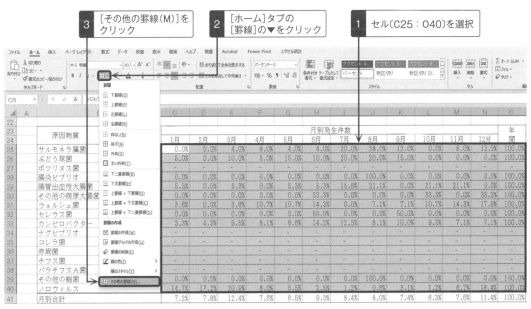

図3-44 縦区切り破線

3-7 表の体裁を整える

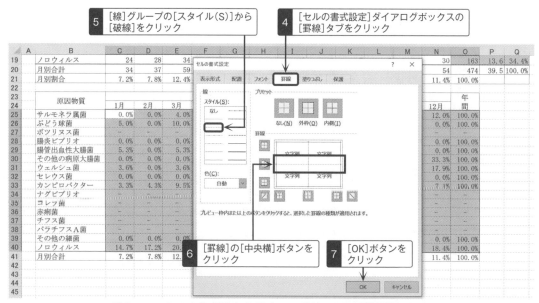

図3-45 セルの書式設定をダイアログボックスで横罫線の設定

	原因物質	月別発生件数												年間
		1月	2月	3月	4月	5月	6月	7月	8月	9月	10月	11月	12月	
25	サルモネラ属菌	0.0%	0.0%	4.0%	8.0%	4.0%	4.0%	20.0%	28.0%	12.0%	0.0%	8.0%	12.0%	100.0%
26	ぶどう球菌	5.0%	0.0%	10.0%	5.0%	15.0%	10.0%	20.0%	20.0%	15.0%	0.0%	0.0%	0.0%	100.0%
27	ボツリヌス菌	-	-	-	-	-	-	-	-	-	-	-	-	-
28	腸炎ビブリオ	0.0%	0.0%	0.0%	0.0%	0.0%	0.0%	100.0%	0.0%	0.0%	0.0%	0.0%	0.0%	100.0%
29	腸管出血性大腸菌	5.3%	0.0%	5.3%	0.0%	5.3%	5.3%	15.8%	21.1%	0.0%	21.1%	21.1%	0.0%	100.0%
30	その他の病原大腸菌	0.0%	0.0%	0.0%	0.0%	0.0%	33.3%	0.0%	0.0%	0.0%	33.3%	0.0%	33.3%	100.0%
31	ウェルシュ菌	3.6%	0.0%	3.6%	10.7%	10.7%	14.3%	0.0%	7.1%	7.1%	10.7%	14.3%	17.9%	100.0%
32	セレウス菌	0.0%	0.0%	0.0%	0.0%	0.0%	50.0%	0.0%	0.0%	50.0%	0.0%	0.0%	0.0%	100.0%
33	カンピロバクター	3.3%	4.3%	9.5%	8.1%	6.6%	14.2%	12.3%	8.1%	10.0%	9.5%	7.1%	7.1%	100.0%
34	ナグビブリオ	-	-	-	-	-	-	-	-	-	-	-	-	-
35	コレラ菌													
36	赤痢菌													
37	チフス菌													
38	パラチフスA菌													
39	その他の細菌	0.0%	0.0%	0.0%	0.0%	0.0%	0.0%	100.0%	0.0%	0.0%	0.0%	0.0%	0.0%	100.0%
40	ノロウィルス	14.7%	17.2%	20.9%	8.0%	5.5%	2.5%	1.2%	0.6%	3.1%	1.2%	6.7%	18.4%	100.0%
41	月別合計	7.2%	7.8%	12.4%	7.6%	6.5%	9.3%	8.4%	8.0%	7.4%	6.3%	7.6%	11.4%	100.0%

図3-46 横区切り破線

(6) 月別合計との区切り線を二重線にする

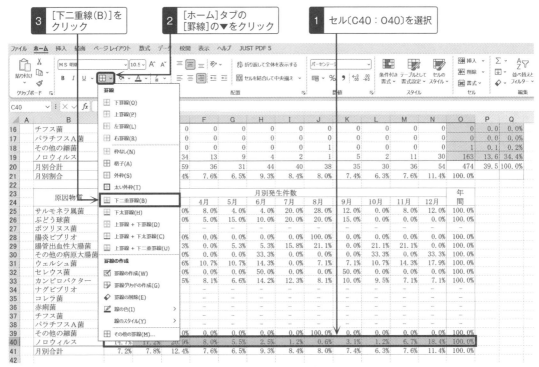

図3-47 下二重線

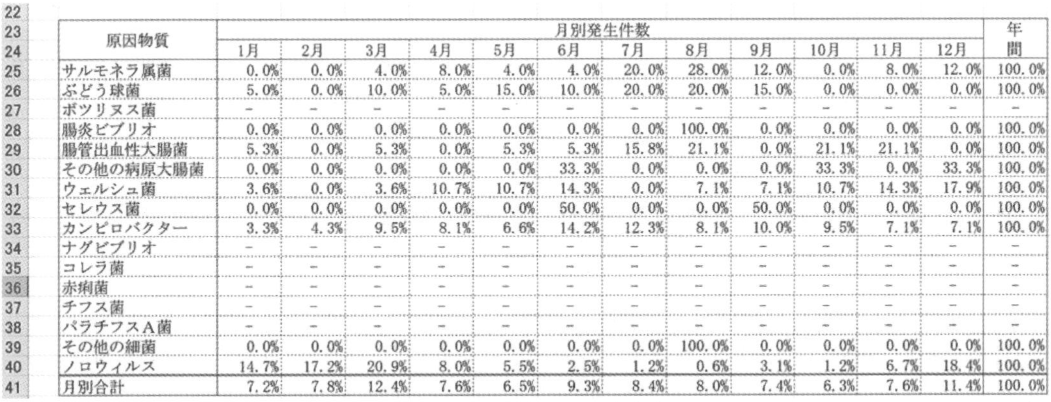

図3-48 罫線の再設定完成

Chapter 04 論理関数〔IF 関数を使った判定処理〕

Study Point
- 論理関数とは
- IF 関数による判定
- IF 関数のネスト

4-1 倫理関数の利用

> 例題：身体計測データ（図4-1）を使い，課題 A〜C を行って表を完成させてみよう。

課題A 体脂肪率と BMI の列の右隣にそれぞれ新しい列を挿入しなさい。
表頭のフィールド名はそれぞれ体脂肪率判定，BMI 判定としなさい。
BMI，体脂肪量と除脂肪量を計算しなさい。BMI の値は小数点以下1桁に四捨五入しなさい。

体重(kg)÷(身長(m))^2
体脂肪量(kg)＝体重(kg)×体脂肪率(%)÷100
除脂肪量(kg)＝体重(kg)−体脂肪量(kg)

課題B 体脂肪率が27.5% 以上の者に★印をつけなさい。

課題C BMI を日本肥満学会の基準で判定しなさい（表4-1参照）。ただし，BMI が25以上の場合は，すべて「肥満」としなさい。

表4-1 BMI による肥満判定基準

BMI	日本肥満学会 2011	WHO 2015
18.5未満	低体重	Underweight
18.5以上25未満	普通体重	Normal range
25以上30未満	肥満1度	Pre-obese
30以上35未満	肥満2度	Obese ClassI
35以上40未満	肥満3度	Obese ClassII
40以上	肥満4度	Obese ClassIII

	A	B	C	D	E	F	G	H
1								
2		BMI判定						
3								
4		No	身長(cm)	体重(kg)	体脂肪率(%)	BMI(kg/m^2)	体脂肪量(kg)	除脂肪量(kg)
5		1	154.2	44.5	24.2			
6		2	169.5	73.9	37.4			
7		3	173.1	64.2	29.8			
8		4	162.3	55.0	13.4			
9		5	156.0	46.4	22.5			
10		6	155.0	40.3	23.8			
11		7	149.4	52.0	28.9			
12		8	172.6	62.1	15.2			
13		9	183.5	66.9	19.9			
14		10	177.1	52.3	24.5			
15		11	165.0	69.8	27.9			
16		12	159.3	49.5	30.0			
17		13	158.7	50.0	23.6			
18		14	178.2	51.3	12.0			
19		15	157.0	50.5	19.9			
20								

図4-1 身体計測データ

…‥…‥…ダウンロード

4-2 論理関数とは

1 関数とは

「関数」とはあらかじめ定義されている数式である。数式を直接入力する代わりに、関数の挿入ダイアログボックスから目的の関数を選び、引数（ひきすう）を指定して計算を行う。関数は大きく分けて14種類に分類される。

表4-2 14種類の関数表示

財　務	論　理
日付／時刻	情　報
数学／三角	エンジニアリング
統　計	キューブ
検索／行列	互換性
データベース	Web
文字列操作	ユーザー定義

課題A 体脂肪率とBMIの列の右隣にそれぞれ新しい列を挿入しなさい。表頭のフィールド名はそれぞれ体脂肪率判定、BMI判定としなさい。BMI、体脂肪量と除脂肪量を計算しなさい。BMIと体脂肪量の値は小数点以下1桁に四捨五入しなさい。

（1） 列の挿入

1 体脂肪率の右隣の列記号Fを右クリック

A	B	C	D	E	F	G	H
1							
2	BMI判定						
3							
4	No	身長(cm)	体重(kg)	体脂肪率(%)	BMI(kg/m²)		
5	1	154.2	44.5	24.2			
6	2	169.5	73.9	37.4			
7	3	173.1	64.2	29.8			
8	4	162.3	55.0	13.4			
9	5	156.0	46.4	22.5			
10	6	155.0	40.3	23.8			
11	7	149.4	52.0	28.9			
12	8	172.6	62.1	15.2			
13	9	183.5	66.9	19.9			
14	10	177.1	52.3	24.5			
15	11	165.0					
16	12	159.3					
17	13	158.7	50.0	23.6			
18	14	178.2	51.3	12.0			
19	15	157.0	50.5	19.9			

2 ショートカットメニューから[挿入(I)]を選択

3 BMIの右隣にも列を挿入し、表頭のフィールド名「体脂肪率判定」、「BMI判定」を入力する

図4-2 列の挿入

(2) BMIの計算

図4-3 関数の挿入

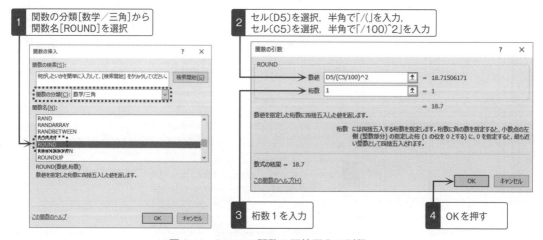

図4-4 ROUND関数の四捨五入の引数

図4-5　BMIの計算

（3）体脂肪量の計算

BMIの計算と同様に，セル〔I5〕を選択してROUND関数で計算した後，オートフィルでセル〔I19〕まで複写する。

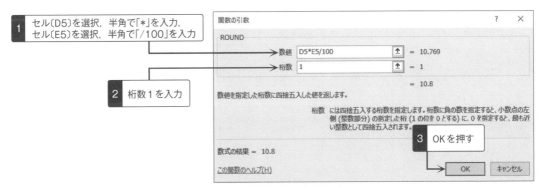

図4-6　ROUND関数の引数

	A	B	C	D	E	F	G	H	I	J
1										
2		BMI判定								
3										
4		No	身長(cm)	体重(kg)	体脂肪率(%)	体脂肪率判定	BMI(kg/m²)	BMI判定	体脂肪量(kg)	除脂肪量(kg)
5		1	154.2	44.5	24.2		18.7		10.8	
6		2	169.5	73.9	37.4		25.7		27.6	
7		3	173.1	64.2	29.8		21.4		19.1	
8		4	162.3	55.0	13.4		20.9		7.4	
9		5	156.0	46.4	22.5		19.1		10.4	
10		6	155.0	40.3	23.8		16.8		9.6	
11		7	149.4	52.0	28.9		23.3		15.0	
12		8	172.6	62.1	15.2		20.8		9.4	
13		9	183.5	66.9	19.9		19.9		13.3	
14		10	177.1	52.3	24.5		16.7		12.8	
15		11	165.0	69.8	27.9		25.6		19.5	
16		12	159.3	49.5	30.0		19.5		14.9	
17		13	158.7	50.0	23.6		19.9		11.8	
18		14	178.2	51.3	12.0		16.2		6.2	
19		15	157.0	50.5	19.9		20.5		10.0	

図4-7　体脂肪量の計算

（4） 除脂肪量の計算

1 セル〔J5〕を選択，半角で「＝」を入力，セル〔D5〕を選択，半角で「－」を入力，セル〔I5〕を選択。数式バーとセル〔J5〕に計算式「＝D5-I5」が表示される

	A	B	C	D	E	F	G	H	I	J
1										
2		BMI判定								
3										
4		No	身長(cm)	体重(kg)	体脂肪率(%)	体脂肪率判定	BMI(kg/m²)	BMI判定	体脂肪量(kg)	除脂肪量(kg)
5		1	154.2	44.5	24.2		18.7		10.8	=D5-I5
6		2	169.5	73.9	37.4		25.7		27.6	
7		3	173.1	64.2	29.8		21.4		19.1	
8		4	162.3	55.0	13.4		20.9		7.4	
9		5	156.0	46.4	22.5		19.1		10.4	
10		6	155.0	40.3	23.8		16.8		9.6	
11		7	149.4	52.0	28.9		23.3		15.0	
12		8	172.6	62.1	15.2		20.8		9.4	
13		9	183.5	66.9	19.9		19.9		13.3	
14		10	177.1	52.3	24.5		16.7		12.8	
15		11	165.0	69.8	27.9		25.6		19.5	
16		12	159.3	49.5	30.0		19.5		14.9	
17		13	158.7	50.0	23.6		19.9		11.8	
18		14	178.2	51.3	12.0		16.2		6.2	
19		15	157.0	50.5	19.9		20.5		10.0	

図4-8　除脂肪量の計算

2 セル〔J5〕の計算ができたらオートフィルでセル〔J19〕まで複写する。

	A	B	C	D	E	F	G	H	I	J
1										
2		BMI判定								
3										
4		No	身長(cm)	体重(kg)	体脂肪率(%)	体脂肪率判定	BMI(kg/m²)	BMI判定	体脂肪量(kg)	除脂肪量(kg)
5		1	154.2	44.5	24.2		18.7		10.8	33.7
6		2	169.5	73.9	37.4		25.7		27.6	46.3
7		3	173.1	64.2	29.8		21.4		19.1	45.1
8		4	162.3	55.0	13.4		20.9		7.4	47.6
9		5	156.0	46.4	22.5		19.1		10.4	36.0
10		6	155.0	40.3	23.8		16.8		9.6	30.7
11		7	149.4	52.0	28.9		23.3		15.0	37.0
12		8	172.6	62.1	15.2		20.8		9.4	52.7
13		9	183.5	66.9	19.9		19.9		13.3	53.6
14		10	177.1	52.3	24.5		16.7		12.8	39.5
15		11	165.0	69.8	27.9		25.6		19.5	50.3
16		12	159.3	49.5	30.0		19.5		14.9	34.6
17		13	158.7	50.0	23.6		19.9		11.8	38.2
18		14	178.2	51.3	12.0		16.2		6.2	45.1
19		15	157.0	50.5	19.9		20.5		10.0	40.5

図4-9　課題Aの完成表

2　論理関数の種類

主な論理関数には下記のものがある。

表4-3　論理関数の種類

AND（論理式，論理式）	NOT（論理式）
OR（論理式，論理式）	TRUE（ ）
IF（論理式，真の場合，偽の場合）	FALSE（ ）
IFERROR（値，エラーの場合の値）	

Chapter 04　論理関数〔IF関数を使った判定処理〕

3 IF関数とは

「IF関数」によって指定した条件を満たす場合と満たさない場合で処理を変えることができる。

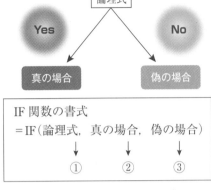

図4-10 IF関数の分岐

① 論理式:真偽を判断する論理式を指定する。
② 論理式の結果が真の場合の処理を数値,文字列または数式で指定する。
③ 論理式の結果が偽の場合の処理を数値,文字列または数式で指定する。
②や③で文字列を指定する場合は,半角の「"」で文字列を囲む。

論理式で使用する比較演算子は下記の通りである。

表4-4 比較演算子

= （等しい）	A1 = 100	セル〔A1〕は100と等しい
＞ （より大きい）	A1 ＞ 100	セル〔A1〕は100より大きい
＜ （より小さい）	A1 ＜ 100	セル〔A1〕は100より小さい
＞＝ （以上）	A1＞＝100	セル〔A1〕は100以上
＜＝ （以下）	A1＜＝100	セル〔A1〕は100以下
＜＞ （等しくない）	A1＜＞100	セル〔A1〕は100ではない

IF関数の入力例:
セル〔A1〕の値が100以下の場合を1,100を超える場合を2とする。
= IF(A1＜＝100,1,2)

（解 説） 論理関数

　指定した条件が真(TRUE)か偽(FALSE)かを判断する関数や,数式の結果によってその後の処理を分岐させる関数である。
　なお,TRUE,FALSE関数には引数はなく,TRUE関数は必ずTRUEを返し,FALSE関数は必ずFALSEを返す。他の表計算ソフトのデータをTRUEやFALSEで表示する必要がある場合に使うことが多いが,計算式で値として利用されるとTRUEは「1」として扱われ,FALSEは「0」として扱われる。例えば「= 5 + TRUE()」を計算すると6となる。

4-3　IF関数による判定

課題B　体脂肪率が27.5%以上の者に★印をつけなさい。

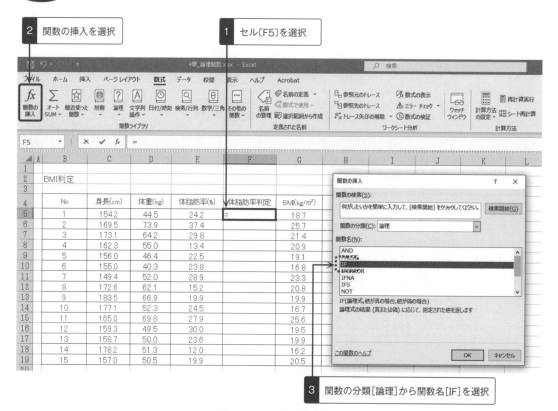

図4-11　IF関数の挿入

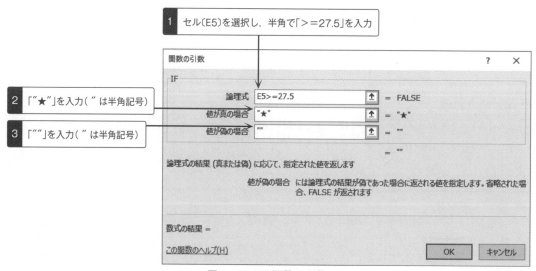

図4-12　IF関数の引数

1 オートフィルでセル〔F19〕まで複写

	B	C	D	E	F	G	H	I	J
2	BMI判定								
4	No	身長(cm)	体重(kg)	体脂肪率(%)	体脂肪率判定	BMI(kg/m²)	BMI判定	体脂肪量(kg)	除脂肪量(kg)
5	1	154.2	44.5	24.2		18.7		10.8	33.7
6	2	169.5	73.9	37.4	★	25.7		27.6	46.3
7	3	173.1	64.2	29.8	★	21.4		19.1	45.1
8	4	162.3	55.0	13.4		20.9		7.4	47.6
9	5	156.0	46.4	22.5		19.1		10.4	36.0
10	6	155.0	40.3	23.8		16.8		9.6	30.7
11	7	149.4	52.0	28.9	★	23.3		15.0	37.0
12	8	172.6	62.1	15.2		20.8		9.4	52.7
13	9	183.5	66.9	19.9		19.9		13.3	53.6
14	10	177.1	52.3	24.5		16.7		12.8	39.5
15	11	165.0	69.8	27.9	★	25.6		19.5	50.3
16	12	159.3	49.5	30.0	★	19.5		14.9	34.6
17	13	158.7	50.0	23.6		19.9		11.8	38.2
18	14	178.2	51.3	12.0		16.2		6.2	45.1
19	15	157.0	50.5	19.9		20.5		10.0	40.5

図4-13 体脂肪率判定

4-4 IF関数のネスト

課題C BMIを日本肥満学会の基準で判定しなさい。ただし，BMIが25以上の場合はすべて「肥満」としなさい。

（1） セル〔H5〕を選択した後，図4-11の2と3を実行してIF関数を挿入する。

（2） 低体重を判定する引数を入力

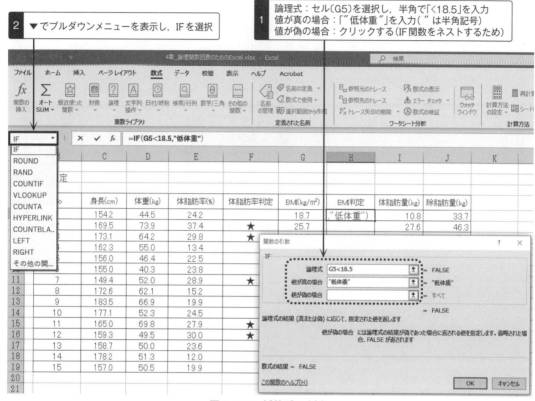

図4-14 低体重の判定

解説 関数のネスト

「関数の引数に関数を用いること」をいう。

関数A（引数1, 関数B（引数i, 引数ii, …, 引数n）, …, 引数X）という形になる。

関数Aと関数Bは同じ関数の場合もあり，異なる関数の場合もある。

（3） 普通体重と肥満を判定する引数を入力

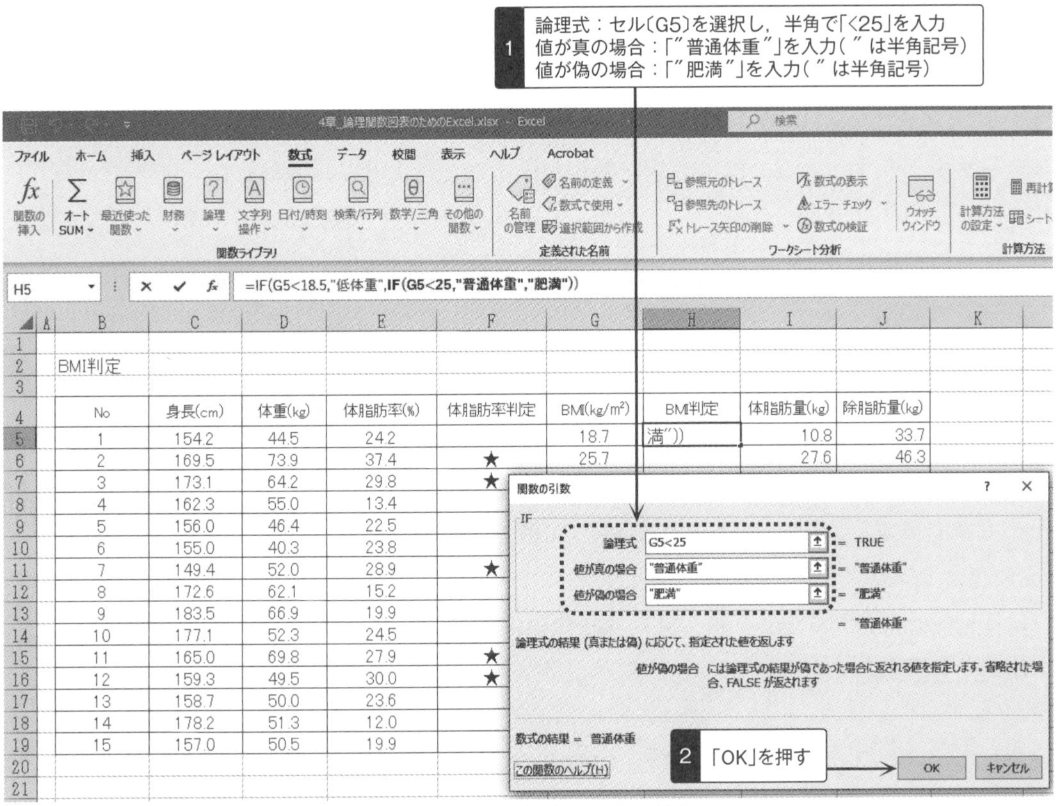

1 論理式：セル〔G5〕を選択し，半角で「<25」を入力
値が真の場合：「"普通体重"」を入力（"は半角記号）
値が偽の場合：「"肥満"」を入力（"は半角記号）

H5 =IF(G5<18.5,"低体重",IF(G5<25,"普通体重","肥満"))

No	身長(cm)	体重(kg)	体脂肪率(%)	体脂肪率判定	BMI(kg/m²)	BMI判定	体脂肪量(kg)	除脂肪量(kg)
1	154.2	44.5	24.2		18.7	満"))	10.8	33.7
2	169.5	73.9	37.4	★	25.7		27.6	46.3
3	173.1	64.2	29.8	★				
4	162.3	55.0	13.4					
5	156.0	46.4	22.5					
6	155.0	40.3	23.8					
7	149.4	52.0	28.9	★				
8	172.6	62.1	15.2					
9	183.5	66.9	19.9					
10	177.1	52.3	24.5					
11	165.0	69.8	27.9	★				
12	159.3	49.5	30.0	★				
13	158.7	50.0	23.6					
14	178.2	51.3	12.0					
15	157.0	50.5	19.9					

関数の引数　IF
論理式　G5<25　= TRUE
値が真の場合　"普通体重"　= "普通体重"
値が偽の場合　"肥満"　= "肥満"
= "普通体重"
論理式の結果（真または偽）に応じて、指定された値を返します
値が偽の場合　には論理式の結果が偽であった場合に返される値を指定します。省略された場合、FALSEが返されます
数式の結果 = 普通体重

2 「OK」を押す

図4-15　普通体重と肥満の判定

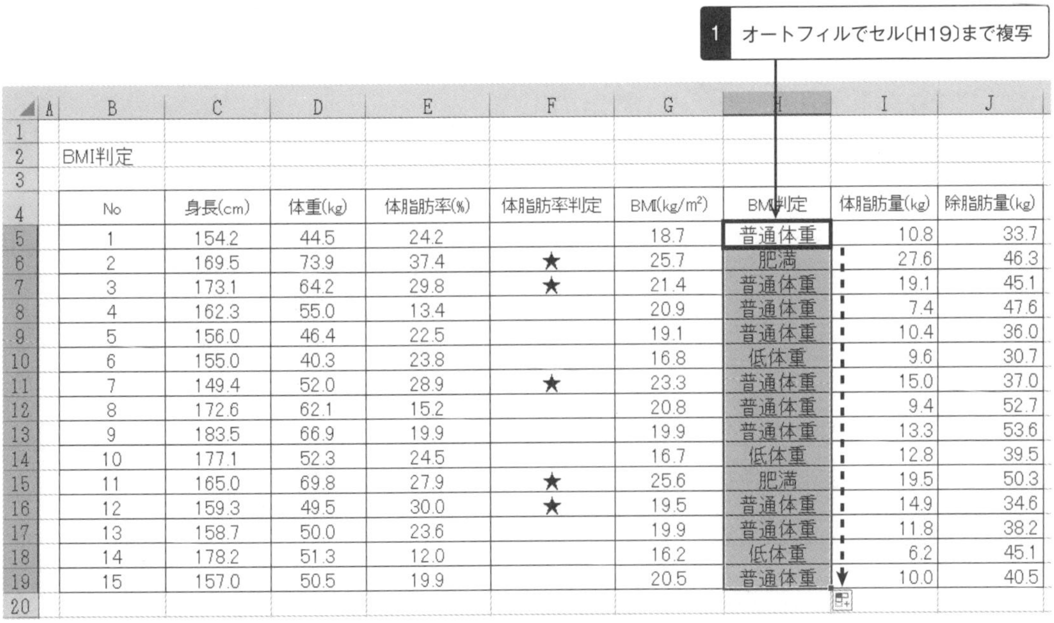

1 オートフィルでセル〔H19〕まで複写

No	身長(cm)	体重(kg)	体脂肪率(%)	体脂肪率判定	BMI(kg/m²)	BMI判定	体脂肪量(kg)	除脂肪量(kg)
1	154.2	44.5	24.2		18.7	普通体重	10.8	33.7
2	169.5	73.9	37.4	★	25.7	肥満	27.6	46.3
3	173.1	64.2	29.8	★	21.4	普通体重	19.1	45.1
4	162.3	55.0	13.4		20.9	普通体重	7.4	47.6
5	156.0	46.4	22.5		19.1	普通体重	10.4	36.0
6	155.0	40.3	23.8		16.8	低体重	9.6	30.7
7	149.4	52.0	28.9	★	23.3	普通体重	15.0	37.0
8	172.6	62.1	15.2		20.8	普通体重	9.4	52.7
9	183.5	66.9	19.9		19.9	普通体重	13.3	53.6
10	177.1	52.3	24.5		16.7	低体重	12.8	39.5
11	165.0	69.8	27.9	★	25.6	肥満	19.5	50.3
12	159.3	49.5	30.0	★	19.5	普通体重	14.9	34.6
13	158.7	50.0	23.6		19.9	普通体重	11.8	38.2
14	178.2	51.3	12.0		16.2	低体重	6.2	45.1
15	157.0	50.5	19.9		20.5	普通体重	10.0	40.5

図4-16　BMI判定

4-4　IF関数のネスト

Chapter 05 グラフの作成
〔グラフの種類の選び方・作り方〕

5-1 グラフ作成のポイント確認

　データをグラフ化するのは，数値を視覚化することによって，表現したいことをわかりやすく，インパクトをもって伝えることができるからである．本章では，グラフの種類の選び方，作り方を紹介していく．

1 グラフの種類

　Excel for Microsoft 365 MSO（以下 Excel と示す）では，表のデータをもとに簡単にグラフを作成することができる．

　データで表現したいことは，「大きさの比較」，「時系列変化」，「構成割合」の3つが基本である．

　Excel 2021には，図5-1の通り組み合わせを含め17種のグラフが用意されており，各グラフには複数のパターンが用意されている．

　表5-1にグラフの使い分けを示す．グラフを作成するときの，同じ系統のデータの集まりを系列という．

　なお，グラフ化する前の表のデータが1列（または1行）の場合を系列が1つ，2列（または2行）の場合を系列が2つという．折れ線グラフの場合は，1本の線で示されるものが1つの系列である．バブルグラフは散布図のパターンに含まれている．

図5-1　Excel 2021に用意されているグラフの種類

表5-1　グラフの使い分け

	大きさの比較	大きさの内訳比較	構成割合(%)比較	時系列の変化		関係をみる
				時系列が等間隔	等間隔でない	
系列が1つ	棒グラフ	－	円グラフ	折れ線グラフ	散布図	－
系列が2つ	集合棒グラフ	積み上げ棒グラフ 積み上げ面グラフ	100%積み上げ棒グラフ 100%積み上げ折れ線グラフ			散布図
系列が3つ						バブルグラフ
系列が3つ以上						レーダーチャート

2 グラフの構成要素の名称とグラフツールのリボン

(1) グラフの構成要素の名称

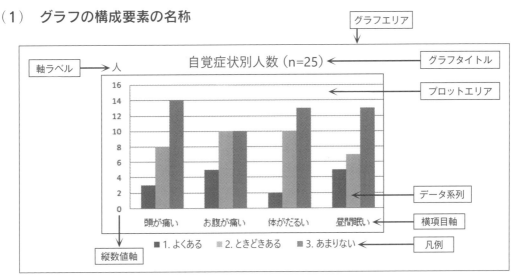

図5-2 グラフの構成要素の名称

(2) グラフツールのリボン

① グラフのデザインタブ：グラフ全体に関する設定を変更する

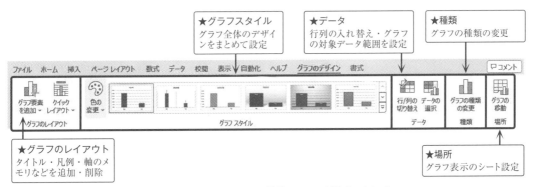

図5-3 グラフツールの「グラフのデザイン」タブ

② 書式タブ：グラフ要素の書式を個別に変更する

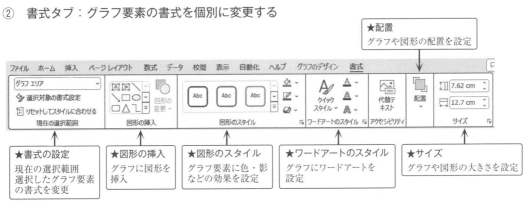

図5-4 グラフツールの「書式」タブ

5-2　棒グラフ

Study Point
- 縦棒グラフの作成
- 集合縦棒グラフの作成
- 積み上げ縦棒グラフの作成

1　縦棒グラフで大きさを比較する

例題：右のデータ図5-5の男女別喫煙率を縦棒グラフで比較してみよう。

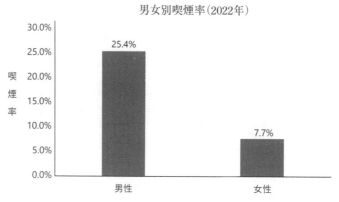

図5-5　男女別喫煙率のデータ

出典：厚生労働省，国民生活基礎調査(2022)

⋯⋯⋯⋯ダウンロード

●完成例　＊　＊　＊　＊　＊　＊　＊　＊　＊　＊

男女別喫煙率（2022年）

図5-6　男女別喫煙率の縦棒グラフ

解説　棒グラフ

　　棒グラフは，データを縦軸，または横軸において，棒の長さで，データの大きさを比較するのに適したグラフである（表5-1参照）。棒グラフには縦と横の2種類があり，項目名が長いときや，ランキング形式で順位を意識させたいときは横棒グラフを用いる。

（1） 縦棒グラフの作成

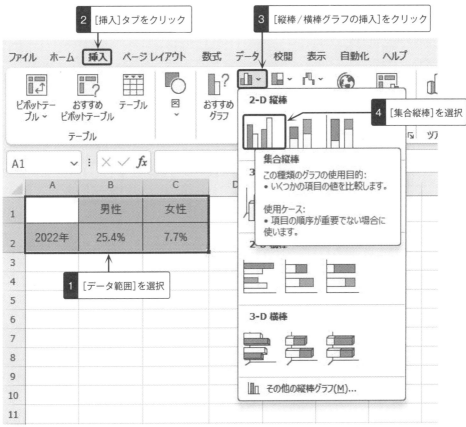

図5-7　集合縦棒グラフの選択

① グラフタイトルの要素

● グラフタイトル変更

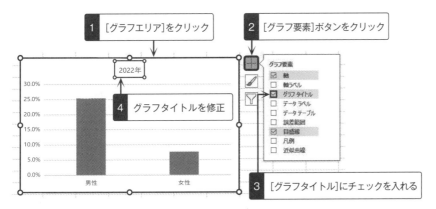

図5-8　グラフタイトル変更

● 軸ラベルの追加

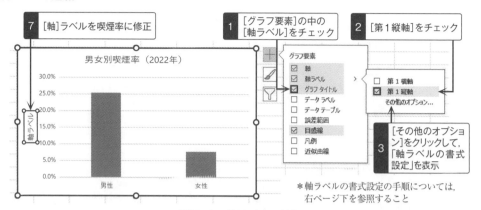

図5-9　軸ラベルの追加

● データラベルの追加

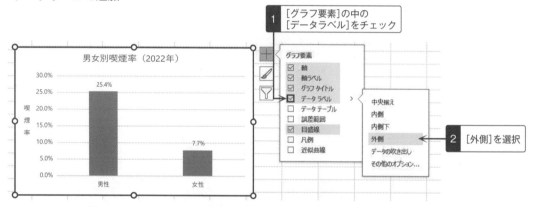

図5-10　データラベルの追加

② スタイル，色の変更

● スタイルの変更

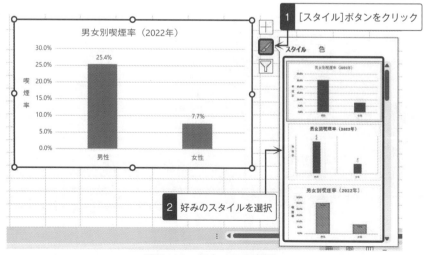

図5-11　スタイルの変更

● 色の変更

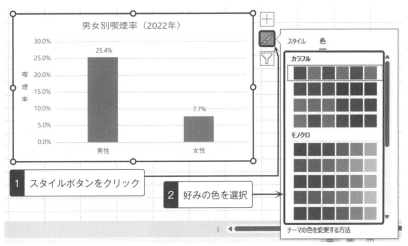

図5-12　色の変更

③ データの選択

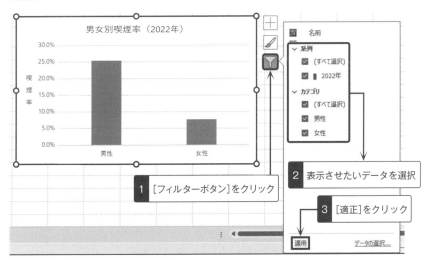

図5-13　データの選択

＊軸ラベルの書式設定

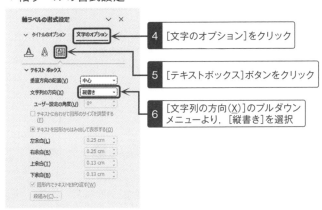

5-2　棒グラフ　　107

2 集合縦棒グラフで変化を比較する

例題：次のデータ（図5-14）の男女別喫煙率の変化を，集合縦棒グラフで比較してみよう。

	A	B	C
1		男性	女性
2	平成１０年	50.8%	10.9%
3	平成１５年	46.8%	11.3%
4	平成２０年	36.8%	9.1%
5	平成２５年	32.2%	8.2%
6	平成３０年	29.0%	8.1%
7	令和元年	27.1%	7.6%
8	令和４年	25.4%	7.7%

図5-14　男女別年次別喫煙率

出典：厚生労働省，国民健康・栄養調査(2022)

ダウンロード

● 完成例　＊　＊　＊　＊　＊　＊　＊　＊

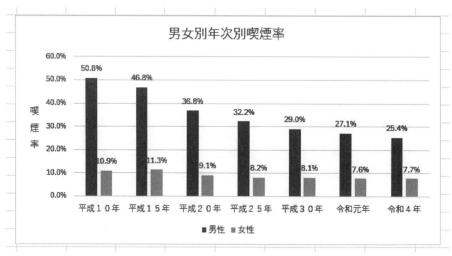

図5-15　男女別年次別喫煙率

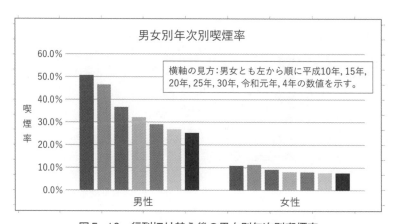

図5-16　行列切り替え後の男女別年次別喫煙率

108　Chapter 05　グラフの作成〔グラフの種類の選び方・作り方〕

（1） 集合縦棒グラフの作成

作成手順については，前項縦棒グラフの作成を参照すること(p.105)。

① 棒グラフの塗りつぶし
● グラデーション処理

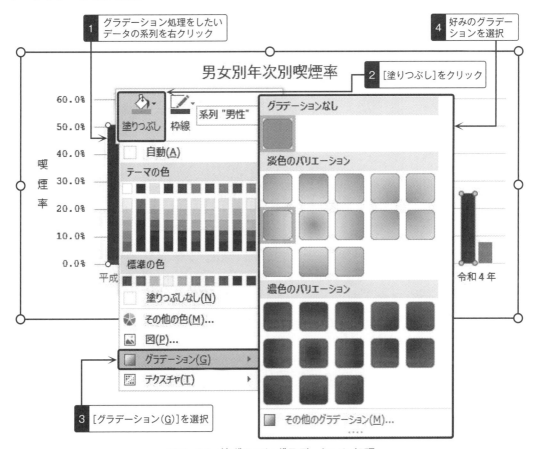

図5-17　棒グラフにグラデーション処理

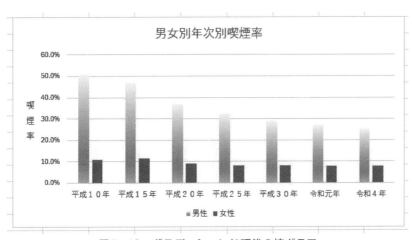

図5-18　グラデーション処理後の棒グラフ

●テクスチャ処理

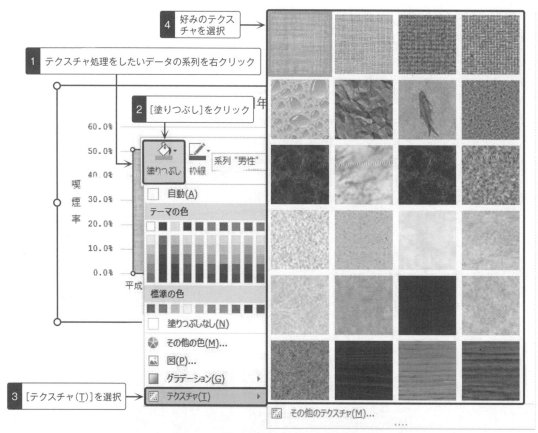

図5-19　棒グラフにテクスチャ処理

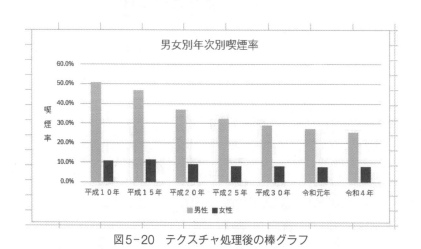

図5-20　テクスチャ処理後の棒グラフ

（2） 行列データの入れ替え

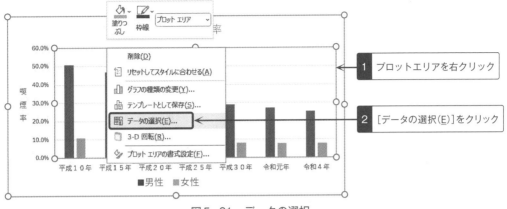

図5-21　データの選択

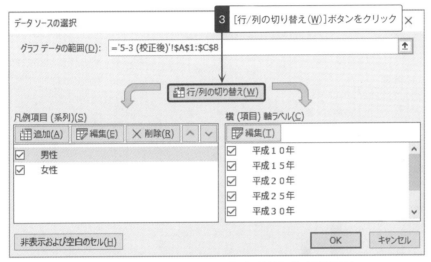

図5-22　行列の切り替え（切り替え前）

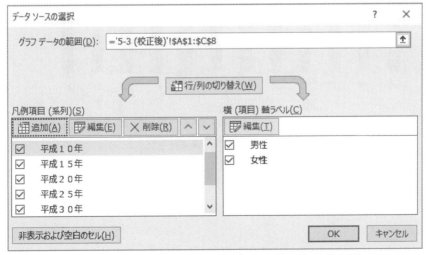

図5-23　行列の切り替え（切り替え後）

3　積み上げ縦棒グラフで内訳構成を比較する

例題：次のデータ（図5-24）より，病因物質別食中毒発生件数を積み上げ縦棒グラフで示してみよう。

	A	B	C	D
1–2		細　菌	ウイルス	寄生虫
3	1月	10	25	39
4	2月	9	28	39
5	3月	25	34	60
6	4月	23	13	60
7	5月	22	9	48
8	6月	40	4	38
9	7月	38	2	32
10	8月	37	1	22
11	9月	30	5	33
12	10月	28	2	37
13	11月	25	11	31
14	12月	24	30	17

図5-24　令和5年 病因物質別月別食中毒発生状況

出典：厚生労働省，令和5年食中毒発生状況

ダウンロード

● 完成例 ＊ ＊ ＊ ＊ ＊ ＊ ＊ ＊ ＊ ＊

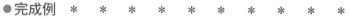

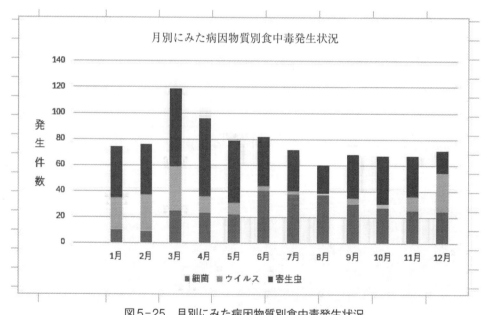

図5-25　月別にみた病因物質別食中毒発生状況

（1） 積み上げ縦棒グラフの作成

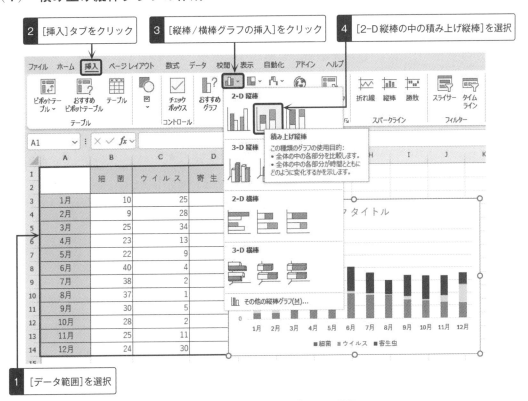

図5-26　積み上げ縦棒グラフの選択

- グラフタイトルの変更（p.105参照）
- 軸ラベルの追加，修正（p.106参照）

5-3　帯グラフ

Study Point
- 2-D 100%積み上げ横棒グラフの作成
- 3-D 100%積み上げ横棒グラフの作成

例題：次のデータ（図5-27）より，1980年と2020年の年齢階級別人口構成の比較を帯グラフで示してみよう。

	A	B	C	D
1		年少人口	生産年齢人口	老年人口
2	１９８０年	24%	67%	9%
3	２０２０年	12%	59%	29%

図5-27　1980年と2020年の年齢階級別人口割合

出典：総務省，人口推計(2020)

・・・・・ダウンロード

● 完成例　＊　＊　＊　＊　＊　＊　＊　＊　＊　＊

2-D　100%積み上げ横棒グラフ

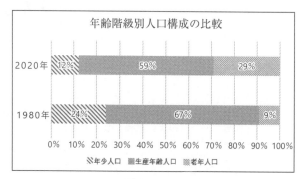

図5-28　年齢階級別人口構成の比較

3-D　100%積み上げ横棒グラフ

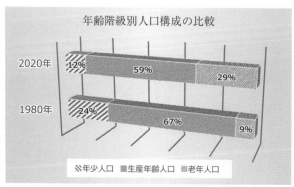

図5-29　年齢階級別人口構成の比較

（解説）　帯グラフ

　　帯グラフは，データの構成比を表すのに適したグラフである（表5-1参照）。同じ内容の構成比を表現したい項目が複数ある場合や，項目間の構成比を比較したい場合に用いる。

（1） 2-D 100％積み上げ横棒グラフの作成

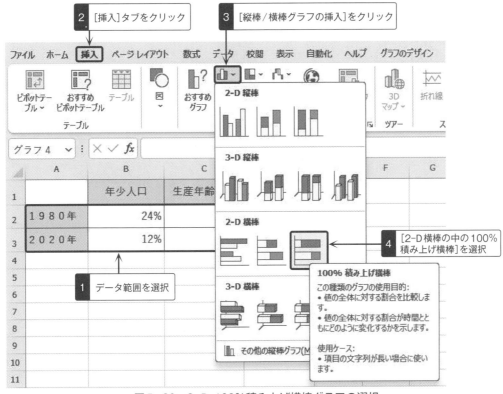

図5-30　2-D 100％積み上げ横棒グラフの選択

● 行列の入れ替え（p.111参照）
● グラフタイトルの変更（p.105参照）

＜100％積み上げ横棒グラフ作成上の注意点＞
- 各年のデータが合計で100％になることを確認する。例：1980年の年少人口24％，生産年齢人口67％，老年人口9％の合計が100％になっているかを確認する。
- 各年齢層（年少人口，生産年齢人口，老年人口）に異なる色を使うと，さらに視覚的に区別しやすくなる。例えば，年少人口を青，生産年齢人口を緑，老年人口を赤にするなどである。
- グラフの右側や下部に凡例をつけて，各色がどの年齢層に対応しているかを説明するとさらにわかりやすくなる。
- グラフを見やすくするためには，横棒の長さやスケールを適切に設定することが重要となる。データの変化が一目でわかるように，十分な間隔をもたせることも重要なポイントである。
- 100％積み上げ横棒グラフは，各カテゴリーの相対的な比率を見るのに適している。データがどのようにシフトしているのか（例えば，年少人口が減少し，老年人口が増加している）を強調することで，全体の傾向が理解しやすくなる。

（2） 3-D 100%積み上げ横棒グラフの作成

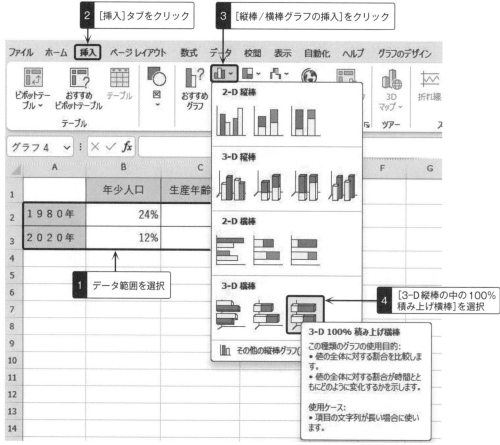

図5-31　3-D 100%積み上げ横棒グラフの選択

● 行列の入れ替え（p.111参照）
● グラフタイトルの変更（p.105参照）

5-4 円グラフ

Study Point
- 円グラフの作成

例題：次のデータ（図5-32）より，PFC比率を円グラフで示してみよう。

	A	B	C
1	たんぱく質（P）	脂質（F）	炭水化物（C）
2	15%	35%	50%

図5-32　PFC比率

⋯⋯⋯ダウンロード

● 完成例　＊　＊　＊　＊　＊　＊　＊　＊　＊　＊

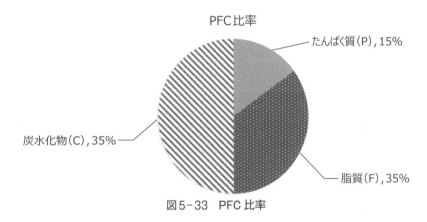

図5-33　PFC比率

解説　円グラフ

　　円グラフは，帯グラフ同様，全体に占めるデータ構成比をわかりやすく表すのに適したグラフである（表5-1参照）。
　　また，円グラフはデータのカテゴリ間の割合や比率を示すのには向いているが，複数のデータセットの比較や，具体的な数値の表示にはあまり適していない。データセットが多すぎると，円グラフの各セクションが小さくなりすぎて視認性がわるくなる場合があり，セクションのサイズの違いが微細な場合は，視覚的な差がわかりにくいこともある。

(1) 円グラフの作成

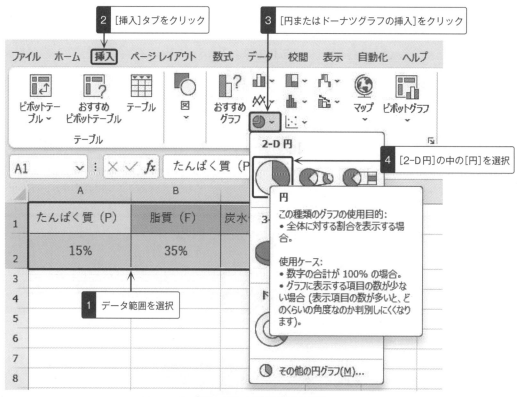

図5-34 円グラフの選択

- グラフタイトルの変更(p.105参照)
- グラフスタイルの変更(p.106参照)．ここではスタイル2を選択している．

<円グラフ作成上の注意点>
- データが合計で100%になることを確認する．今回のデータでは，たんぱく質15%，脂質35%，炭水化物50%の合計が100%となっている．
- 各栄養素(たんぱく質，脂質，炭水化物)に異なる色を割り当てると，視覚的に区別しやすくすることが出来る．例えば，たんぱく質を青，脂質を赤，炭水化物を緑にするなどである．
- セグメントの順序も考慮することが重要となる．例えば，最も大きいセグメントから順に並べることで，データの理解が容易になることが多い．今回の例では，炭水化物(最も大きい)を最初に表示し，次に脂質，最後にたんぱく質とするやり方である．

5-5 折れ線グラフ

Study Point
- 折れ線グラフの作成
- マーカー付き折れ線グラフの作成

例題：次のデータ（図5-35）より，1950～2020年までの男女別粗死亡率（人口千対）の推移を折れ線グラフで示してみよう。

	A	B	C
1		男性	女性
2	1950	11.4	10.3
3	1960	8.2	6.9
4	1970	7.7	6.2
5	1980	6.8	5.6
6	1990	7.4	6
7	2000	8.6	6.8
8	2010	10.3	8.7
9	2020	11.8	10.5

図5-35　男女別粗死亡率（人口千対）

出典：厚生労働省，人口動態統計

┅┅┅┅ダウンロード

●完成例　＊　＊　＊　＊　＊　＊　＊　＊　＊　＊

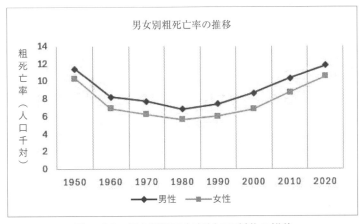

図5-36　男女別粗死亡率（人口千対）の推移

解説　折れ線グラフ

折れ線グラフは，データの比較よりも変化を見せるのに適しているグラフで，成長率や増加率など，時系列変化がある割合や絶対数のデータの表現に適したグラフである（表5-1参照）。グラフは，各データポイントがx軸とy軸に沿ってプロットされ，各点はデータの実際の値を示す。プロットされたデータポイントは線でつながれ，これによりデータの変化やトレンドが視覚的にわかりやすくなる。線がデータの増減を示し，全体の傾向を把握しやすくするのである。

(1) 折れ線グラフの作成

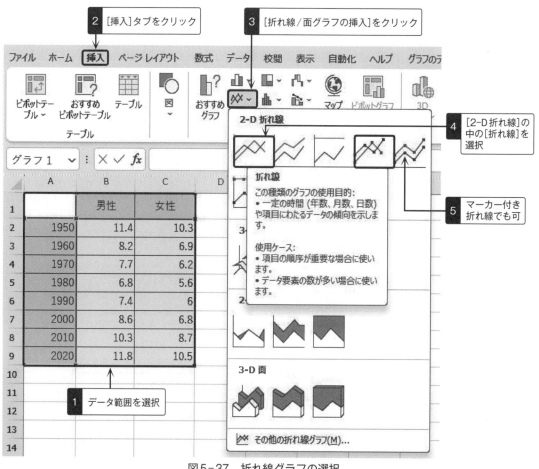

図5-37　折れ線グラフの選択

- グラフスタイルの変更(p.105参照)。ここではスタイル12を選択している。
  グラフスタイルの変更作業の代わりに，2-D折れ線の中のマーカー付き折れ線を選択しても同じグラフを作成できる。
- 軸ラベルの追加(p.106参照)

<折れ線グラフ作成上の注意点>
- 男性と女性を異なる色で表示：例えば，男性を青，女性を赤にすることで，視覚的に区別しやすくすることが出来る。また線の種類(実線，破線，点線など)を使って，男性と女性のデータ系列を区別することで視認性を向上させることも可能である。
- グラフ全体で視覚的にバランスが取れているかを確認する。線やマーカーのサイズ，色のコントラスト，データポイントの配置など，全体の見やすさを考慮する。

5-6 散布図

Study Point
- 散布図の作成

例題：次のデータ(図5-38)より，小学校6年生の身長と体重の関係を散布図で示してみよう。

身長	体重
140.1	35.1
136.8	30.5
157.5	52.6
147.8	45.5
151.3	43.5
135.9	32.1
129.5	35.2
150.9	40.5
150.7	53.7
155.0	45.0
143.6	35.7
141.5	34.2
152.9	37.9
157.0	49.0
142.3	32.8
144.6	52.7
141.9	36.1
148.8	42.6
145.6	30.8
148.3	38.8

図5-38 小学校6年生の身長と体重のデータ(架空データ)

┈┈┈ダウンロード

●完成例 ＊ ＊ ＊ ＊ ＊ ＊ ＊ ＊ ＊ ＊

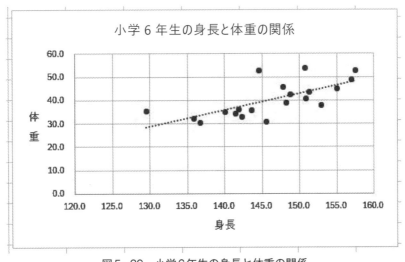

図5-39 小学校6年生の身長と体重の関係

解 説 散布図

　散布図は，2つのデータの相関関係を見ただけで，理解することができるグラフである(表5-1参照)。例えば，正の相関(xが増加するにつれてyも増加する)，負の相関(xが増加するにつれてyが減少する)，または相関がない(無関係)などの関係を示すことができる。

（1） 散布図の作成

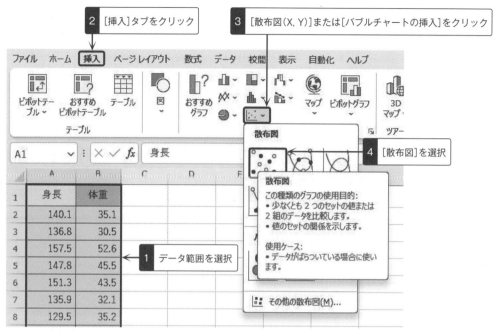

図5-40　散布図の選択

- グラフタイトルの変更（p.105参照）
- 軸ラベルの追加（p.106参照）

<散布図作成上の注意点>
- 軸のスケールは，データの範囲に基づいて適切に設定することが大切である。今回の例では，横軸：身長（例：120 cm～160 cm の範囲で設定）縦軸：体重（例：0 kg ～ 60 kg の範囲で設定）
- データポイントのマーカー（点）のサイズや形状を選択する。一般的には，丸い点や小さな四角などが使われることが多いが，サイズや形状を調整して見やすくすることが大切となる。
- データの傾向を把握するために，散布図にトレンドラインや回帰線を追加する。これにより，身長と体重の間にどのような関係があるかを視覚的に示すことができる。
- データポイントの中に異常値や外れ値がないかを確認する。あった場合はグラフに注釈を付ける。外れ値がトレンドやパターンに影響を与えているかを理解するために必要となる。
- 散布図は，身長と体重の間の相関関係を示すのに役立つ。データの分布やトレンドを観察し，身長と体重の関係について理解を深めることができる。

① 目盛の変更

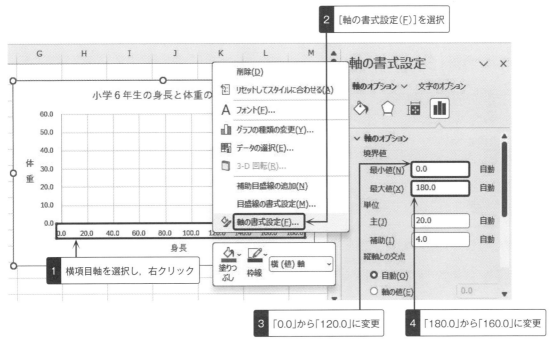

図5-41 軸の書式設定

② 近似曲線の追加

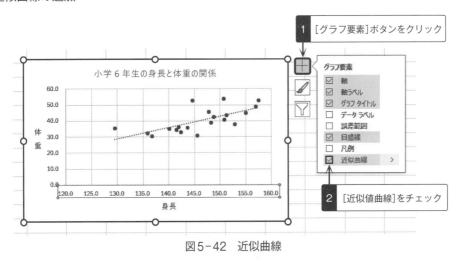

図5-42 近似曲線

(解説) トレンドラインの追加
　散布図にトレンドライン(回帰直線など)を追加することで，データの全体的な傾向や関係の強さを示すことができ，これにより，データの線形または非線形の関係をより明確にすることができる。

5-6 散布図　123

Chapter 06 データベース

6-1 データベース機能

Study Point
- データベースの機能
- データの並べ替え
- 日本語の並べ替え
- データの抽出
- 文字列の抽出

> 例題：健康診断データ（図6-2）を使い，課題A～Jをやってみよう。

課題A 健診データのテーブルを「年齢」の低い順に並べなさい。

課題B 健診データのテーブルを1番目に優先するキーを「性」，2番目に優先するキーを「高コレステロール血症」，3番目に優先するキーを「高血圧」として，昇順に並べ替えなさい。

課題C 同様の並べ替えを「昇順」ボタンのみを使って行いなさい。

課題D B列に氏名が入力された図6-1のテーブルにつき，氏名にふりがなをつけたうえで，氏名を「昇順」に並べ替えなさい。

課題E 図6-2の健診データの表について，先頭行を固定し，D列，E列，I～K列を非表示にしなさい。

課題F 課題Eの全列を再表示した「健診データ」の表にオートフィルターを設定して，尿糖が[5]の人を抽出しなさい。

課題G すべてのレコードを表示した「健診データ」の表について，尿糖が[4]または[5]の人を抽出しなさい。

課題H 尿蛋白が「1」かつ尿糖が「1」かつ尿潜血が「1」かつ高血圧が「1」の人を抽出しなさい。

課題I 表6-2に示す日本高血圧学会の「成人における血圧値の分類」III度高血圧症（収縮期血圧180 mmHg以上かつ／または拡張期血圧110 mmHg以上）の人を[詳細設定]を用いて「健診データ」の表から抽出しなさい。

課題J 図6-29を用いて，「鈴木」という氏名のレコードを抽出しなさい。

　図6-2の健康診断データは実際のデータである。L列の高血圧分類は，表6-2の値分類」に基づくM列，N列の血圧値の分類と必ずしも連動していない。これは，既往や服薬の状態による結果である（高血圧と診断されて，降圧剤を服薬中のため血圧値が低くコントロールされているなど）。

1 データベースとは

データベースとは

　データベースとは，特定の目的で整理されたデータの集まりである。図6-1に示すように，行を「レコード」，列を「フィールド」といい，列見出しを「フィールド名」という。フィールドに対応するデータは，それぞれのレコードごとに1つしかない。フィールド単位やレコード単位に空白の列や行がない図7-1のような表を「データベース形式の表」という。

　Excelのテーブル機能には，次のようなものがある。

① **並べ替え(ソート)**　指定した基準に従って，データを並べ替える。数値や文字列だけでなく，セルの色やフォントの色，日付や時刻の並べ替えもできる。
② **抽出(フィルター)**　テーブルから条件を満たすデータだけを抽出する。
③ **集　計**　テーブルのデータをグループに分類して，グループごとに集計する。

受診番号	氏名	性	年齢	身長	体重	収縮期圧	拡張期圧
1	海野佳代子	2	75	168.0	55.0	122	86
2	太田博文	1	63	164.2	56.8	120	82
3	菊池佳代	2	62	143.1	53.6	144	88
4	大矢一孝	1	66	155.0	50.0	130	82
5	大木聡	1	45	163.3	60.6	96	68
6	渡邊和夫	1	73	167.0	57.0	120	80
7	鈴木若菜	2	67	163.9	52.3	136	62
8	村田もも	2	77	151.5	48.0	134	90
9	鈴木智佳子	2	56	148.5	64.5	118	80
10	伊達ゆかり	2	53	165.1	64.4	120	76
11	浅野洋子	2	74	145.8	58.4	120	84
12	加藤久美子	2	64	160.3	52.4	126	72
13	佐藤拓也	1	53	151.4	61.4	126	76
14	橘千代子	2	81	149.3	48	136	82
15	中野沙織	2	43	160	60	156	94
16	浜田大輔	1	41	156.5	45.6	110	84
17	馬渕由美子	2	66	154.5	57	158	92
18	矢野隆	1	72	155.5	49.5	132	84
19	田中愛	2	41	149.6	41.2	110	68
20	木村幸子	2	68	149	58	130	82

図6-1　データベース形式の表

A	B	C	D	E	F	G	H	I	J	K	L	M	N
受診番号	性	年齢	身長	体重	尿蛋白	尿糖	尿潜血	総コレステロール	肝機能検査	高コレステロール血症	高血圧	収縮期血圧	拡張期血圧
1	2	75	168	55	1	1	1	248	1	3	1	122	86
2	1	63	154.2	56.8	1	1	1	217	2	2	1	120	82
3	1	74	142	48.5	1	1	1	205	1	2	2	144	88
4	2	62	143.1	53.6	1	2	1	251	1	3	2	130	82
5	1	66	155	60	1	1	1	215	1	2	1	96	68
6	1	45	163.3	60.6	1	5	1	236	1	3	1	120	80
7	1	73	157	67	1	4	1	201	1	2	1	138	82
8	2	41	148	56	1	1	1	184	1	1	1	134	90
9	1	43	157	54.8	1	1	1	216	1	2	1	118	80
10	1	47	160	66	1	1	1	202	1	1	3	120	76
11	2	74	145.8	58.4	3	1	4	184	1	3	1	120	84
12	2	64	160.3	52.4	2	5	1	220	1	1	2	126	72
13	1	53	151.4	61.4	1	1	5	241	1	3	1	126	76
14	2	81	149.3	48	1	1	2	187	1	1	1	136	82
15	1	43	160	60	1	1	1	205	1	1	2	156	94
16	1	41	156.5	45.6	1	1	5	191	1	1	1	110	84
17	2	66	154.5	57	1	1	2	199	1	1	1	158	92
18	1	72	155.5	49.5	1	1	1	204	1	1	1	132	84
19	1	41	149.6	41.2	1	4	3	154	1	1	1	110	68
20	2	68	149	58	3	1	1	201	1	3	1	130	82
21	2	81	154.1	42.8	2	1	5	227	1	2	1	112	58
22	2	46	150	50	1	5	1	226	1	3	3	146	106
23	2	42	152	45	1	1	1	225	1	2	2	134	82
24	1	68	147.8	41.9	1	1	5	253	1	1	1	138	76
25	2	58	151.5	49.5	1	1	1	246	1	3	3	118	74
26	1	48	140.2	55	1	4	1	189	1	1	3	140	78
27	2	52	146.2	61.2	1	1	5	211	2	1	1	120	90
28	2	56	142	47	2	5	3	138	1	2	3	110	64
29	1	69	154	60	4	1	1	199	1	1	2	140	80
30	2	50	158.7	55.6	1	1	5	175	1	1	1	180	80
31	2	82	141.5	48.5	1	5	3	158	1	2	2	166	92
32	2	44	169.8	62.2	1	1	1	203	1	1	1	134	88
33	2	45	159.9	56.4	1	1	1	190	1	1	1	148	90
34	1	56	129	41	1	1	4	188	1	2	3	150	96
35	1	88	150.7	52.6	1	1	3	161	1	1	2	148	98
36	2	67	149.1	59.3	1	4	1	243	3	3	1	180	70
37	1	77	151	51.8	1	1	1	218	2	2	1	162	68
38	2	66	146.5	54.2	2	1	2	169	1	2	1	138	90
39	2	58	160.2	50.6	4	1	1	172	1	1	3	150	100
40	1	63	150.3	45.4	1	1	3	104	1	1	1	140	90
41	1	74	159	50	1	1	1	212	1	2	2	136	82
42	2	76	153.5	54.1	1	1	4	213	1	3	2	160	80
43	1	79	148	59	1	1	1	228	1	2	1	128	88
44	2	74	153.6	53.6	1	1	5	241	1	1	1	132	84
45	2	40	136.3	38.3	1	4	3	263	3	3	3	170	90
46	1	63	154	76	1	1	1	297	1	3	2	118	68
47	2	73	153.3	58.9	1	1	4	200	1	2	1	160	92
48	1	79	162	46	2	1	2	160	1	1	2	158	94
49	1	60	154.3	58.8	3	1	3	172	1	1	2	160	86
50								134		1	1	138	88

図6-2　健康診断データ①

受診番号	性	年齢	身長	体重	尿蛋白	尿糖	尿潜血	総コレステロール	肝機能検査	高コレステロール血症	高血圧	収縮期血圧	拡張期血圧
51	1	86	174.4	67.2	1	1	1	209	1	2	1	136	90
52	2	73	167.5	60	1	5	1	128	1	3	1	134	84
53	2	62	154	64	1	1	1	223	2	3	3	128	80
54	2	64	165	59	1	1	1	222	1	3	1	130	82
55	2	40	151.5	39.4	1	1	5	164	1	1	1	140	80
56	2	58	159.6	46.8	1	1	4	189	1	1	1	180	70
57	2	70	157.1	69.4	2	1	5	282	1	3	1	180	72
58	2	54	143	37.5	1	1	1	161	1	1	1	128	70
59	2	66	166	63.4	2	1	1	174	1	1	1	152	100
60	1	52	149.5	44.8	1	1	1	268	1	3	1	150	98
61	2	54	144	40.6	1	1	4	193	2	1	1	148	94
62	1	79	150.4	46	1	1	4	210	1	2	2	160	80
63	1	45	155	59.6	1	5	1	222	1	3	1	162	96
64	1	82	152.6	54.6	1	1	2	155	1	1	1	140	94
65	2	51	137.3	45	1	1	1	169	1	1	1	138	90
66	1	62	156.1	49.6	1	1	2	154	1	1	1	136	88
67	1	67	136.6	44.6	2	4	4	236	1	3	1	134	86
68	2	86	147	43	1	1	2	243	1	3	1	130	78
69	2	73	146	49	1	1	1	255	1	3	1	132	76
70	2	52	146.8	47.8	1	1	5	267	1	3	3	146	80
71	1	57	152.5	48.4	1	1	3	184	1	1	1	154	74
72	2	66	147.8	50.6	1	1	1	228	1	2	1	152	96
73	1	60	145.5	42	4	1	1	200	1	1	1	140	92
74	2	83	139.2	45.4	2	1	2	263	1	3	2	138	90
75	2	57	159	86.8	1	1	5	210	1	1	1	136	84
76	1	41	156.1	47.4	3	1	4	271	1	3	1	168	98
77	2	53	146	53.3	3	4	1	201	1	3	1	168	94
78	2	51	158.3	50	1	1	2	169	2	3	1	162	82
79	2	76	160	60.4	1	1	5	177	1	3	1	138	86
80	2	54	147.2	48.2	1	1	5	239	1	3	1	168	92
81	2	48	156.8	63.8	4	2	2	226	1	1	1	150	90
82	2	52	147.3	49.2	2	1	5	186	1	3	1	152	92
83	2	54	150	53	1	1	3	154	1	3	1	160	94
84	2	58	156.4	54.5	1	1	1	218	1	3	2	150	92
85	1	71	152.5	48.2	1	1	4	167	1	3	1	152	98
86	2	40	142	44	2	1	2	256	1	3	1	168	88
87	2	74	150	60	1	2	1	243	1	2	2	138	84
88	1	70	131.9	41.6	3	1	1	223	1	3	1	144	96
89	1	78	147.5	44	1	1	1	279	1	3	1	152	88
90	2	77	141.8	45.4	3	2	2	191	1	3	1	136	88
91	1	65	152.2	39.7	3	1	4	263	1	3	1	176	86
92	2	53	155.5	60	3	1	2	239	1	3	1	138	90
93	2	64	147	52	1	1	1	212	1	2	1	142	88
94	2	59	155	54	1	1	2	198	2	3	1	154	84
95	2	62	162.8	48.3	1	5	1	148	1	3	1	152	96
96	1	60	152.4	46.8	1	1	5	146	1	1	1	136	88
97	2	67	147	58	3	1	1	220	1	3	3	180	94
98	2	40	146.8	40.8	3	1	5	266	1	3	1	156	98
99	1	55	164.8	62.6	1	2	1	225	2	2	3	170	116
100	1	40	147	59	1	1	1	214	1	2	2	168	98

図6-2 健康診断データ②

ダウンロード

1 「健康診断データ」の表をテーブル形式への変換

図6-3 表からテーブル形式へ

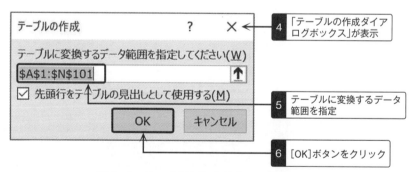

図6-4 テーブルの作成ダイアログボックス

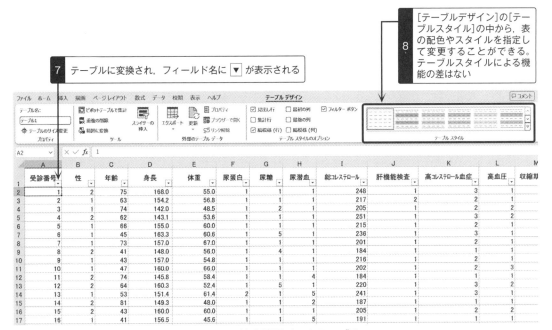

図6-5　健康診断データテーブル

6-2 データの並べ替え

1 1つの項目を基準(キー)として並べ替える

課題A 健康診断テーブルを「年齢」の低い順に並べなさい。

図6-6 データの並べ替え

図6-7 年齢順に並べ替えられたデータ

解説 昇順と降順

表6-1 昇順と降順

	昇　順	降　順
数字	小さい順	大きい順
日本語(ひらがな，カタカナ)	五十音順	昇順の逆
日本語(漢字)	JIS コード順	
アルファベット	アルファベット順	

2　データを元の状態に戻す

	A	B	C	D	E	F	G	H	I	J	K	L	M
1	受診番号	性	年齢	身長	体重	尿蛋白	尿糖	尿潜血	総コレステロール	肝機能検査	高コレステロール血症	高血圧	収縮期血圧
			75	168.0	55.0	1	1	1	248	1	3	1	122
			63	154.2	56.8	1	1	1	217	2	2	1	120
			74	142.0	48.5	1	2	1	205	1	2	2	144
			62	143.1	53.6	1	1	1	251	1	3	2	130
			66	155.0	60.0	1	1	1	215	1	2	1	96
			45	163.3	60.6	1	5	1	236	1	3	1	120
			73	157.0	67.0	1	1	1	201	1	2	1	138
			41	148.0	56.0	1	4	1	184	1	1	1	134
			43	157.0	54.8	1	1	1	216	1	2	1	118
			47	160.0	66.0	1	1	1	202	1	2	3	120
			74	145.8	58.4	1	1	4	184	1	1	1	120
			64	160.3	52.4	1	5	1	220	1	3	2	126
			53	151.4	61.4	2	1	5	241	1	3	1	126
			81	149.3	48.0	1	1	2	187	1	1	1	136
			43	160.0	60.0	1	1	1	205	1	2	2	156
			41	156.5	45.6	1	1	5	191	1	1	1	110
			66	154.5	57.0	1	1	2	199	1	1	1	158
			72	155.5	49.5	1	1	1	204	1	2	1	132
			41	149.6	41.2	1	4	3	154	1	1	1	110
			68	149.0	58.0	3	1	1	201	1	2	2	130
			81	154.1	42.8	2	1	5	227	1	3	1	112
			46	150.0	50.0	1	1	1	226	1	3	3	146
			42	152.0	45.0	1	1	1	225	1	3	2	134
			68	147.8	41.9	1	1	5	253	1	3	1	138

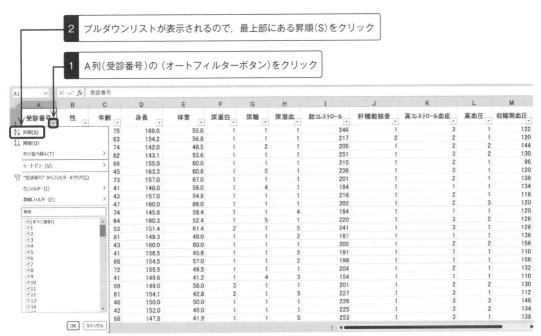

図6-8　昇順並べ替え

注〕元の順に戻すためには，「受診番号」などのように通し番号をつけておくとよい。

	A	B	C	D	E	F	G	H	I	J	K	L	M
1	受診番号	性	年齢	身長	体重	尿蛋白	尿糖	尿潜血	総コレステロール	肝機能検査	高コレステロール血症	高血圧	収縮期血圧
2	1	2	75	168.0	55.0	1	1	1	248	1	3	1	122
3	2	1	63	154.2	56.8	1	1	1	217	2	2	1	120
4	3	1	74	142.0	48.5	1	2	1	205	1	2	2	144
5	4	2	62	143.1	53.6	1	1	1	251	1	3	2	130
6	5	1	66	155.0	60.0	1	1	1	215	1	2	1	96
7	6	1	45	163.3	60.6	1	5	1	236	1	3	1	120
8	7	1	73	157.0	67.0	1	1	1	201	1	2	1	138
9	8	2	41	148.0	56.0	1	4	1	184	1	1	1	134
10	9	1	43	157.0	54.8	1	1	1	216	1	2	1	118
11	10	1	47	160.0	66.0	1	1	1	202	1	2	3	120
12	11	2	74	145.8	58.4	1	1	4	184	1	1	1	120
13	12	2	64	160.3	52.4	1	5	1	220	1	3	2	126
14	13	1	53	151.4	61.4	2	1	5	241	1	3	1	126
15	14	2	81	149.3	48.0	1	1	2	187	1	1	1	136
16	15	2	43	160.0	60.0	1	1	1	205	1	2	2	156

図6-9　元の状態に戻ったデータ

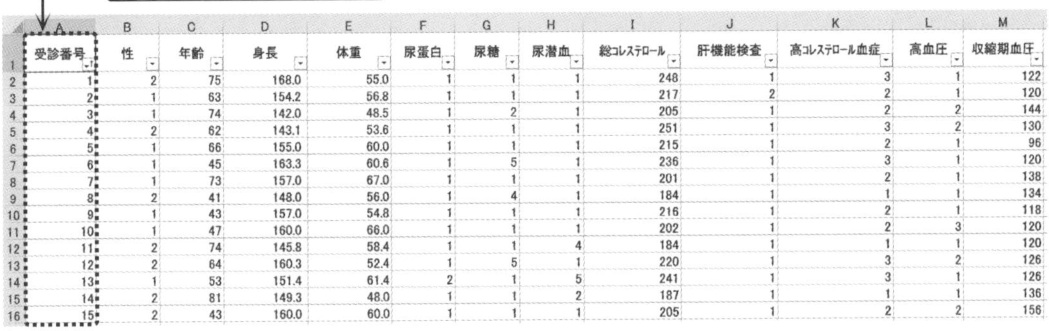

3 複数の項目を基準(キー)として並べ替える

課題B 1番目に優先するキーを「性」,2番目に優先するキーを「高コレステロール血症」,3番目に優先するキーを「高血圧」として,昇順に並べ替えなさい。

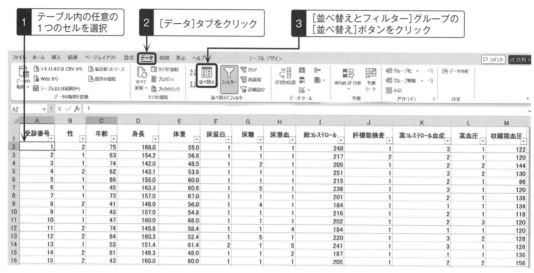

図6-10 並べ替えボタン

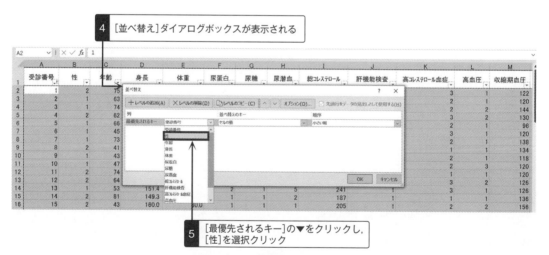

図6-11 最優先されるキー

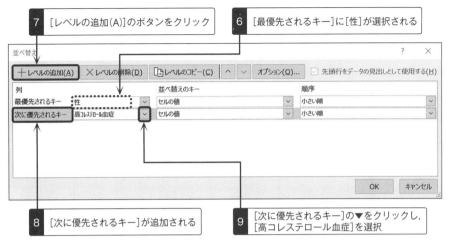

図6-12 次に優先されるキー

図6-13 「並び替え」のダイアロボックスによるレベルの追加

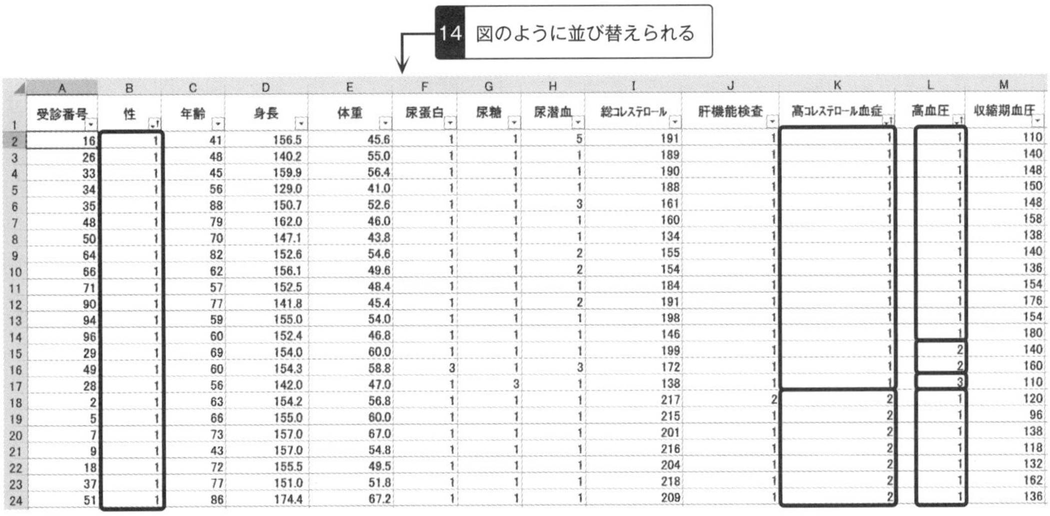

図6-14 3レベルで並べ替えた結果

6-2 データの並べ替え

課題C 高血圧，高コレステロール血圧，性別の並べ替えを「昇順」ボタンのみを使って行いなさい。

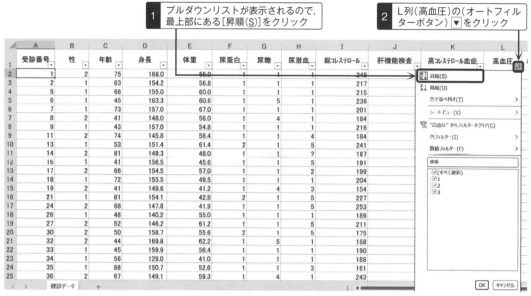

	受診番号	性	年齢	身長	体重	尿蛋白	尿糖	尿潜血	総コレステロール
2	1	2	75	168.0	55.0	1	1	1	248
3	2	1	63	154.2	56.8	1	1	1	217
4	5	1	66	155.0	60.0	1	1	1	215
5	6	1	45	163.3	60.6	1	5	1	236
6	7	1	73	157.0	67.0	1	1	1	201
7	8	2	41	148.0	56.0	1	4	1	184
8	9	1	43	157.0	54.8	1	1	1	216
9	11	2	74	145.8	58.4	1	1	4	184
10	13	1	53	151.4	61.4	2	1	5	241
11	14	2	81	149.3	48.0	1	1	2	187
12	16	1	41	156.5	45.6	1	1	5	191
13	17	2	66	154.5	57.0	1	1	2	199
14	18	1	72	155.5	49.5	1	1	1	204
15	19	2	41	149.6	41.2	1	4	3	154
16	21	1	81	154.1	42.8	2	1	5	227
17	24	2	68	147.8	41.9	1	1	5	253
18	26	1	48	140.2	55.0	1	1	1	189
19	27	2	52	146.2	61.2	1	1	5	211
20	30	2	50	158.7	55.6	2	1	5	175
21	32	2	44	169.8	62.2	1	5	1	158
22	33	1	45	159.9	56.4	1	1	1	190
23	34	1	56	129.0	41.0	1	1	1	188
24	35	1	88	150.7	52.6	1	1	3	161
25	36	2	67	149.1	59.3	1	4	1	243

図6-15　高血圧昇順並べ替え

	受診番号	性	年齢	身長	体重	尿蛋白	尿糖	尿潜血	総コレステロール	肝機能検査	高コレステロール血症	高血圧
2	1	2	75	168.0	55.0	1	1	1	248	1	3	1
3	2	1	63	154.2	56.8	1	1	1	217	2	2	1
4	5	1	66	155.0	60.0	1	1	1	215	1	2	1
5	6	1	45	163.3	60.6	1	5	1	236	1	3	1
6	7	1	73	157.0	67.0	1	1	1	201	1	2	1
7	8	2	41	148.0	56.0	1	4	1	184	1	1	1
8	9	1	43	157.0	54.8	1	1	1	216	1	2	1
9	11	2	74	145.8	58.4	1	1	4	184	1	1	1
10	13	1	53	151.4	61.4	2	1	5	241	1	3	1
11	14	2	81	149.3	48.0	1	1	2	187	1	1	1
12	16	1	41	156.5	45.6	1	1	5	191	1	1	1
13	17	2	66	154.5	57.0	1	1	2	199	1	1	1
14	18	1	72	155.5	49.5	1	1	1	204	1	2	1
15	19	2	41	149.6	41.2	1	4	3	154	1	1	1
16	21	1	81	154.1	42.8	2	1	5	227	1	3	1

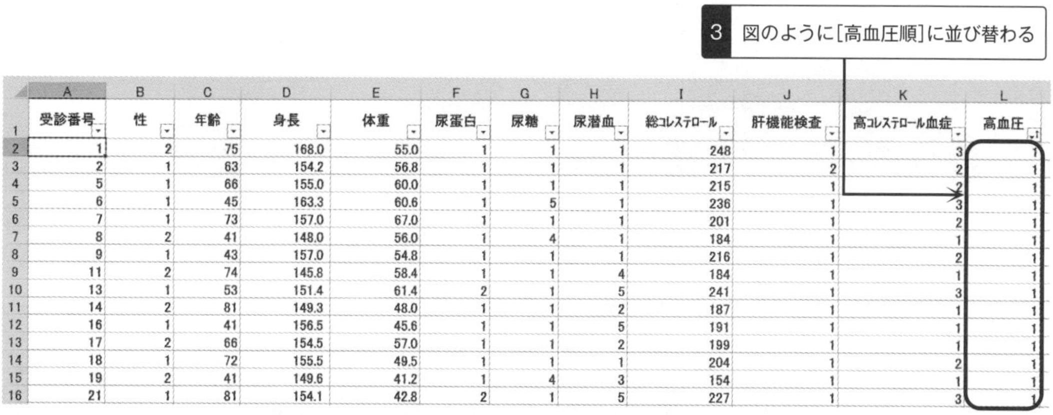

図6-16　高血圧昇順並べ替え結果

●高コレステロール血圧，性別についても同様に行う。

解説　「昇順」ボタンのみでの並べ替え

第1優先キー，第2優先キー，……，第n優先キーとして並べ替えるには，順序を逆にして第nキーで並べ替え(ソート)，……，第2優先キーで並べ替え，第1優先キーで並べ替える。

6-3 日本語の並べ替え

1 ふりがな表示

課題D B列に氏名が入力された図6-1(p.125)のデータベース形式の表につき，氏名にフリガナを付けたうえで，氏名を「昇順」に並べ替えなさい。

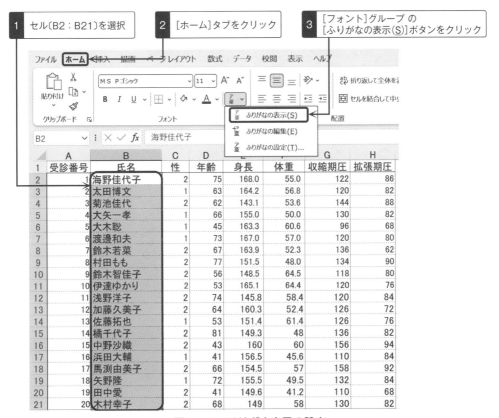

図6-17 フリガナ表示の設定

┅┅┅ダウンロード

解説 日本語の並べ替え

　日本語が入力されたフィールドの並べ替えは，日本語にフリガナがついている場合と，ついていない場合で，並べ替えの結果が異なる。フリガナがついている場合はフリガナの五十音順に，ついていない場合は，日本語のJISコード順に並ぶ。

図6-18 フリガナ表示

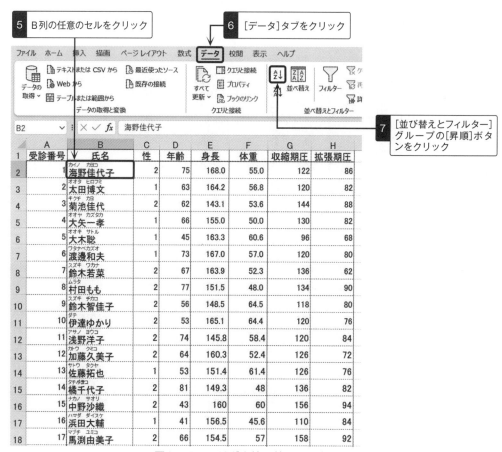

図6-19 フリガナ並べ替えの設定

	A	B	C	D	E	F	G	H	I
1	受診番号	氏名	フリガナ	性	年齢	身長	体重	収縮期圧	拡張期圧
2	11	浅野洋子	アサノヨウコ	2	74	145.8	58.4	120	84
3	5	大木聡	オオキサトル	1	45	163.3	60.6	96	68
4	2	太田博文	オオタヒロフミ	1	63	164.2	56.8	120	82
5	4	大矢一孝	オオヤカズタカ	1	66	155.0	50.0	130	82
6	1	海野佳代子	カイノカヨコ	2	75	168.0	55.0	122	86
7	12	加藤久美子	カトウクミコ	2	64	160.3	52.4	126	72
8	3	菊池佳代	キクチカヨ	2	62	143.1	53.6	144	88
9	20	木村幸子	キムラサチコ	2	68	149	58	130	82
10	13	佐藤拓也	サトウタクヤ	1	53	151.4	61.4	126	76
11	9	鈴木智佳子	スズキチカコ	2	56	148.5	64.5	118	80
12	7	鈴木若菜	スズキワカナ	2	67	163.9	52.3	136	62
13	14	橘千代子	タチバナチヨコ	2	81	149.3	48	136	82
14	10	伊達ゆかり	ダテユカリ	2	53	165.1	64.4	120	76
15	19	田中愛	タナカアイ	2	41	149.6	41.2	110	68
16	15	中野沙織	ナカノサオリ	2	43	160	60	156	94
17	16	浜田大輔	ハマダダイスケ	1	41	156.5	45.6	110	84
18	17	馬渕由美子	マブチユミコ	2	66	154.5	57	158	92

8 フリガナ順に並び替わる

図6-20　フリガナ順に並べ替え

（2） 関数利用のふりがな表示

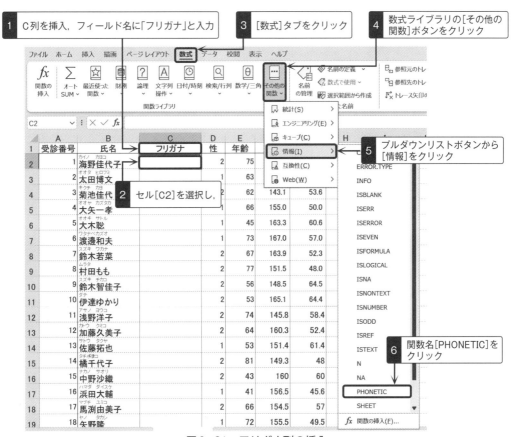

図6-21　フリガナ列の挿入

図6-22 関数(PHONETIC)の引数ダイアログボックス

図6-23 PHONETIC 関数

(解説) 五十音順に並べ替え

「フリガナ」が入力されていないと，五十音順に並べ替えることができない。別のフィールドを用意して，その読みを入れておけば，五十音順に並べ替えることができる。

文字列にある読みの情報(カタカナ)をとり出す関数に PHONETIC 関数がある。

　　　=PHONETIC(範囲)
　　　　　　↓
　　　フリガナを取り出したいセルを指定する。

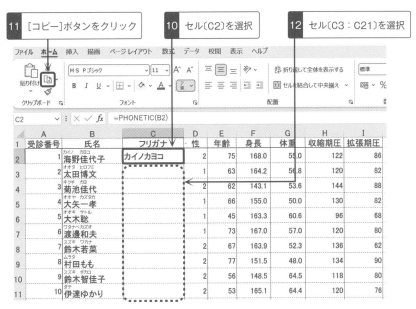

図6-24 式のコピー

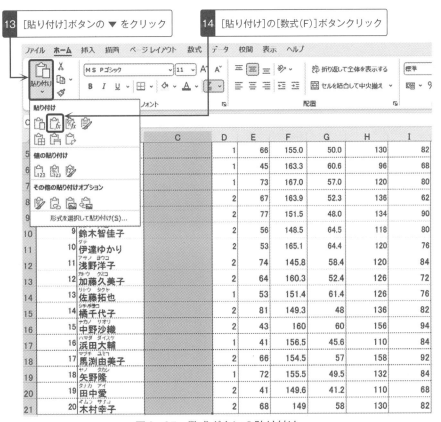

図6-25 数式ボタンの貼り付け

6-3 日本語の並べ替え

2 並べ替え

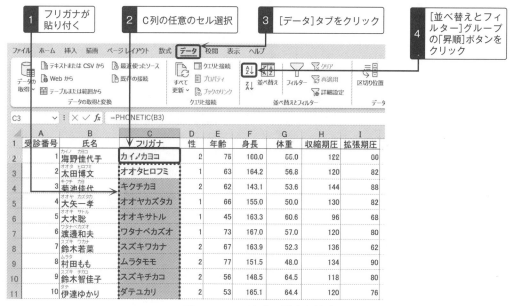

図6-26　フリガナが貼り付く

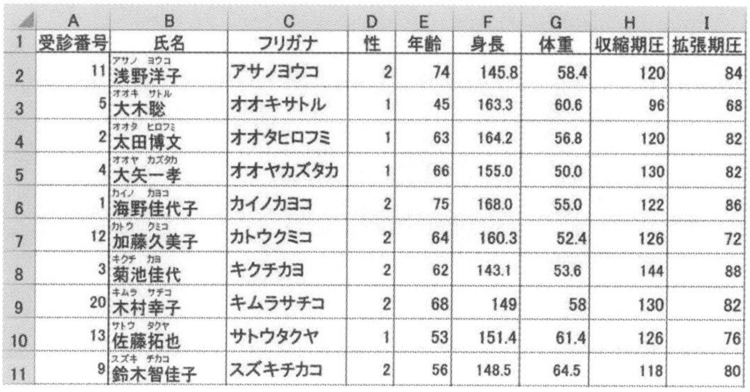

図6-27　フリガナ順に並べ替る

(解説)　1. 日本語の並べ替え順序

① ひらがなとカタカナは，五十音順に，英字はアルファベット順に，数字は数の小さい順に並べ替えられる。
② 英数字と記号は，半角と全角が区別されず，繰り返し記号「々」は，直前の文字と同じとみなされる。
③ それ以外の漢字，記号，ギリシャ文字，ロシア文字などは，シフトJISコード順に並べ替えられる。

(解説)　2. 五十音順による並べ替えの優先順位（昇順の場合）

① ひらがな，全角カタカナ，半角カタカナは，すべて同じものとして扱い，濁音（ば，ビなど），半濁音（ぱ，ピなど），促音（らっかせいなど），拗音（りゅうなど）は，清音とみなす。
② 長音符，直前のカタカナの母音は，繰り返すものとみなす（例コーヒーは，こおひいとみなす）。
③ 同じ音の場合は，清音，濁音，半濁音の順となる。
④ 配列の優先順位は文頭から文末にかけて低くなる。また，促音，拗音は，清音の前に置かれる。

6-4 データの抽出

1 ウィンドウ枠の固定

課題E 図6-2の健診データの表について,先頭行を固定し,D列,E列,I～K列を非表示にしなさい。

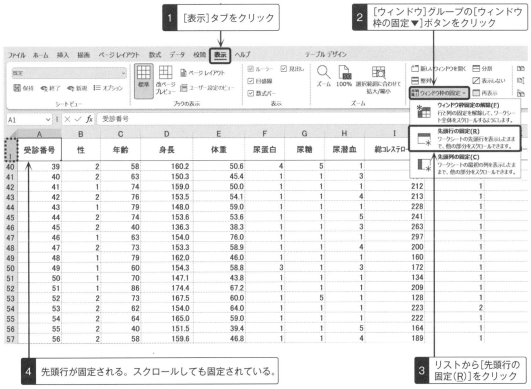

図6-28 先頭行の固定

(解説) 1. ウィンドウ枠の固定
　表が画面に入りきれないとき,スクロールをすると行見出しや列見出しが隠れてしまうことがある。ウィンドウ枠を固定することによって,特定の列や行を表示したままワークシートをスクロールすることができる。また,セルを選択して固定すると,そのセルより上の行,そのセルより左の列が固定される。

(解説) 2. ウィンドウ枠の固定解除
　ウィンドウ枠の固定を解除するには,①[表示]タブをクリック→ ②[ウィンドウ]グループの[ウィンドウ枠の固定▼]ボタンをクリック→ ③リストから[ウィンドウ枠固定の解除(F)]をクリックする。

2　データを非表示にする

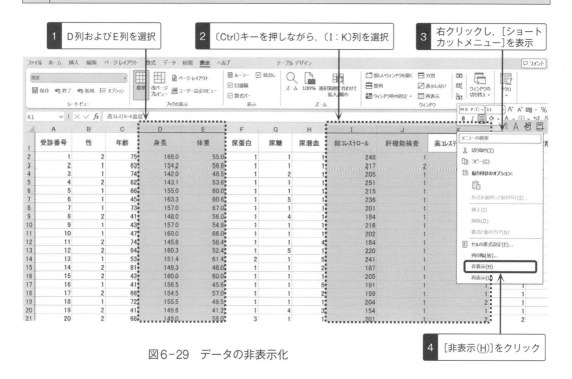

図6-29　データの非表示化

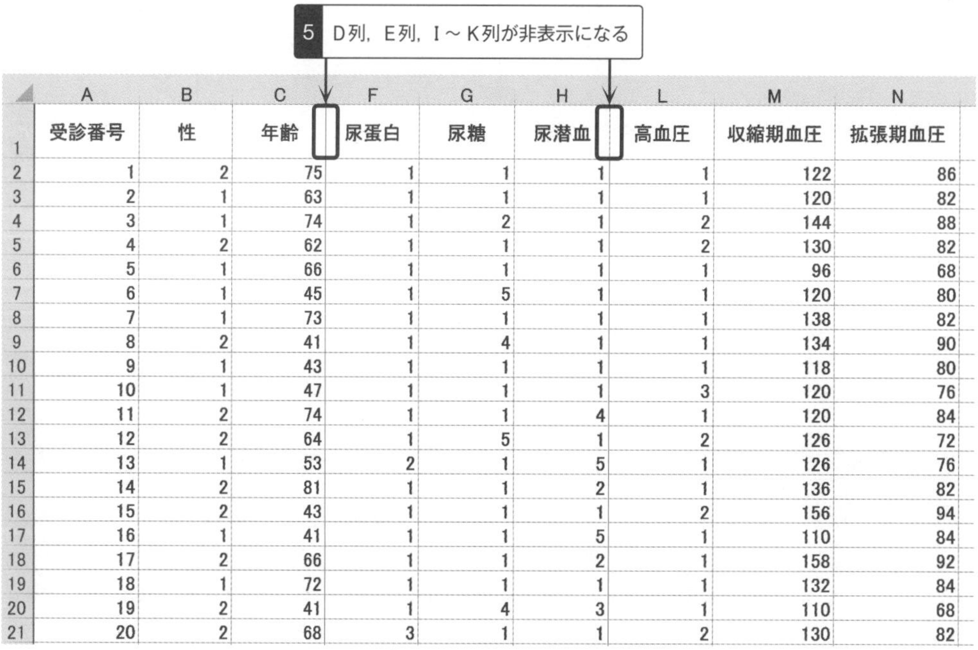

図6-30　非表示になった画面

3 データを再表示する

図6-31　データの再表示化

受診番号	性	年齢	身長	体重	尿蛋白	尿糖	尿潜血	総コレステロール	肝機能検査	高コレステロール血症	高血圧	収縮期血圧
1	2	75	168.0	55.0	1	1	1	248	1	3	1	122
2	1	63	154.2	56.8	1	1	1	217	2	2	1	120
3	1	74	142.0	48.5	1	2	1	205	1	2	2	144
4	2	62	143.1	53.6	1	1	1	251	1	3	2	130
5	1	66	155.0	60.0	1	1	1	215	1	2	1	96
6	1	45	163.3	60.6	1	5	1	236	1	3	1	120
7	1	73	157.0	67.0	1	1	1	201	1	2	1	138
8	2	41	148.0	56.0	1	4	1	184	1	1	1	134
9	1	43	157.0	54.8	1	1	1	216	1	2	1	118
10	1	47	160.0	66.0	1	1	1	202	1	2	3	120
11	2	74	145.8	58.4	1	1	4	184	1	1	1	120
12	2	64	160.3	52.4	1	5	1	220	1	3	2	126
13	1	53	151.4	61.4	2	1	5	241	1	3	1	126
14	2	81	149.3	48.0	1	1	2	187	1	1	1	136
15	2	43	160.0	60.0	1	1	1	205	1	2	2	156
16	1	41	156.5	45.6	1	1	5	191	1	1	1	110
17	2	66	154.5	57.0	1	1	2	199	1	1	1	158
18	1	72	155.5	49.5	1	1	1	204	1	2	1	132
19	2	41	149.6	41.2	1	4	3	154	1	1	1	110
20	2	68	149.0	58.0	3	1	1	201	1	2	2	130

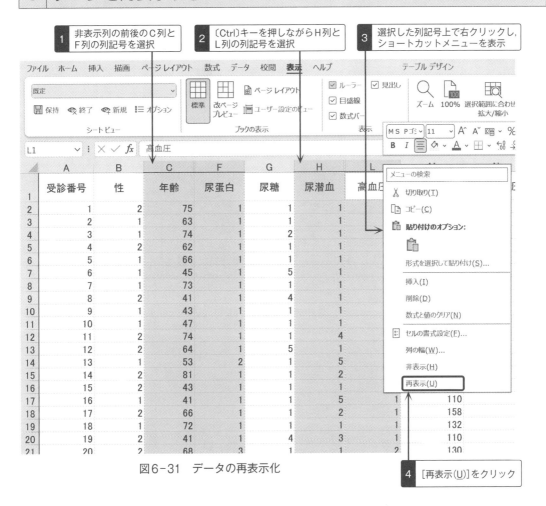

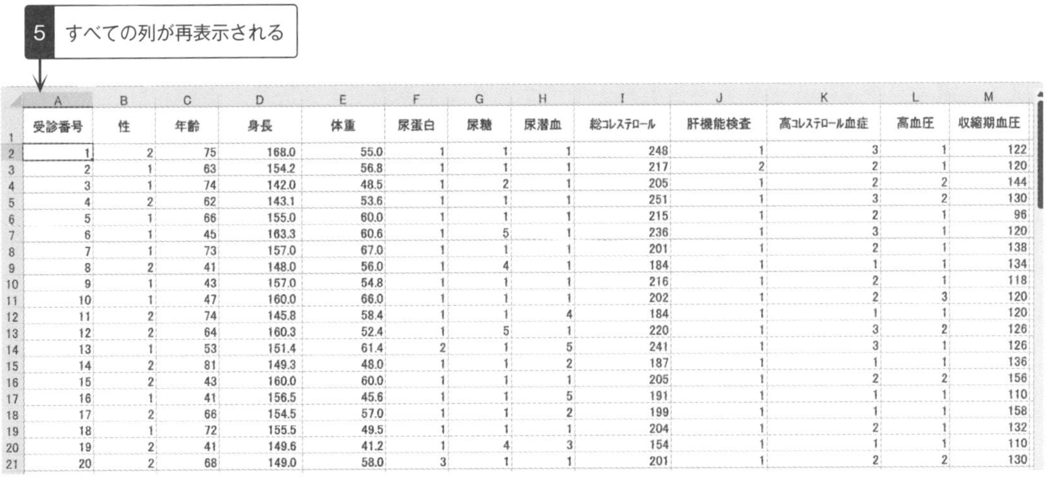

図6-32　再表示された健診データの表

4　オートフィルターを設定する

課題F　課題Eの全列を再表示した健診データの表にオートフィルターを設定して，尿糖が「5」の人を抽出しなさい。

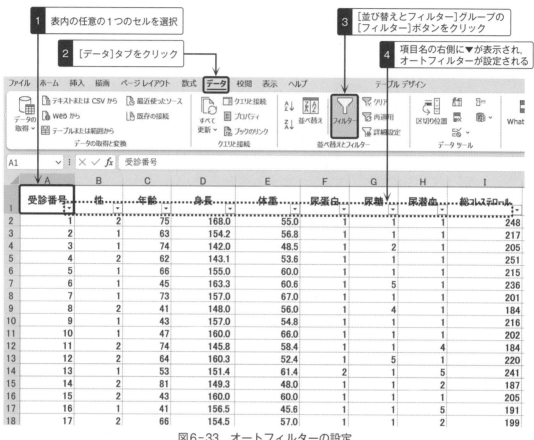

図6-33　オートフィルターの設定

解説　フィルター設定の別方法

フィルターボタンを使うと，条件を満たすレコードだけ抽出できる。条件を満たすレコードだけが表示され，条件を満たさないレコードは一時的に非表示になる。

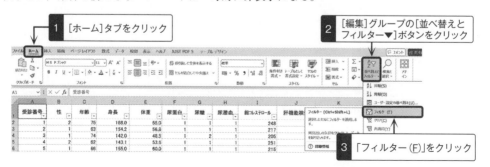

5 抽出条件に一致するデータを表示

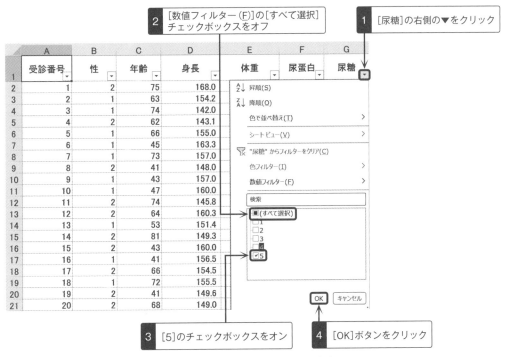

図6-34 抽出条件に一致するデータ表示

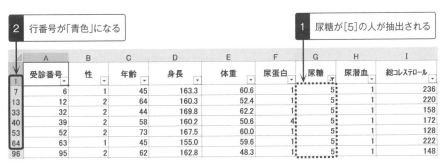

図6-35 尿糖[5]の条件を満たすレコードを表示

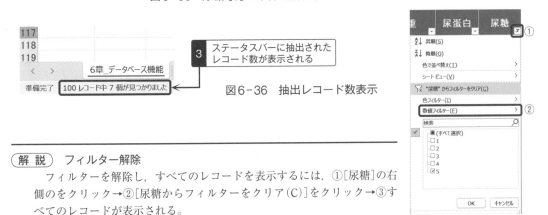

図6-36 抽出レコード数表示

解説 フィルター解除

　フィルターを解除し,すべてのレコードを表示するには,①[尿糖]の右側のをクリック→②[尿糖からフィルターをクリア(C)]をクリック→③すべてのレコードが表示される。

6-4 データの抽出　145

6 1つの列を対象に複数の検索条件を指定して抽出する

課題G すべてのレコードを表示した図6-5の健診データについて、尿糖が[4]または[5]の人を抽出しなさい。

図6-37 複数の検索条件の指定

	A	B	C	D	E	F	G	H	I	J
1	受診番号	性	年齢	身長	体重	尿蛋白	尿糖	尿潜血	総コレステロール	肝機能検査
7	6	1	45	163.3	60.6	1	5	1	236	1
9	8	2	41	148.0	56.0	1	4	1	184	1
13	12	2	64	160.3	52.4	1	5	1	220	1
20	19	2	41	149.6	41.2	1	4	3	154	1
33	32	2	44	169.8	62.2	1	5	1	158	1
37	36	2	67	149.1	59.3	1	4	1	243	2
40	39	2	58	160.2	50.6	4	5	1	172	1
53	52	2	73	167.5	60.0	1	5	1	128	1
64	63	1	45	155.0	59.6	1	5	1	222	1
77	76	1	41	146.0	47.4	1	4	5	201	1
96	95	2	62	162.8	48.3	1	5	1	148	1
100	99	1	55	164.8	62.6	1	4	1	225	1

図6-38 複数の検索条件で抽出

7 複数の列を対象に複数の検索条件を指定して抽出する

課題H 尿蛋白が[1]かつ尿糖が[1]かつ尿潜血が[1]かつ高血圧が[1]の人を抽出しなさい。

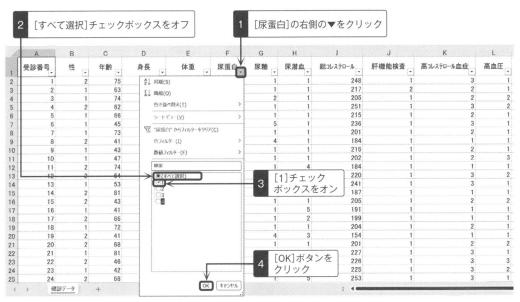

図6-39 複数列の複数検索条件の指定(尿蛋白)

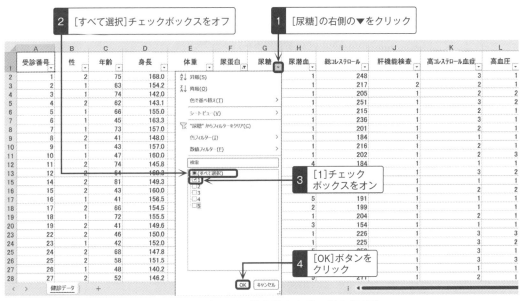

図6-40 複数列の複数検索条件の指定(尿糖)

6-4 データの抽出

図6-41 複数列の複数検索条件の指定(尿潜血)

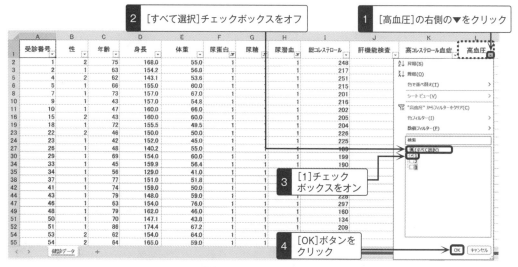

図6-42 複数列の複数検索条件の指定(高血圧)

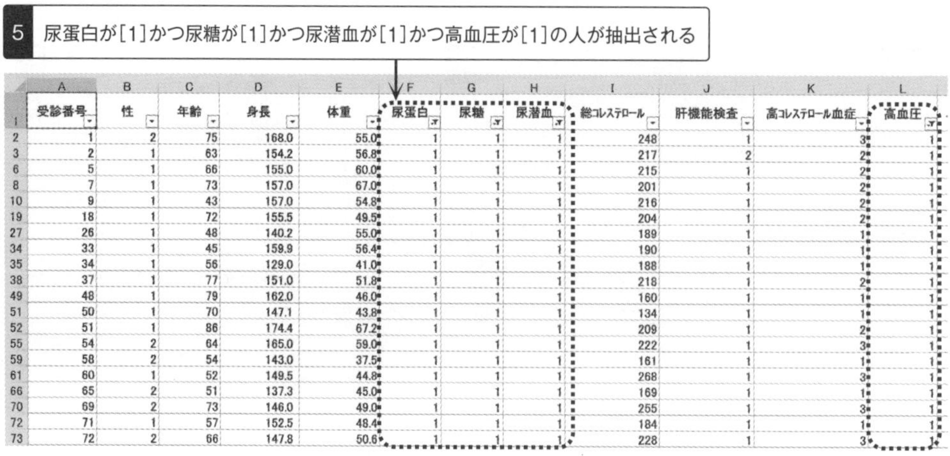

5 尿蛋白が[1]かつ尿糖が[1]かつ尿潜血が[1]かつ高血圧が[1]の人が抽出される

図6-43 複数列の複数検索条件で抽出

8 詳細設定で検索条件を指定して抽出する

課題1 表6-2に示す日本高血圧学会の「成人における血圧値の分類」Ⅲ度高血圧症（収縮期血圧≧180かつ／または拡張期血圧≧110 mmHg）の人を［詳細設定］（［データ］タブ→［並び替えとフィルター］グループ→［詳細設定］）を用いて「健診データ」の表から抽出しなさい。

図6-44 シート名の変更

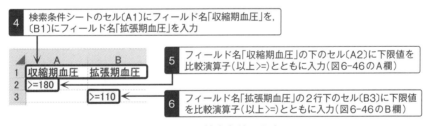

図6-45 検索条件の入力

(解 説) 検索条件設定

　検索条件設定のフィールド名は同じ行に記述する。ただし，元のデータベースの順序でなくても構わない。
① フィールド名は，同じフィールド名を複数利用することができる。
② 条件式は，同じ行に入力すると「and（かつ）」，行を変えて入力すると［or（または）］で結合される。
③ 空白のセルは「すべてを満たす」という意味になる。

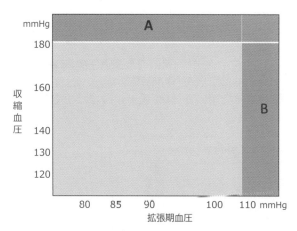

図6-46 Ⅲ度高血圧の分類検索条件の入力

注〕表6-2ではⅢ度高血圧は「≧180かつ／または≧110」となっているが，論理的には「≧180または ≧110」でよい。

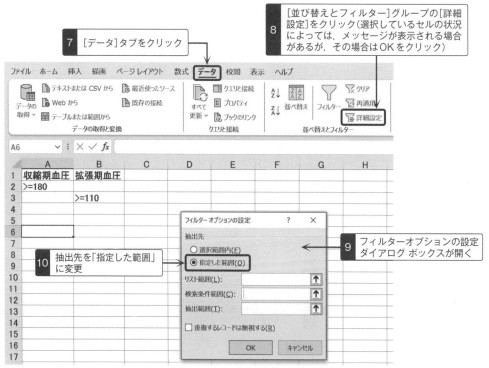

図6-47 フィルターオプションの設定画面

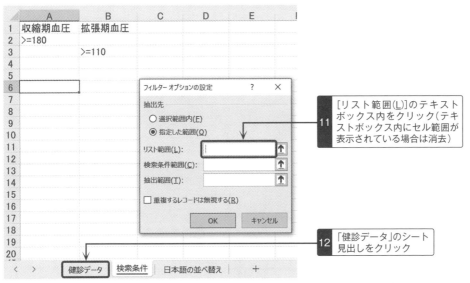

図6-48　フィルターオプションの設定（リスト範囲）

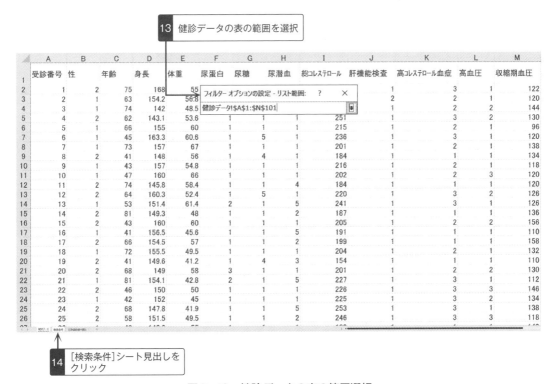

図6-49　健診データの表の範囲選択

6-4　データの抽出　151

図6-50　検索条件範囲とフィルターオプションの範囲設定

受診番号	性	年齢	身長	体重	尿蛋白	尿糖	尿潜血	総コレステロー/	肝機能検査	レステロール血	高血圧	収縮期血圧	拡張期血圧
30	2	50	158.7	55.6	2	1	5	175	1	1	1	180	80
36	2	67	149.1	59.3	1	4	1	243	2	3	1	180	70
56	2	58	159.6	46.8	1	1	4	189	1	1	1	180	70
57	2	70	157.1	69.4	2	1	5	282	1	3	1	180	72
96	1	60	152.4	46.8	1	1	1	146	1	1	1	180	92
99	1	55	164.8	62.6	1	4	1	225	1	3	2	180	116

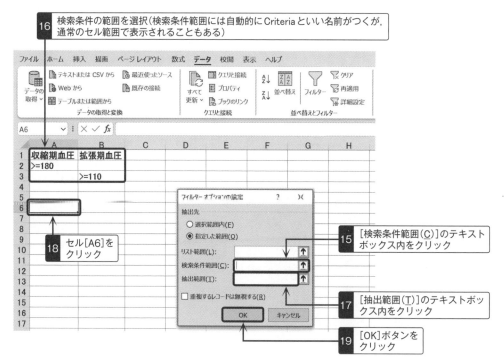

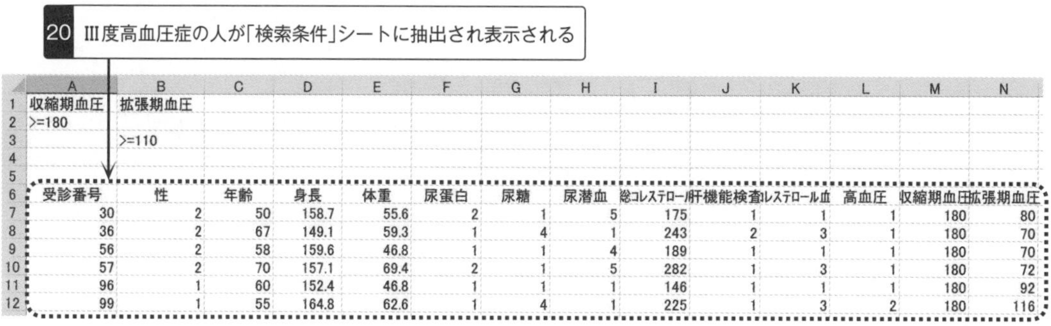

図6-51　抽出された画面

6-5 文字列の抽出

課題J 図6-52を用いて,「鈴木」という氏名のレコードを抽出しなさい。

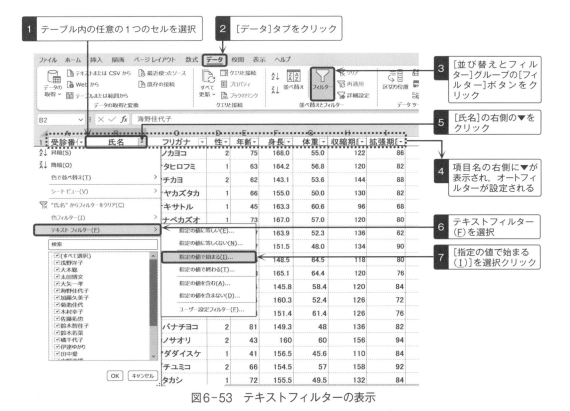

図6-52 文字列の抽出

図6-53 テキストフィルターの表示

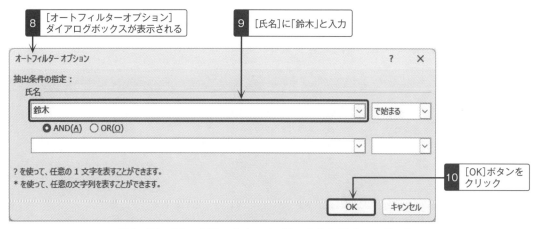

図6-54 [オートフィルターオプション]のダイアロボックス

図6-55 抽出された画面

(解説) フィルターオプションの設定による抽出方法

同様に①[データ]タブの[並び替えとフィルター]グループの②[詳細設定]を利用して、[氏名]というフィールドの中から姓が[鈴木]の人を抽出することができる。
③[フィルターオプションの設定]ダイアログボックスの
④[検索条件範囲(C)]で、
　　　氏名
　　　鈴木
を選択する。

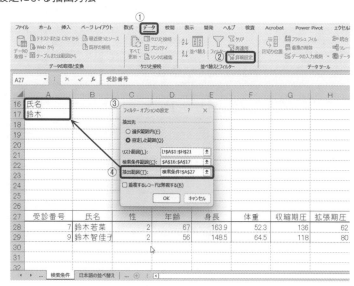

(解 説) 2. 詳細設定の条件式の入力方法

オートフィルターの「テキストフィルター」(図6-60)にあるような設定が[データ]タブの[並べ替えとフィルター]グループの[詳細設定]でもできる。表6-3に示す氏名の表から条件を設定して氏名を抽出する場合,「詳細設定」の条件式には表6-4のように入力する。完全に一致するレコードを抽出する場合は,「="=森"」の数式を使うが,セルには「=文字列」が表示される。

表6-3 氏名の表

NO	氏 名
1	森
2	森太郎
3	森二郎
4	森太郎左衛門
5	森田太郎
6	林太郎

表6-4 詳細設定の条件式の入力

抽出する文字	条件式	抽出結果(表7-3による)
指定の値に等しい	="=森"	森
指定の値に等しくない	<>森	森太郎, 森二郎, 森太郎左衛門, 森田太郎, 林太郎
指定の値で始まる	="=森*"	森, 森太郎, 森二郎, 森太郎左衛門, 森田太郎, 林太郎
指定の値で終わる	="=*太郎"	森太郎, 森田太郎, 林太郎
指定の値を含む	*太郎*	森太郎, 森太郎左衛門, 森田太郎, 林太郎
指定の値を含まない	<>*太郎*	森, 森二郎

(解 説) 3. ワイルドカード文字の使用方法

ワイルドカード文字を抽出条件として使用できる。ワイルドカード文字には,「*」,「?」がある。「*」は任意の文字列を表す。任意とは文字がない場合を含む。「?」は任意の一文字を表わす。なお,「~(チルダ)」は,抽出結果に「*」,「?」,「~」が含まれる文字列を指定する。

表6-5 ワイルドカード文字

抽出する文字列	意味
大*	「大」で始まる
??大	「大」の前に2文字ある
大?	「大」の後に1文字ある

Chapter 07 時刻関数

Study Point
- 日付と時刻の表示
- 年齢や睡眠時間の計算

7-1 日付と時刻関数

例題：図7-1を入力して，課題A～Cをやってみよう。

課題A：今日の日付を「今日の日付関数」を用いて入力しなさい。

課題B：年齢を計算しなさい。

課題C：睡眠時間を計算しなさい。

1 日付関数の入力

Excelには表7-1に示すような日付関数が用意されている。シリアル値とは，日付を整数値で表したもので，1900年1月1日を「1」とし，この日から何日たったかを示す。9999年の12月31日が最終日で2958465日目となる。

A	B	C	D	E	F	G
1						
2		NO	生年月日	年齢	就寝時刻	起床時刻	睡眠時間
3				歳			
4		1	1985/11/10		22:30:00	7:00:00	
5		2	1997/5/22		20:45:00	6:00:00	
6		3	1989/1/13		23:15:00	5:30:00	
7		4	1999/8/4		1:00:00	8:30:00	
8		5	1973/12/1		20:30:00	6:30:00	
9		6	1977/2/8		21:40:00	7:00:00	
10		7	2013/12/23		20:00:00	7:30:00	
11		8	2001/6/4		22:00:00	9:30:00	
12		9	2004/11/25		0:30:00	9:00:00	
13		10	1969/2/11		21:30:00	4:30:00	
14							
15		今日の日付					
16							
17							

図7-1　生年月日と就寝時刻，起床時刻の表

💠💠💠ダウンロード

表7-1　Excelの日付関数

日付の関数名	機能
DATE	指定された日付に対応するシリアル値を返す
DATEDIF	開始日と終了日との日数差を調べて，指定した単位で表示
DATESTRING	日付の表示を和暦に変換する
DATEVALUE	日付を表す文字列をシリアル値に変換する
DAY	日付を表す文字列またはシリアル値から日を返す
EDATE	開始日から起算して，指定した月数だけ前または後の日付に対応するシリアル値を返す
EOMONTH	開始日から起算して，指定した月数だけ前，または後の月の最終日のシリアル値を返す
MONTH	シリアル値から月のみを整数に変換して返す
NETWORKDAYS	開始日と終了日を指定して，その期間内の稼働日の日数を返す
NOW ()	現在の日付と時刻に対応するシリアル値を返す
TODAY ()	現在の日付に対応するシリアル値を返す
WEEKDAY	日付を表す文字列，またはシリアル値から対応した曜日を整数で返す
WEEKNUM	シリアル値がその年の何週目に当たるかを整数で返す
WORKDAY	開始日から指定した稼働日数を前後させた日付に対応するシリアル値を返す
YEAR	シリアル値から年のみを整数に変換して返す

課題A 今日の日付を「今日の日付関数」を用いて入力しなさい。

　TODAY 関数では，引数は必要ないが「( )」は必要である。シリアル値は日付の表示形式の1つである西暦の日付に自動的に設定される。TODAY 関数はパソコンの内臓時計を利用して，現在の日付のシリアル値を戻す関数であるから，翌日になれば翌日の日付に自動的に変わる。

（1）　セル〔C16〕を選択し，TODAY 関数を挿入する

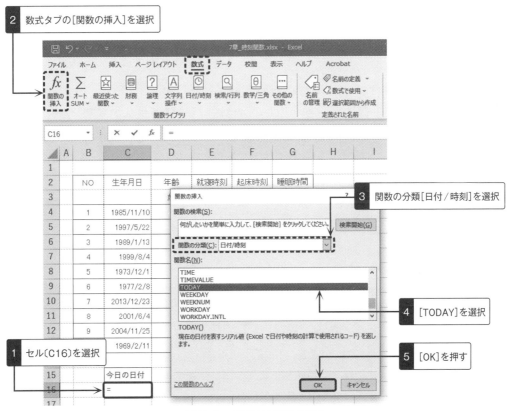

図7-2　TODAY 関数の挿入

図7-3　関数の引数ダイアログボックス

7-1　日付と時刻関数　　157

課題B 年齢を計算しなさい。

　年齢とは生まれた日（誕生日）から今日までに経過した日数を年数で表したものであり，DATEDIF関数を用いると便利である。
＝DATEDIF（開始日，終了日，単位）「単位」は，
　Y：年数，M：月数，D：日数で示し，「"」（二重引用符）でくくる。
　なお単位をYM：年数表示での端数の月数，YD：年数表示での端数の日数，MD：月数表示での端数の日数，とすることもできる。なお，DATEDIF関数はリボンからは挿入できない関数であるため（一覧に存在しない），セルに直接入力していく。
　ただし，単位の"M"，"YM"，"YD"，"MD"はバグがあるため使用しないこと。また，"Y"も開始日が2月29日で終了日が2月28日に限って1年少なく表示されるので注意すること。

（1）　セル〔D4〕を選択し，DATEDIF関数を挿入する。ただし，DATEDIF関数は〔関数の挿入〕の一覧に表示されないため数式バーに直接入力する

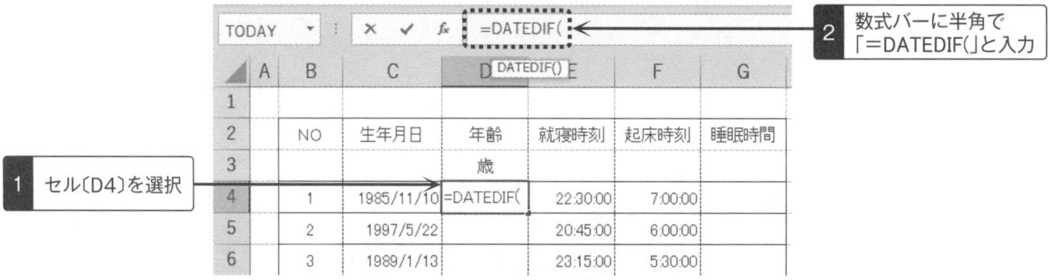

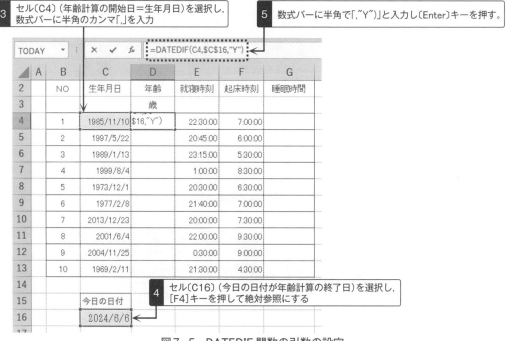

図7-4　DATEDIF関数の入力

図7-5　DATEDIF関数の引数の設定

（2） セルの複写

図7-6 セルの複写

2 時刻関数の入力

Excelには表7-2に示すような時刻関数が用意されている。時刻のシリアル値は，小数部の数値で，1日の0時0分0秒から翌日の0時0分0秒までを「0.0」から「1.0」として，24時間を「0.0」以上「1.0」未満に連続的に割り振ったものである。

表7-2　Excelの時刻関数

時刻の関数名	機　　能
HOUR	指定したシリアル値から時刻の時のみを整数に変換して返す
MINUTE	指定したシリアル値から時刻の分のみを整数に変換して返す
SECOND	指定したシリアル値から時刻の秒のみを整数に変換して返す
TIME	指定した時刻に対応するシリアル値を返す
TIMEVALUE	時刻を表す文字列をシリアル値に変換する

課題C　睡眠時間を計算しなさい。

（1）計算式の入力

図7-7　睡眠時間の計算

7-1　日付と時刻関数

（2） セルの複写

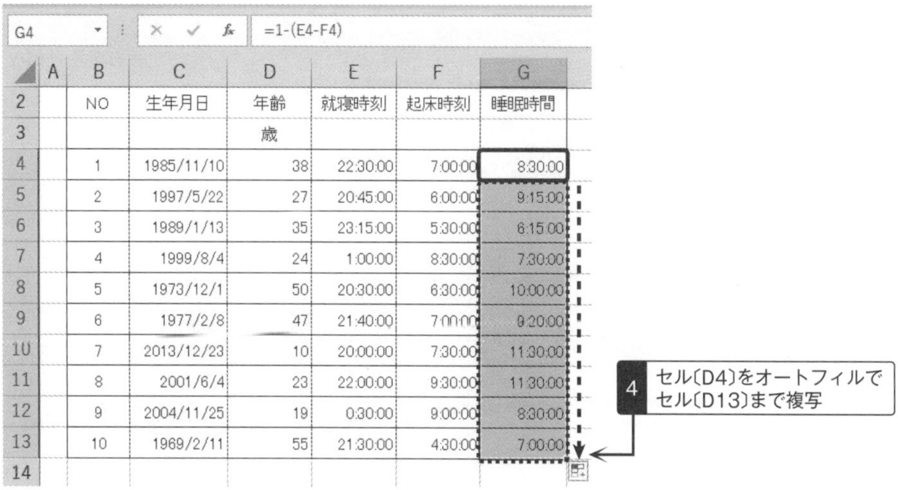

図7-8　セルの複写

4　セル〔D4〕をオートフィルで
　　セル〔D13〕まで複写

（3） セルの書式設定で時間の表示を変更

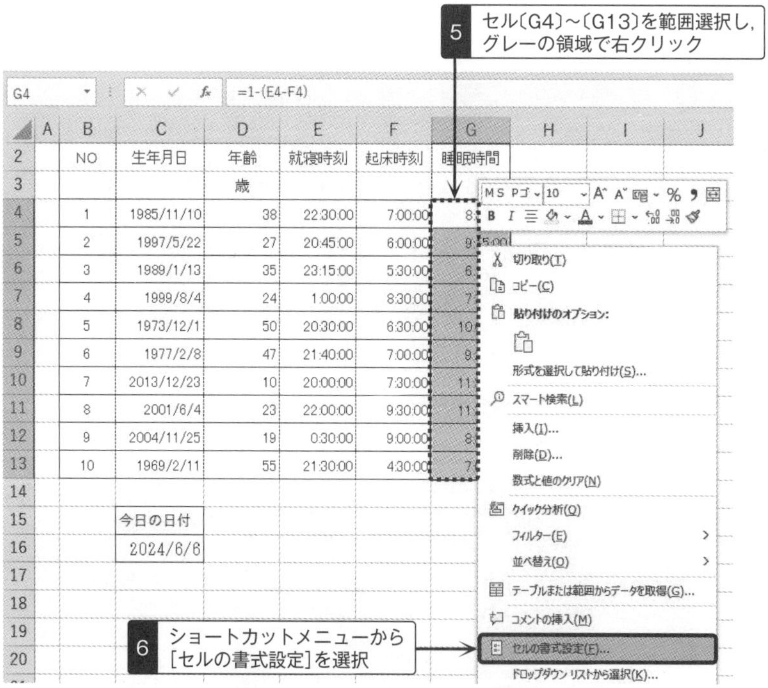

5　セル〔G4〕～〔G13〕を範囲選択し，
　　グレーの領域で右クリック

6　ショートカットメニューから
　　［セルの書式設定］を選択

図7-9　セルの書式設定の選択

図7-10 ユーザー定義の設定

	A	B	C	D	E	F	G
2		NO	生年月日	年齢	就寝時刻	起床時刻	睡眠時間
3				歳			
4		1	1985/11/10	38	22:30:00	7:00:00	8時間30分
5		2	1997/5/22	27	20:45:00	6:00:00	9時間15分
6		3	1989/1/13	35	23:15:00	5:30:00	6時間15分
7		4	1999/8/4	24	1:00:00	8:30:00	7時間30分
8		5	1973/12/1	50	20:30:00	6:30:00	10時間00分
9		6	1977/2/8	47	21:40:00	7:00:00	9時間20分
10		7	2013/12/23	10	20:00:00	7:30:00	11時間30分
11		8	2001/6/4	23	22:00:00	9:30:00	11時間30分
12		9	2004/11/25	19	0:30:00	9:00:00	8時間30分
13		10	1969/2/11	55	21:30:00	4:30:00	7時間00分
14							
15			今日の日付				
16			2024/6/6				

図7-11 睡眠時間が表示された完成表

Chapter 08 論理関数〔複数の関数を使った判定処理〕

8-1 複数の IF 関数をネストする

Study Point
- 複数の IF 関数をネストする
- AND・OR・NOT 関数の利用
- エラーの処理

例題：第4章の肥満判定を複雑な条件でできるようにしよう。

課題A BMI を日本肥満学会の基準の6段階に分けて判定しなさい（表4-1参照）。判定は「低体重」「普通体重」「肥満1度」「肥満2度」など言葉で表しなさい。

課題B BMI 判定の右に1列挿入し，表頭のフィールド名を「肥満判定」とし，BMI と体脂肪率の組合せで肥満判定をしなさい。

● 完成例　＊　＊　＊　＊　＊　＊　＊　＊　＊　＊

A	B	C	D	E	F	G	H	I	J	K
	BMI判定									
	No	身長(cm)	体重(kg)	体脂肪率(%)	体脂肪率判定	BMI(kg/m²)	BMI判定	肥満判定	体脂肪量(kg)	除脂肪量(kg)
	1	154.2	44.5	24.2		18.7	普通体重	普通体重	10.8	33.7
	2	169.5	73.9	37.4	★	25.7	肥満1度	肥満	27.6	46.3
	3	173.1	64.2	29.8	★	21.4	普通体重	境界域	19.1	45.1
	4	162.3	55.0	13.4		20.9	普通体重	普通体重	7.4	47.6
	5	156.0	46.4	22.5		19.1	普通体重	普通体重	10.4	36.0
	6	155.0	40.3	23.8		16.8	低体重	普通体重	9.6	30.7
	7	149.4	52.0	28.9	★	23.3	普通体重	境界域	15.0	37.0
	8	172.6	62.1	15.2		20.8	普通体重	普通体重	9.4	52.7
	9	183.5	66.9	19.9		19.9	普通体重	普通体重	13.3	53.6
	10	177.1	52.3	24.5		16.7	低体重	普通体重	12.8	39.5
	11	165.0	69.8	27.9	★	25.6	肥満1度	肥満	19.5	50.3
	12	159.3	49.5	30.0	★	19.5	普通体重	境界域	14.9	34.6
	13	158.7	50.0	23.6		19.9	普通体重	普通体重	11.8	38.2
	14	178.2	51.3	12.0		16.2	低体重	普通体重	6.2	45.1
	15	157.0	50.5	19.9		20.5	普通体重	普通体重	10.0	40.5

図8-1　完成表

課題A BMI を日本肥満学会の基準の6段階に分けて判定しなさい（表4-1参照）。判定は「低体重」「普通体重」「肥満1度」「肥満2度」など言葉で表しなさい。

（1）第4章の課題Cの(2)まで実行する
（2）普通体重を判定する引数を入力して2つめの IF 関数をネストする

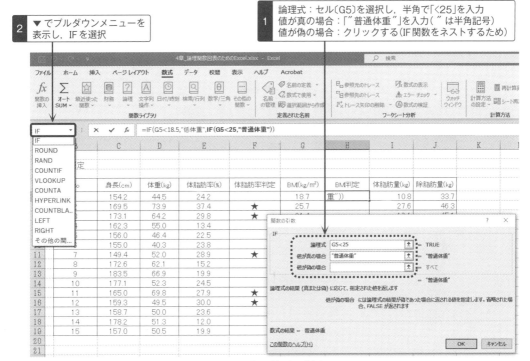

図8-2 普通体重の判定

(3) 肥満1度を判定する引数を入力して3つめのIF関数をネストする

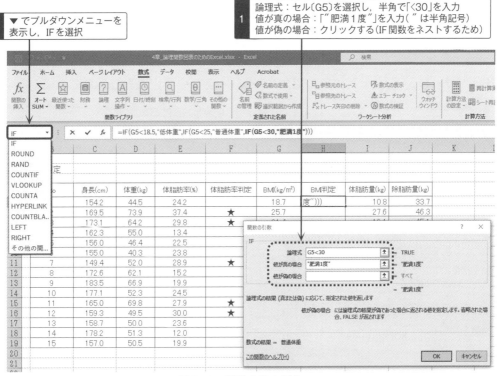

図8-3 肥満1度の判定

8-1 複数のIF関数をネストする

(4)　同様に肥満２度を判定する引数を入力して４つめの IF 関数をネストする

(5)　肥満３度と肥満４度を判定する引数を入力する

図8-4　肥満３度と肥満４度の判定

(6)　セル〔H5〕をオートフィルでセル〔H19〕まで複写して表を完成させる

	A	B	C	D	E	F	G	H	I	J
1										
2		BMI判定								
3										
4		No	身長(cm)	体重(kg)	体脂肪率(%)	体脂肪率判定	BMI(kg/m²)	BMI判定	体脂肪量(kg)	除脂肪量(kg)
5		1	154.2	44.5	24.2		18.7	普通体重	10.8	33.7
6		2	169.5	73.9	37.4	★	25.7	肥満1度	27.6	46.3
7		3	173.1	64.2	29.8	★	21.4	普通体重	19.1	45.1
8		4	162.3	55.0	13.4		20.9	普通体重	7.4	47.6
9		5	156.0	46.4	22.5		19.1	普通体重	10.4	36.0
10		6	155.0	40.3	23.8		16.8	低体重	9.6	30.7
11		7	149.4	52.0	28.9	★	23.3	普通体重	15.0	37.0
12		8	172.6	62.1	15.2		20.8	普通体重	9.4	52.7
13		9	183.5	66.9	19.9		19.9	普通体重	13.3	53.6
14		10	177.1	52.3	24.5		16.7	低体重	12.8	39.5
15		11	165.0	69.8	27.9	★	25.6	肥満1度	19.5	50.3
16		12	159.3	49.5	30.0	★	19.5	普通体重	14.9	34.6
17		13	158.7	50.0	23.6		19.9	普通体重	11.8	38.2
18		14	178.2	51.3	12.0		16.2	低体重	6.2	45.1
19		15	157.0	50.5	19.9		20.5	普通体重	10.0	40.5
20										

図8-5　BMI 判定の完成

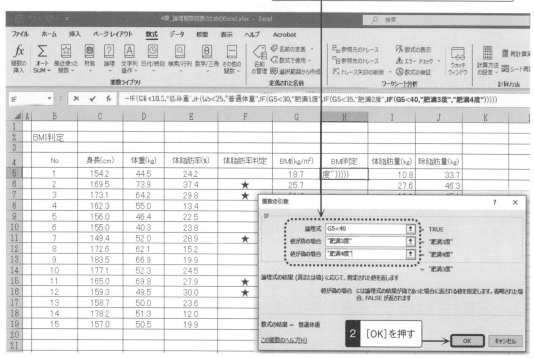

8-2　AND・OR・NOT関数の利用

　IF関数の中で2つ以上の条件を指定する場合，「AND関数」や「OR関数」を組合せる。

　「AND関数」とは，すべての論理式の条件を満たす場合は「真」とし，それ以外は「偽」とする関数

$$= \mathrm{AND}(論理式，論理式，\cdots)$$

① 条件を満たすかどうかを調べる論理式を指定する。

　例えば，体脂肪率が27.5以上で，かつBMIが25.0以上かどうかを調べる論理式は，
　=AND(体脂肪率が入力されているセル番地>=27.5,
　BMIが入力されているセル番地>=25.0)

　「OR関数」とは，複数の論理式のうち1つでも「真」であれば「真」，それ以外を「偽」とする関数

$$= \mathrm{OR}(論理式，論理式，\cdots)$$

① 条件を満たすかどうかを調べる論理式を指定する。

　例えば，体脂肪率が27.5以上またはBMIが25.0以上かどうかを調べる論理式は，
　=OR(体脂肪率が入力されているセル番地>
　=27.5, BMIが入力されているセル番地>
　=25.0)

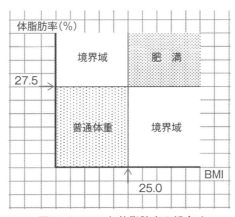

図8-6　BMIと体脂肪率の組合せ

課題B BMIと体脂肪率の組み合わせで肥満判定をしなさい。

（1） 肥満判定の列（I列）を作成後，セル〔I5〕を選択してIF関数を挿入
（2） IF関数の論理式にAND関数を挿入

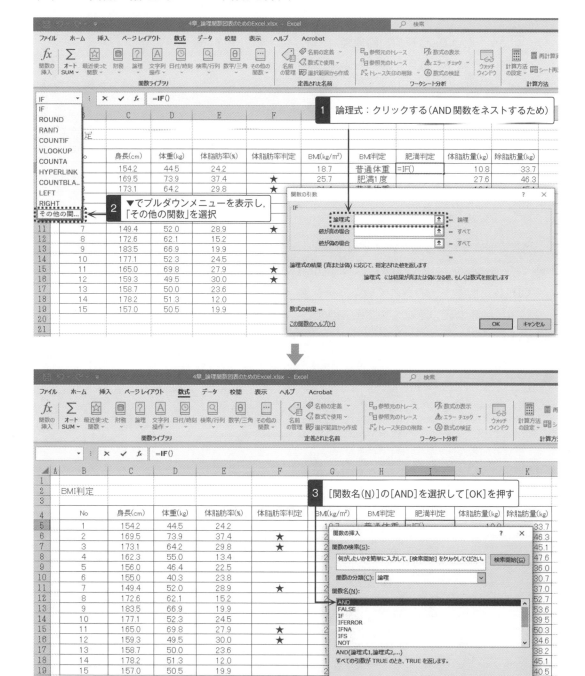

図8-7　IF関数とAND関数の組合せ

(3) AND 関数の引数を入力

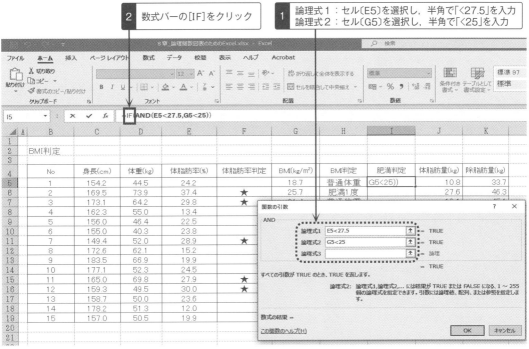

図8-8　AND 関数の引数（普通体重の判定条件）

(4) IF 関数をネスト

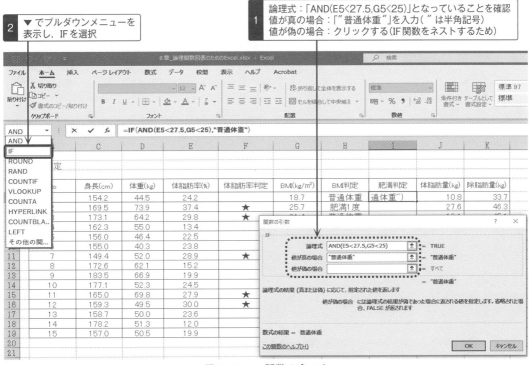

図8-9　IF 関数のネスト

8-2　AND・OR・NOT 関数の利用

（5）（2）と同様に IF 関数の論理式に AND 関数を挿入し，AND 関数の引数を入力

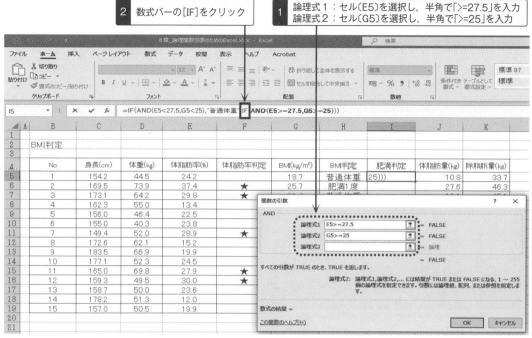

図8-10　AND 関数の引数（肥満の判定条件）

（6）肥満と境界域を判定する引数を入力

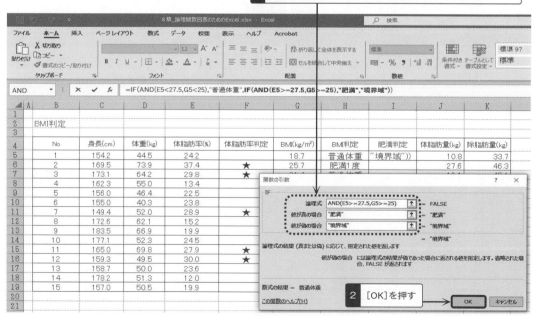

図8-11　肥満と境界域の判定

（7）セル〔I5〕をオートフィルでセル〔I19〕まで複写して表を完成させる（図8-1参照）

8-3 エラーの処理

1 IF関数によるエラー処理

No.1の対象者の身長が未入力だった場合，BMI，BMI判定，肥満判定に「#DIV/0！」のエラーが表示されるので，IF関数を使ってエラーを表示させないようにする。

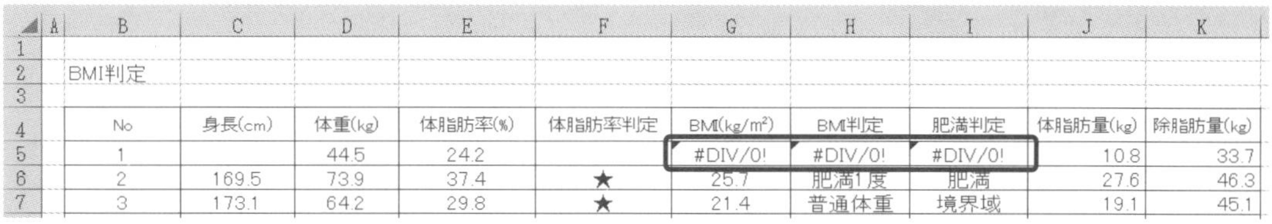

図8-12 身長未入力の場合のエラー表示

（1） セル〔G5〕を選択し，数式バーに式や関数が表示されたらDELキーで消去する

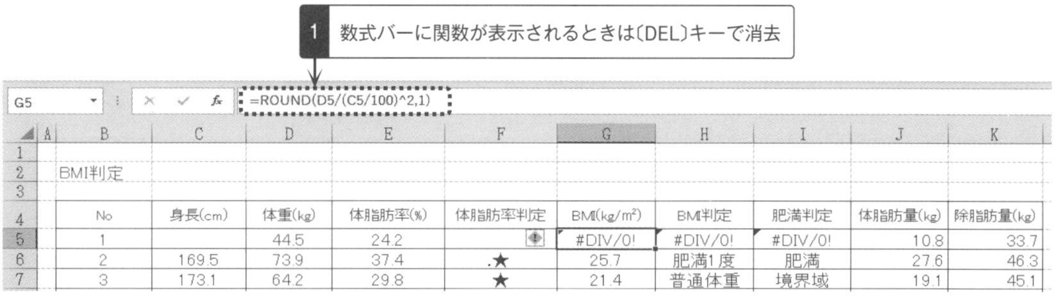

1 数式バーに関数が表示されるときは〔DEL〕キーで消去

図8-13 セルの内容を消去

（2） セル〔G5〕にIF関数を挿入してROUND関数をネストする

2 ▼でプルダウンメニューを表示し，ROUNDを選択
（一覧になければ「その他の関数」から選択）

1 論理式：セル〔C5〕を選択し，半角で「=""」を入力
値が真の場合：「""」を入力
値が偽の場合：クリック（ROUND関数をネストするため）

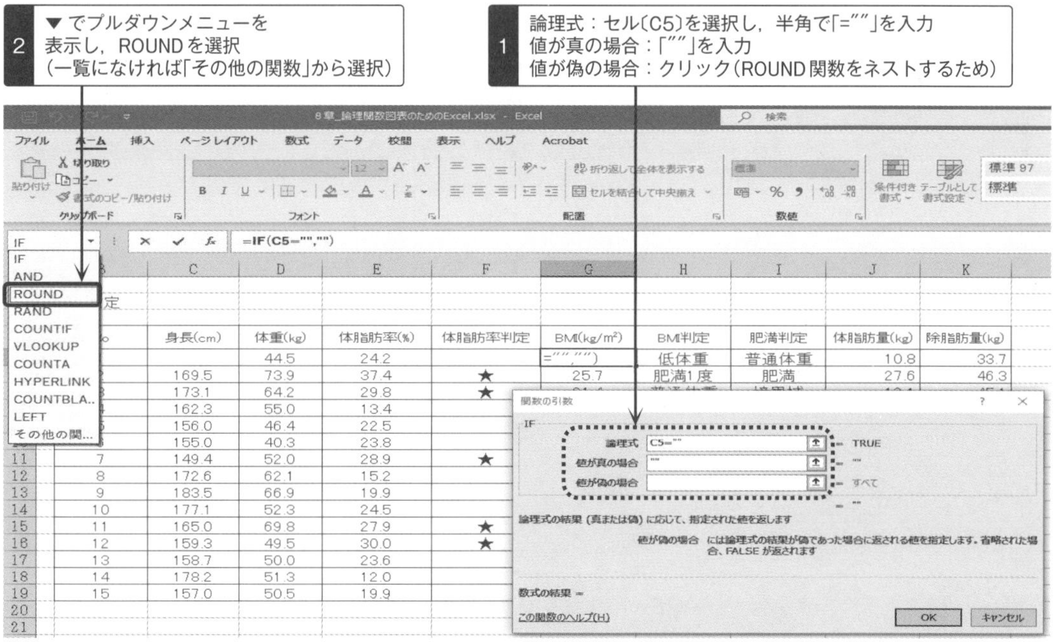

図8-14 ROUND関数のネスト

（3） 第4章の図4-4と同様に ROUND 関数の引数を入力

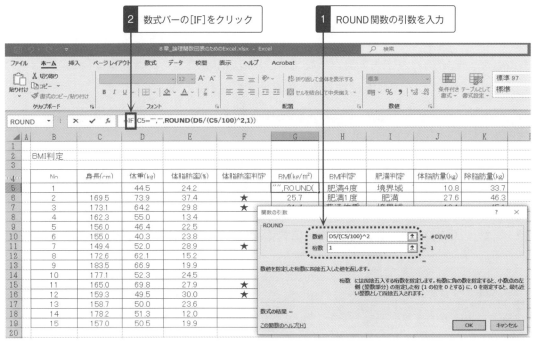

図8-15　ROUND 関数の引数（BMI の値を四捨五入）

（4） IF 関数に戻り，値が偽の場合の引数を確認して OK ボタンを押す

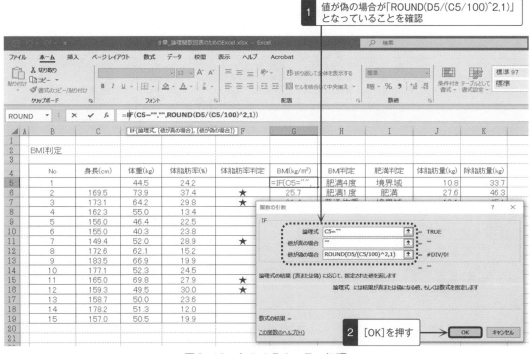

図8-16　セル G5 のエラー処理

（5） セル〔G5〕をオートフィルでセル〔G19〕まで複写する

（6） セル〔H5〕とセル〔I5〕に同様のエラー処理をする

　セル〔H5〕は数式バーに「=IF(G5="","",IF(G5<18.5,"低体重",IF(G5<25,"普通体重",IF(G5<30,"肥満1度",IF(G5<35,"肥満2度",IF(G5<40,"肥満3度","肥満4度"))))))」と表示され，セル〔I5〕は数式バーに「=IF(OR(E5="",G5=""),"",IF(AND(E5<27.5,G5<25),"普通体重",IF(AND(E5>=27.5,G5>=25),"肥満","境界域")))」と表示される。

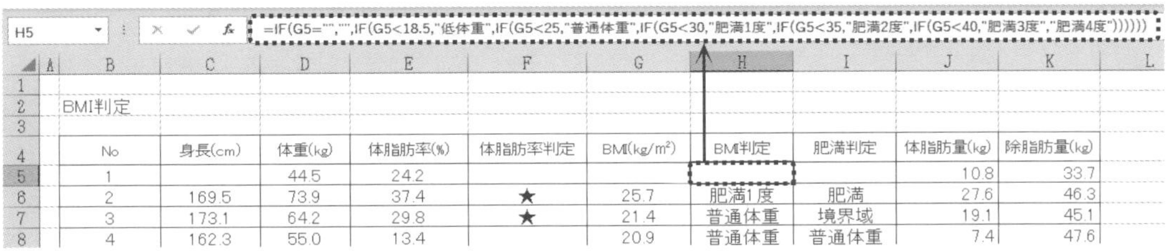

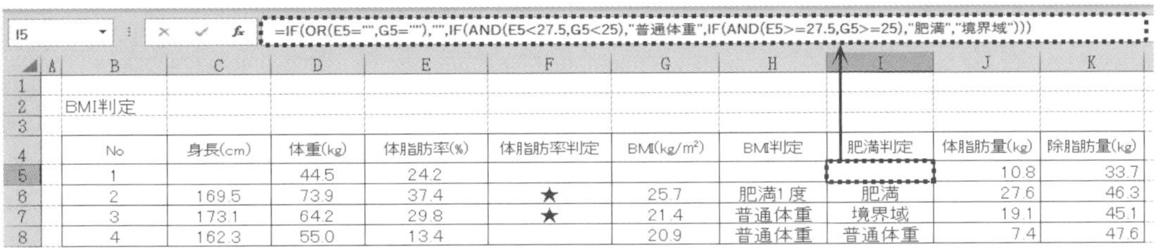

図8-17　セルH5とI5の数式バーの表示

2　IFERROR 関数によるエラー処理

同様にセル〔C5〕が未入力の場合

（1）　IF 関数によるエラー処理の（1）と同様に，セル〔G5〕を選択したとき，数式バーに式や関数が表示されるときは DEL キーで消去する

（2）　セル〔G5〕に IFERROR 関数を挿入して ROUND 関数をネストする

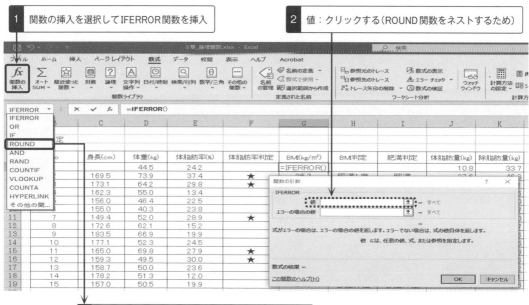

図8-18　ROUND 関数のネスト

（3） 第4章の図4-4と同様にROUND関数の引数を入力後IFERROR関数に戻り，「エラーの場合の値」を「""」とする（エラーの場合は何も表示しないという意味）

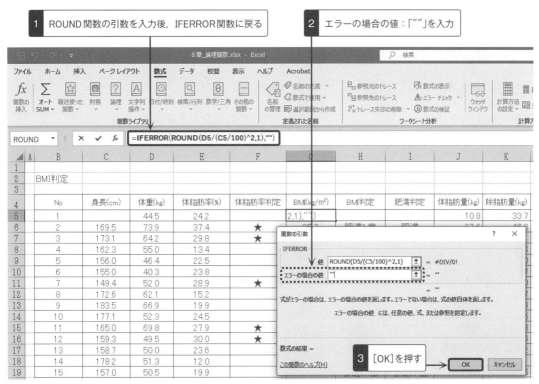

図8-19　セルG5のエラー処理

（4） セル〔G5〕をオートフィルでセル〔G19〕まで複写する。セル〔G5〕の数式バーには「=IFERROR(ROUND)D5/)C5/100)^2,1),"")」と表示される

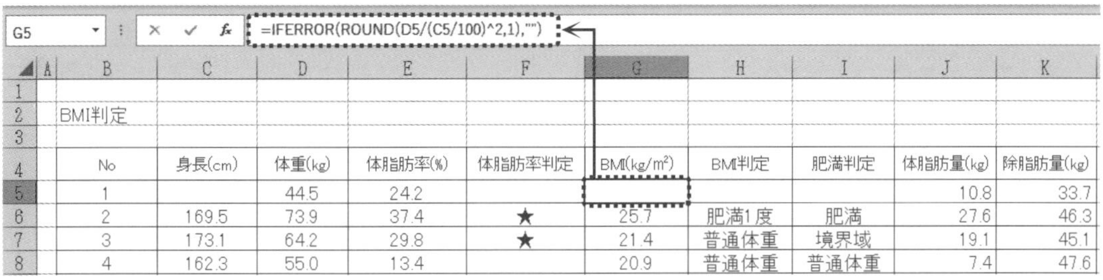

図8-20　セルG5の数式バーの表示

Chapter 09 グラフの作成
〔データによるグラフの使い分け〕

9-1 折れ線グラフ

Study Point
- 移動平均の折れ線グラフの作成

単純移動平均：指定した期間の複数の数値について，平均値を算出し，期間をずらしながら，つないで表示する

例題：下記のデータ（図9-1）より，感染者数と7日間移動平均の折れ線グラフを作成してみよう。

移動平均を用いる

変動の大きい変化は移動平均を用いることによって，推移を滑らかに平滑化するとみやすくなる。主要な方法には，単純移動平均と加重移動平均，指数移動平均の3種類がある。ここで取り上げる単純移動平均とは，ある個数分のデータの平均値を連続的に求める方法である。7日間移動平均の場合は，7日間のデータの平均を一日ずつ移動させながら求めて作成する。

日付	人数		日付	人数
8月1日	3058		9月5日	1853
8月2日	2195		9月6日	968
8月3日	3709		9月7日	1629
8月4日	4166		9月8日	1834
8月5日	5042		9月9日	1675
8月6日	4515		9月10日	1242
8月7日	4566		9月11日	1273
8月8日	4066		9月12日	1067
8月9日	2884		9月13日	611
8月10日	2612		9月14日	1004
8月11日	4200		9月15日	1052
8月12日	4989		9月16日	831

図9-1 感染者数の推移

↠ダウンロード

●完成例 * * * * * * * * * *

図9-2 感染者数と7日間移動平均の折れ線グラフ

（1） 移動平均による折れ線グラフの作成

① 移動平均の算出

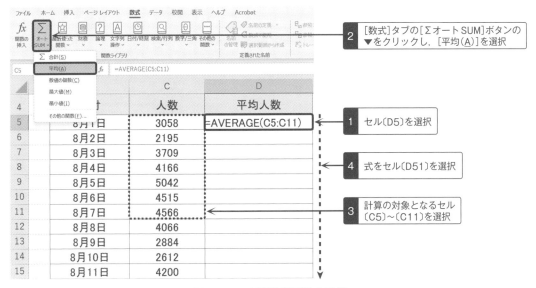

図9-3　7日間移動平均の計算

② 感染者数と7日間移動平均の折れ線グラフの作成

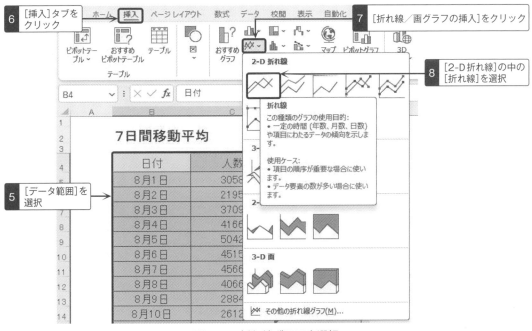

図9-4　折れ線グラフを選択

③ グラフタイトルの変更と縦軸ラベルの追加

- グラフタイトルを「感染者数と7日間移動平均の推移」に変更する（p.105参照）。
- 縦軸ラベルに「感染者数（人）」を追加する（p.106参照）。

9-2　片対数グラフ

Study Point

● 片対数グラフの作成
　縦軸・横軸のどちらかが対数目盛となっている

> 例題：下記のデータ（図9-5）を用いて1950年と2022年の性・年齢階級別死亡率（人口10万対）を比較してみよう。

	男(1950年)	女(1950年)	男(2022年)	女(2022年)
0～4歳	2,068.5	1,906.6	46.7	42.2
5～9歳	219.4	195.6	6.7	6.1
10～14歳	114.7	120.1	8.7	7.4
15～19歳	246.8	248.6	27.9	18.5
20～24歳	486.3	442.7	46.9	26.1
25～29歳	563.1	505.9	47.9	27.7
30～34歳	531.3	488.2	58.0	34.3
35～39歳	594.7	525.6	78.0	48.7
40～44歳	713.0	597.8	115.9	71.8
45～49歳	948.3	744.1	183.9	113.3
50～54歳	1,355.7	1,022.6	300.0	169.1
55～59歳	2,082.2	1,439.8	480.7	239.9
60～64歳	3,156.9	2,204.1	791.7	353.7
65～69歳	5,155.5	3,568.2	1,315.6	544.9
70～74歳	7,851.1	5,621.1	2,213.3	903.9
75～79歳	11,443.8	8,713.9	3,505.7	1,561.2
80～84歳	17,792.8	14,285.7	6,072.1	3,080.5
85～89歳	25,886.5	21,739.4	11,198.9	6,397.9
90～94歳	41,011.8	32,928.5	19,810.9	12,992.0
95～99歳			34,856.8	25,940.3
100歳～			56,080.0	44,901.3

注）1950年の90～94歳は，90歳以上の数値である。

図9-5　性・年齢階級別死亡率（人口10万対）の比較（1950年，2022年）

出典：厚生労働省「人口動態統計」

ダウンロード

● 完成例　＊　＊　＊　＊　＊　＊　＊　＊　＊　＊

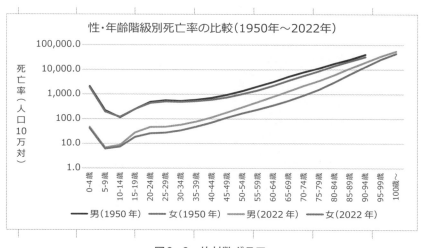

図9-6　片対数グラフ

（1） 片対数グラフの作成

① 折れ線グラフの作成

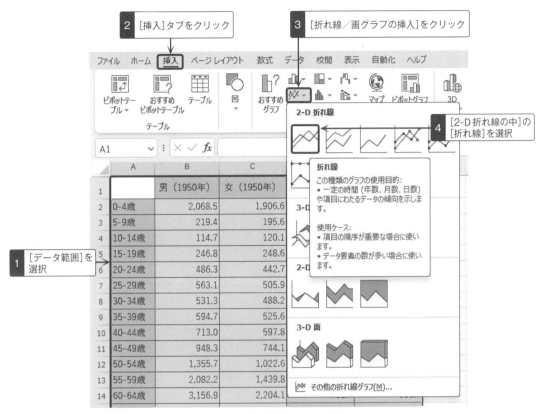

図9-7　折れ線グラフの選択

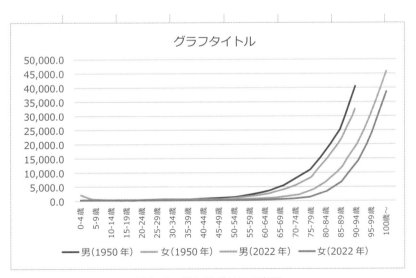

図9-8　折れ線グラフの表示

9-2　片対数グラフ

（2） 縦軸を対数目盛に変更

① 軸の書式設定

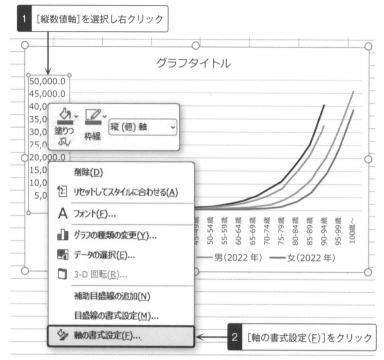

図9-9　軸の書式設定

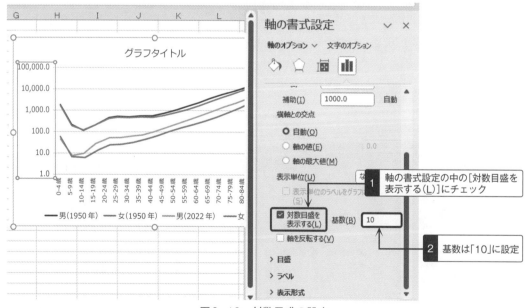

図9-10　対数目盛の設定

9-3 複合グラフ

Study Point
- 複合グラフの作成

折れ線グラフと棒グラフなど異なる種類のグラフを組み合わせて一つのグラフとする

例題：下記のデータ（図9-11）を用いて，出生数を棒グラフ，合計特殊出生率を折れ線グラフで示してみよう。

	出生数	合計特殊出生率
1947	2,678,792	4.54
1948	2,681,624	4.40
1949	2,696,638	4.32
1950	2,337,507	3.65
1951	2,137,689	3.26
1952	2,005,162	2.98
1953	1,868,040	2.69
1954	1,769,580	2.48
1955	1,730,692	2.37
1956	1,665,278	2.22
1957	1,566,713	2.04
1958	1,653,469	2.11
1959	1,626,088	2.04
1960	1,606,041	2.00
2008	1,091,156	1.37
2009	1,070,035	1.37
2010	1,071,304	1.39
2011	1,050,806	1.39
2012	1,037,231	1.41
2013	1,029,816	1.43
2014	1,003,539	1.42
2015	1,005,721	1.45
2016	977,242	1.44
2017	946,146	1.43
2018	918,400	1.42
2019	865,239	1.36
2020	840,835	1.33
2021	811,622	1.30
2022	770,759	1.26

図9-11　出生数と合計特殊出生率の年次推移

ダウンロード

●完成例　＊　＊　＊　＊　＊　＊　＊　＊　＊　＊

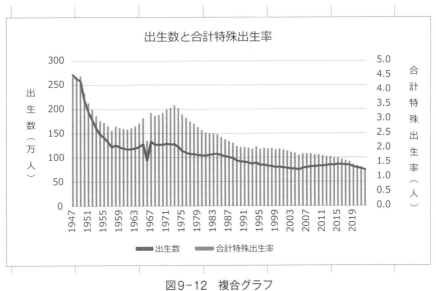

図9-12　複合グラフ

解説　合計特殊出生率
　　一人の女性が一生に産む子供の数

(1) 複合グラフの作成

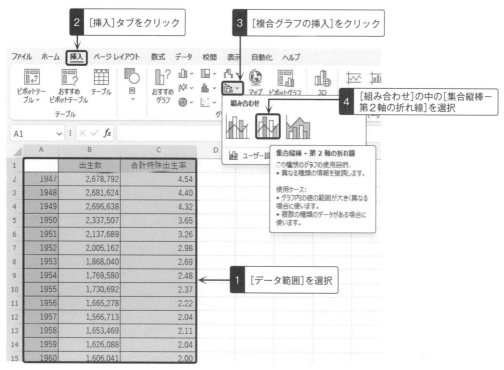

図9-13 複合グラフの選択

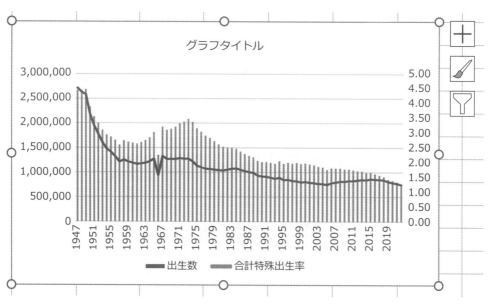

図9-14 複合グラフ（集合横棒と折れ線グラフ）の表示

① 目盛り表示単位の変更

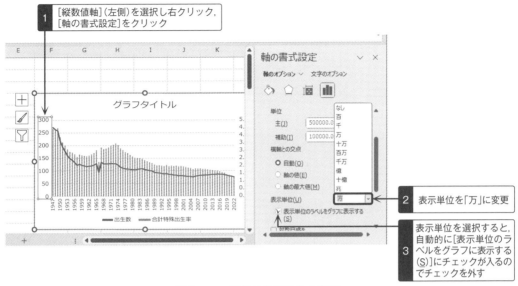

図9-15　目盛り表示単位の設定

② 目盛り表示形式の変更

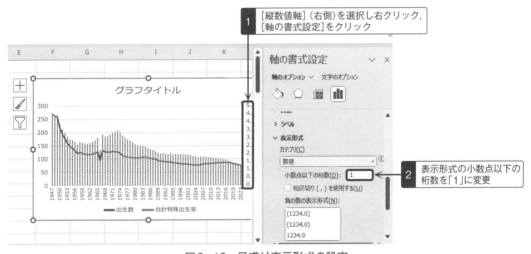

図9-16　目盛り表示形式の設定

③ グラフタイトルと縦軸ラベルの変更
- グラフタイトルを「出生数と合計特殊出生率」に変更する（p.105参照）。
- 第1縦軸ラベル（左側）を「出生数（万人）」に，第2縦軸ラベル（右側）を「合計特殊出生率（人）」に変更する（p.106参照）。

9-4 生命表

Study Point

●生命表の作成

人口統計における特定の年齢層の性別に対して，死亡率や平均余命を示す

生命表とは，一定期間における人口集団についての年齢に関する死亡秩序を表す各種の関数，すなわち死亡，率・生存数・死亡数，定常人口・平均余命等を示したものである。

例題：下記のデータ（図9-17）を用いて，生命表を作成してみよう。

年齢（5歳階級）	死亡率
0〜4歳	0.00045
5〜9歳	0.00006
10〜14歳	0.00008
15〜19歳	0.00023
20〜24歳	0.00037
25〜29歳	0.00038
30〜34歳	0.00046
35〜39歳	0.00064
40〜44歳	0.00094
45〜49歳	0.00149
50〜54歳	0.00236
55〜59歳	0.00361
60〜64歳	0.00571
65〜69歳	0.00921
70〜74歳	0.01522
75〜79歳	0.02433
80〜84歳	0.04328
85〜89歳	0.08134
90〜94歳	0.14914
95〜99歳	0.27708
100歳以上	0.46187

図9-17　年齢（5歳階級）別死亡率

出典：厚生労働省，人口動態統計（2022）

┉┉┉ダウンロード

●完成例　＊　＊　＊　＊　＊　＊　＊　＊　＊　＊

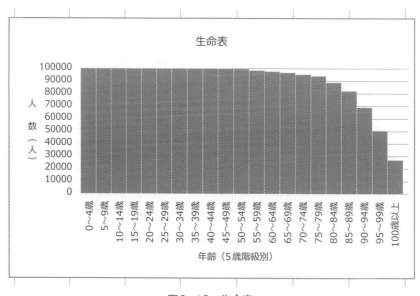

図9-18　生命表

（1） 生命表の計算

最初の人口を10万人と仮定して，0～4歳の死亡率を用いて，生存者数を計算する。計算式は$100000 \times (1 - 0.0045) = 99956$となる

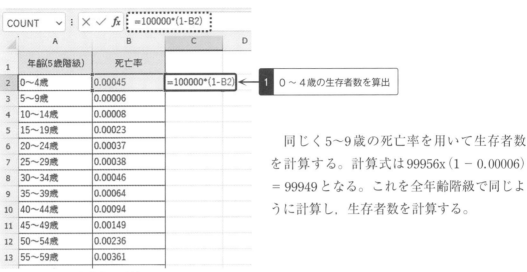

同じく5～9歳の死亡率を用いて生存者数を計算する。計算式は$99956 \times (1 - 0.00006) = 99949$となる。これを全年齢階級で同じように計算し，生存者数を計算する。

図9-20　生命表の計算　　図9-21　生命表の計算結果

(2) 生命表の作成

図9-22 集合縦棒の選択

① 系列の重なり，要素の間隔の設定

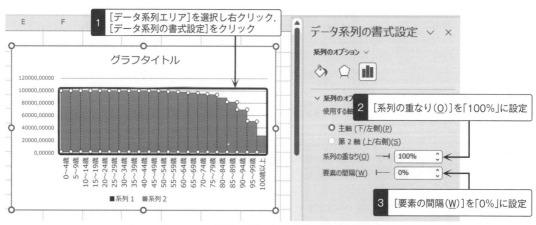

図9-23 系列の重なり，要素の間隔の設定

② グラフタイトルと縦軸ラベルの変更および目盛り表示の変更
- グラフタイトルを「生命表」に変更する（p.105参照）。
- 縦軸ラベルを「人数（人）」に，横軸ラベルを「年齢（5歳階級別）」に変更する（p.106参照）。
- 目盛りの表示を変更する（p.181参照）。

9-5 レーダーチャート

Study Point
- レーダーチャートの作成
  数値を中心から放射線上に伸ばした数値軸によって表現する

例題：下記のデータ(図9-24)を用いて，年度別にエネルギー産生栄養素バランスを比較できるレーダーチャートを作成してみよう。

	A	B	C	D	E	F	G	H	I	J	K	L
1							*1			*2		
2		年	エネルギー	たんぱく質	脂質	炭水化物	P(エネルギー)	F(エネルギー)	C(エネルギー)	P(16.5%)	F(25%)	C(57.5%)
3			kcal	g	g	g	4kcal	9kcal	4kcal	16.5	25	57.5
4		1960年	2,095.8	69.7	24.7	398.8						
5		1980年	2,084.0	77.9	52.4	313.0						
6		2019年	1,903.1	71.4	61.3	248.3						

図9-24　エネルギー産生栄養素バランスの年次別比較

出典：国立健康・栄養研究所，「国民健康・栄養調査」，調査内容の変遷，栄養摂取状況調査，栄養素等摂取量

● 完成表

	A	B	C	D	E	F	G	H	I	J	K	L
1							*1			*2		
2		年	エネルギー	たんぱく質	脂質	炭水化物	P(エネルギー%)	F(エネルギー%)	C(エネルギー%)	P(16.5%)	F(25%)	C(57.5%)
3			kcal	g	g	g	4kcal	9kcal	4kcal	16.5	25	57.5
4		1960年	2,095.8	69.7	24.7	398.8	13.3	10.6	76.1	0.81	0.42	1.32
5		1980年	2,084.0	77.9	52.4	313.0	15.0	22.6	60.1	0.91	0.91	1.04
6		2019年	1,903.1	71.4	61.3	248.3	15.0	29.0	52.2	0.91	1.16	0.91

図9-25　エネルギー産生栄養素バランスの年次別比較完成表

● 完成(例)　＊　＊　＊　＊　＊　＊　＊　＊　＊

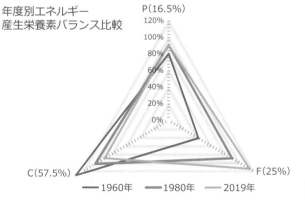

図9-26　レーダーチャートの完成図

（1）レーダーチャートの作成

① ％エネルギーの算出

各年代別に、P（たんぱく質）、F（脂質）、C（炭水化物）、各栄養素のエネルギー量が、各年代のエネルギー量の何％に当たるかを計算する。

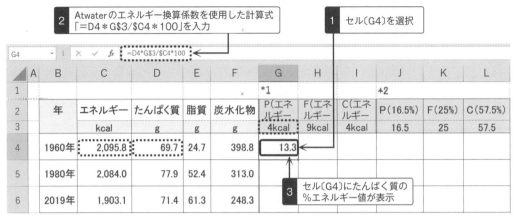

図9-27　％エネルギーの計算

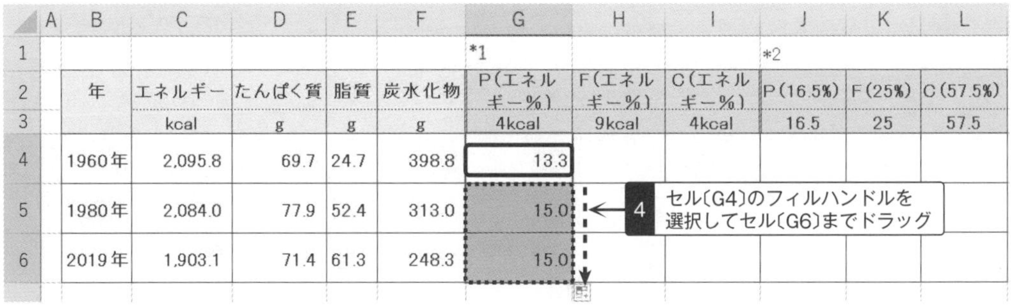

図9-28　式のコピー（たんぱく質）

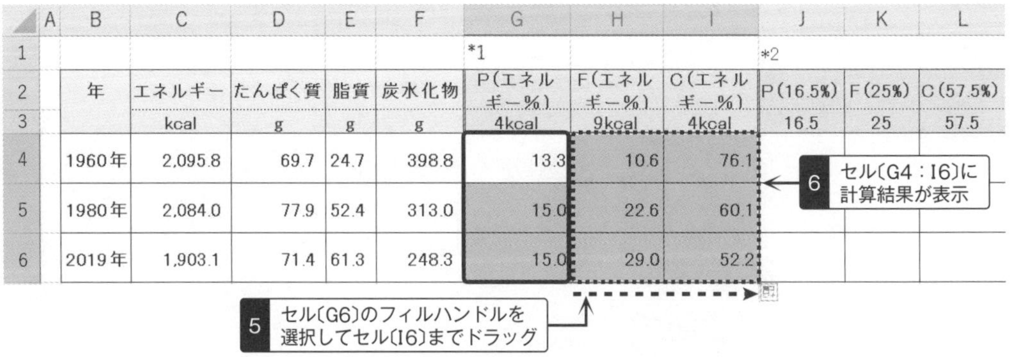

図9-29　式のコピー（脂質，炭水化物）

解説　1. エネルギー換算係数

エネルギー換算係数(各成分1g当たりの利用エネルギー量)とは,食品のエネルギー値を計算するための係数のこと。食品のエネルギーは,主に各栄養素の重量にそれぞれのエネルギー換算係数を乗じた数値の合計である。

ここでは,食品のエネルギーの表示法で一般的に広く用いられているAtwaterのエネルギー換算係数[1],たんぱく質4kcal/g,脂質9kcal/g,炭水化物4kcal/gを使用する。

ただし,日本食品標準成分表(八訂)増補2023年では,エネルギー換算係数が細かい成分名による内容で算出されるように変更されている。特に炭水化物は,糖の種類によって細分化された計算方法になっている。

当面は,移行期間と考え,炭水化物エネルギー比率の計算は,100−(たんぱく質(またはアミノ酸組成によるたんぱく質)のエネルギーと比率＋(脂質(または脂肪酸のトリアシルグリセロール当量)のエネルギー比率)の式で求める。

表9−1 「成分表(八訂)増補2023年」のエネルギー換算係数

成分表(大区分)	成分名	換算係数(kcal/g)
たんぱく質	アミノ酸組成によるたんぱく質／たんぱく質	4
脂　質	脂肪酸のトリアシルグリセロール等量／脂質	9
炭水化物	利用可能炭水化物(単糖等量)	3.75
	差引き法による利用可能炭水化物	4
	食物繊維総量	2
	糖アルコール	
	ソルビトール	2.6
	マンニトール	1.6
	マルチトール	2.1
	還元水あめ	3
	その他の糖アルコール	2.4
有機酸	酢　酸	3.5
	乳　酸	3.6
	クエン酸	2.5
	リンゴ酸	2.4
	その他の有機酸	3
アルコール	アルコール	7

解説　2. エネルギー産生栄養素バランス

「日本人の食事摂取基準(2025年版)」では,生活習慣病の発症予防とその重症化予防を目的として,1歳以上の人を対象に,「エネルギー産生栄養素バランス」の目標量(%エネルギー)の範囲が設定されている。総エネルギー摂取量のうち,13～20%をたんぱく質から,20～30%を脂質から,50～65%を炭水化物から摂取することが推奨されている。

ここでは,2025年版食事摂取基準(エネルギー産生栄養素バランス目標値)[2]の中央値を使用する。

＊1　Atwater換算係数
＊2　2025年版食事摂取基準(エネルギー産生栄養素バランス目標値・中央値)より

② 目標値に対する割合の算出

①で求めたそれぞれの値(%エネルギー)を，各栄養素の目標値の中央値で除し，割合を求める。

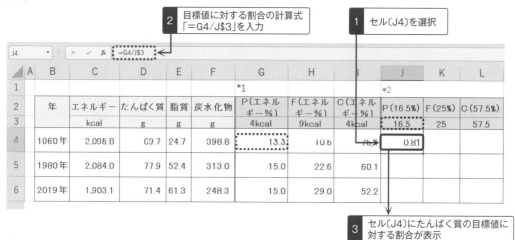

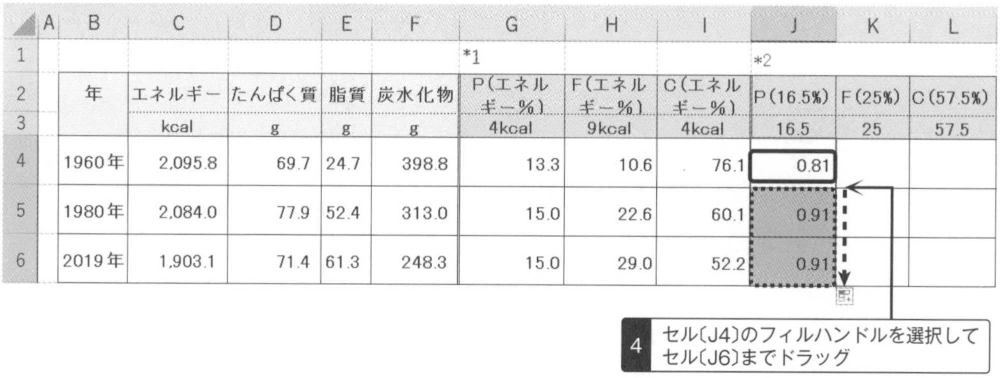

図9-30　目標値に対する割合の算出

図9-31　式のコピー(たんぱく質)

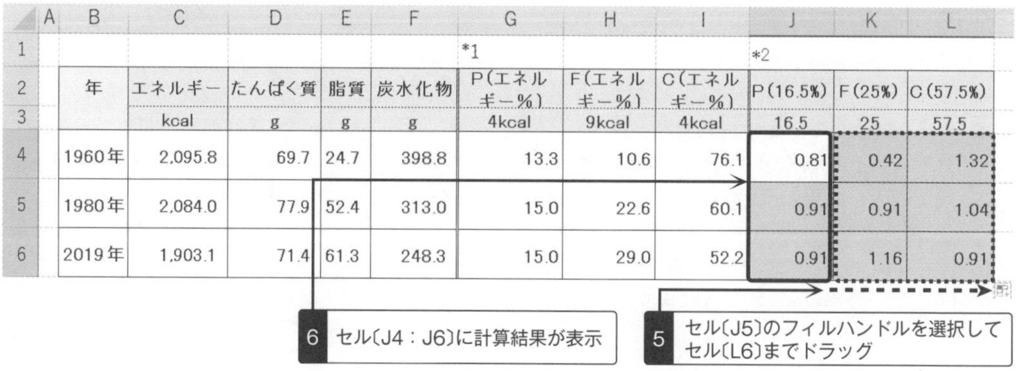

図9-32　式のコピー(脂質，炭水化物)

③ 年度別にエネルギー産生栄養素バランスを比較できるレーダーチャートの作成

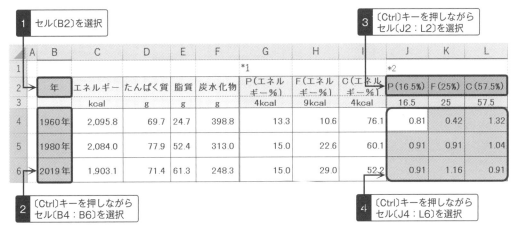

図9-33 データの選択

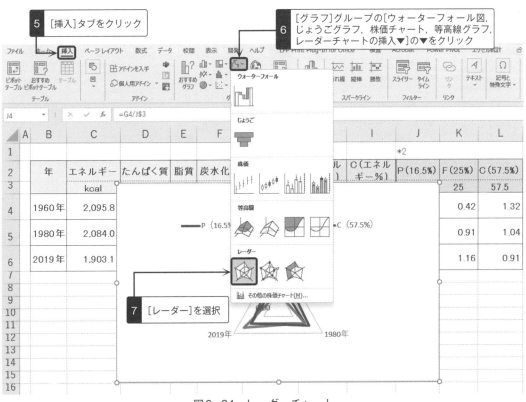

図9-34 レーダーチャート

④ 項目軸の入れ替え

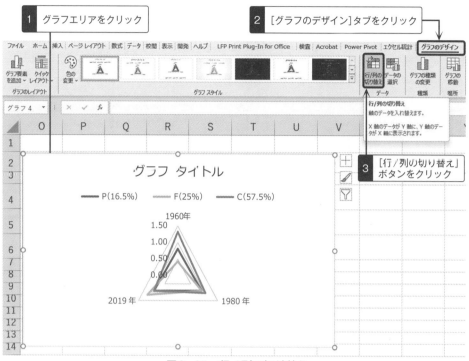

図9-35　行/列の切り替え

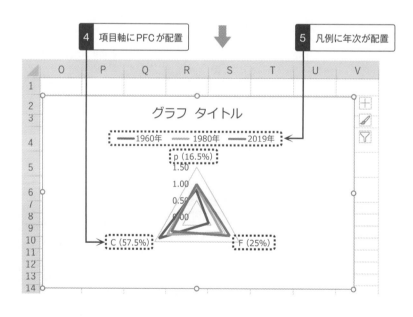

図9-36　項目軸と凡例の入れ替え

⑤ グラフタイトルの変更
- グラフタイトルを「年度別エネルギー産生栄養素バランス比較」と変更（p.105参照）

⑥ 凡例の移動

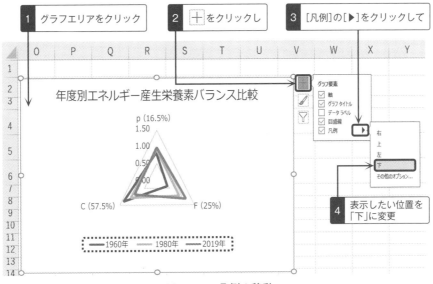

図9-37 凡例の移動

⑦ 目盛間隔の変更

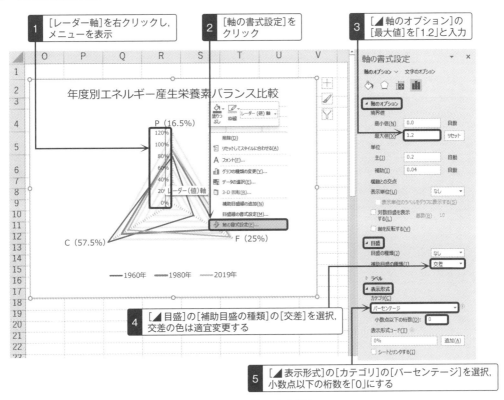

図9-38 軸の書式設定

注〕グラフの大きさは，グラフエリアやプロットエリアをクリックした時に表示されるハンドルにマウスをポイントし大きさを変更する。

Chapter 10 統計分析

10-1 統計関数の利用

Study Point
- 分析ツールの活用
- 2×2分割表の検定(関連性の検定)

例題：右のデータ(図10-1)は，クラスAおよびBの2クラスから無作為に抽出した23名の栄養教育前後の栄養素等の摂取量である。このデータを用いて課題A～Hをやってみよう。

課題A 全項目について基本統計量(人数，最大値，最小値，平均，中央値，標準偏差，レンジ，変動係数)を求めなさい。

課題B 栄養教育前のエネルギーについて度数分布表とヒストグラムを作成しなさい。

課題C 栄養教育前のたんぱく質摂取量と脂質摂取量の相関係数を求めなさい。

課題D 栄養教育前の炭水化物摂取量を目的変数，たんぱく質摂取量を説明変数として回帰式を求めなさい。

課題E 栄養教育前の炭水化物摂取量と栄養教育後の炭水化物摂取量の平均値に差があるか否かを検定しなさい。

課題F 栄養教育前のエネルギー摂取量とたんぱく質摂取量各々について，クラスAとクラスBとで母分散(ばらつき)に差があるか否かを検定しなさい。

課題G 栄養教育前のたんぱく質摂取量について，クラスAとクラスBとで平均値に差があるか否かを検定しなさい。

課題H 栄養教育前のエネルギー摂取量について，クラスAの平均値はクラスBの平均値より多いといえるか否かを検定しなさい。

	A	B	C	D	E	F	G	H	I	J	K
1				栄養教育前				栄養教育後			
2		No.	学科	エネルギー/前 (kcal)	たんぱく質/前 (g)	脂質/前 (g)	炭水化物/前 (g)	エネルギー/後 (kcal)	たんぱく質/後 (g)	脂質/後 (g)	炭水化物/後 (g)
3		1	A	2185	84.1	93.5	241.7	2422	86.5	86.5	316.2
4		2	A	2215	68.8	87.1	279.9	1811	61.1	62.0	246.2
5		3	A	1540	59.2	57.9	188.6	1827	70.3	73.5	213.2
6		4	A	1012	39.3	45.0	108.2	1206	41.2	51.2	144.9
7		5	A	1840	60.1	70.5	231.4	2032	72.1	71.3	267.9
8		6	A	2240	83.2	95.6	249.0	2317	67.7	97.6	287.6
9		7	A	2019	70.0	96.3	214.1	1573	65.5	50.8	207.0
10		8	A	1187	34.5	34.3	183.2	1354	55.6	51.9	159.4
11		9	A	1688	52.3	59.1	228.6	1784	76.1	61.0	222.1
12		10	A	1503	72.0	51.2	191.5	1312	51.6	39.4	179.4
13		11	B	2184	70.1	107.1	219.5	1942	71.6	82.0	219.6
14		12	B	1870	65.9	87.2	205.6	1788	54.4	76.1	215.2
15		13	B	1507	54.6	51.9	198.8	984	30.1	30.9	142.4
16		14	B	1787	63.6	63.3	235.9	1618	61.1	67.5	182.5
17		15	B	1474	49.6	39.9	224.3	1321	43.4	40.9	192.9
18		16	B	1332	51.2	48.2	166.5	1420	46.0	43.7	204.5
19		17	B	1540	60.3	45.8	217.4	1449	50.3	52.9	192.9
20		18	B	1970	73.0	90.8	205.1	1445	51.0	69.8	143.1
21		19	B	1230	44.5	27.1	198.5	1412	61.3	35.2	231.4
22		20	B	1907	60.8	81.6	228.1	90.3	23.3	26.6	136.9
23		21	B	1667	61.5	54.4	224.3	1230	41.4	37.3	176.0
24		22	B	1527	55.9	61.9	180.5	884	31.6	26.8	126.0
25		23	B	1746	54.8	64.2	234.3	1197	40.2	40.0	168.1
26		対象者数									
27		最大値									
28		最小値									
29		平均									
30		中央値									
31		標準偏差									
32		レンジ									
33		変動係数%									

図10-1　栄養教育前後の栄養素等摂取量

･･･ダウンロード

1　基本統計量

　数値で表されたデータの集まりを扱う学問が「統計学」である。その数字の集まりの特徴を把握するためのツールとして使われるのが「基本統計量」であり、最もよく使われるのが平均値である。平均値は数字のグループを代表する値であり、各値の重心という意味がある。
　また、標準偏差は数字のグループのばらつきをはかる尺度である。
中央値は、各数値を大きさの順に並べたときに、ちょうど真ん中にくる値である。
　数値の数が奇数の場合は真ん中があるが、偶数の場合はない。例えば10個の数値であれば、5番目の値と6番目の値の平均が中央値となる。

　これらの統計量を求めるために、Excelでは「統計」という分類で関数が用意されている。統計解析ソフトを使わなくてもExcelで基本的な統計解析はある程度まではできるのである。
　関数名は以下の通りである。(半角の＝(イコール)で始める)

表10-1 統計関数

COUNT（数値や数値を含むセル参照）	数値が含まれるセルの個数を求める
MAX（数値や数値を含むセル参照）	データの最大値を求める
MIN（数値や数値を含むセル参照）	データの最小値を求める
AVERAGE（数値や数値を含むセル参照）	平均値を計算する
MEDIAN（数値や数値を含むセル参照）	データの中央値を求める
STDEV.P（数値や数値を含むセル参照）	母集団のデータの標準偏差（不偏分散の平方根）を計算する 標本に基づいて予測した標準偏差（不偏分散の平方根）を計算する
STDEV.S（数値や数値を含むセル参照）	標本に基づいて予測した標準偏差を返す

なお，レンジと変動係数は関数が用意されていないので，数式を用いる。
レンジは最大値－最小値で求められ，変動係数は「標準偏差／平均値 × 100（％）」で求められる。（Excelの式では，「標準偏差／平均値 × 100」）

課題A 全項目について基本統計量（人数，最大値，最小値，平均，中央値，標準偏差，レンジ，変動係数）を求めなさい。

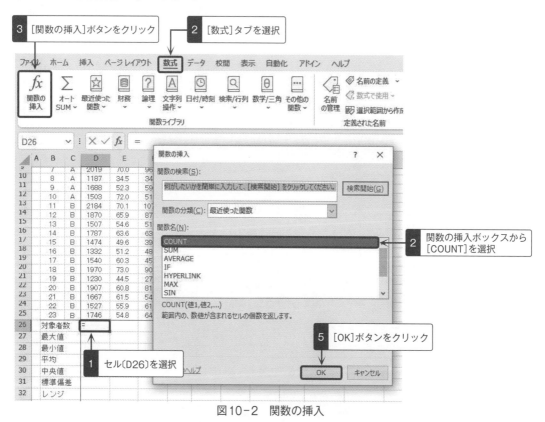

図10-2 関数の挿入

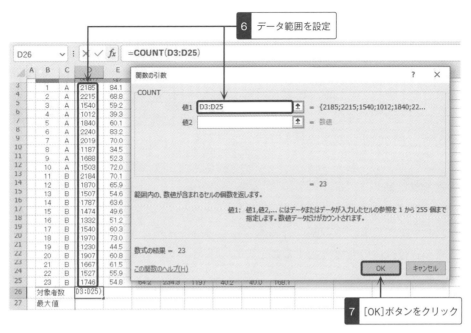

図10-3 関数の引数(COUNT)

● 完成例　＊　＊　＊　＊　＊　＊　＊　＊　＊　＊

対象者数	23.0	23.0	23.0	23.0	23.0	23.0	23.0	23.0
最大値	2240.0	84.1	107.1	279.9	2422.0	86.5	97.6	316.2
最小値	1012.0	34.5	27.1	108.2	90.3	23.3	26.6	126.0
平均	1703.0	60.4	65.8	211.1	1496.4	54.5	55.4	198.9
中央値	1688.0	1689.0	1690.0	1691.0	1692.0	1693.0	1694.0	1695.0
標準偏差	344.0	12.4	22.4	33.9	494.3	16.0	20.0	49.2
レンジ	1228.0	49.6	80.0	171.7	2331.7	63.2	71.0	190.2
変動係数%	20.2	20.6	34.1	16.1	33.0	29.4	36.0	24.8

図10-4 基本統計量の結果

解説
① 関数の引数ボックスの値1のところに，23人分のデータ範囲を設定する〔D3：D25〕。
② 同じように，最大値(MAX)，最小値(MIN)，平均値(AVERAGE)，中央値(MEDIAN)，標準偏差(STDEVS)を各データに対し算出する。
③ レンジは最大値(MAX)から最小値(MIN)を引くことによって算出する〔＝D27－D28〕。
④ 変動係数(%)は標準偏差(STDEVS)を平均(AVERAGE)で割って，100倍して求める(＝31/D29＊100)。

10-2 度数分布

1 度数分布

　ある集団のデータをいくつかの階級(区分)に分け，それぞれの階級に属するデータがいくつあったかの個数(度数)を数え，表にしたものを「度数分布表」という。度数分布表をつくることにより，平均値など基本統計量だけではわからない集団の特徴を把握できるようになる。

　この度数分布表をグラフにしたものを「ヒストグラム」(histogram)とよぶ。「棒グラフ」と似ているが，棒グラフが各値を棒の高さで示すのに対してヒストグラムは各階級に属するデータの個数を示すので，棒の幅は各階級の幅に対応させることが必要である。

　その結果，各棒は隣の階級と接することになる。ヒストグラムで表すことにより，データ全体の分布状況が視覚的にも明らかとなる。

課題B　栄養教育前のエネルギーについて度数分布表とヒストグラムを作成しなさい。

度数分布表作成の手順
1. データの最大値，最小値，レンジを確認する。
2. 大体の階級数(区分数)をきめる。目安はデータ数 n の平方根，$\sqrt{n}$ の値の前後
3. レンジを階級数で割って階級幅の目安とし，区切りのよい幅を決める。
4. 階級の端点(最も下の階級の下限値)を決める。一般的にはデータの最小値が階級の中央にくるように，区切りのよい値とする。

　このように，階級数，階級幅，階級の端点ともに理論的に決められる絶対的な基準はない。Excelを使いこなせば，度数分布表やヒストグラムを簡単につくれるので，適当でないと判断したときは試行錯誤を恐れず，すぐにつくり直せばよい。

(1)　栄養教育前エネルギー摂取量の度数分布表

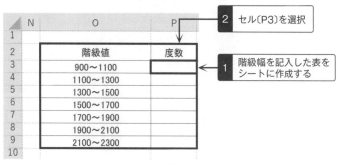

図10-5　階級幅を記入

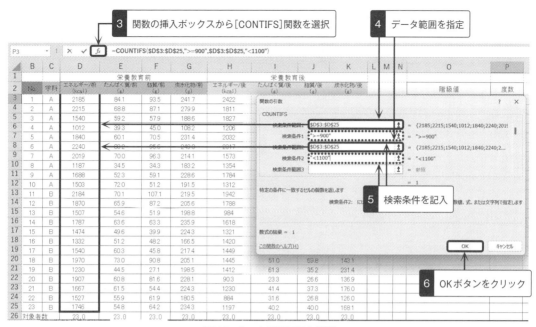

図10-6 COUNTIFS関数

● 完成例 ＊ ＊ ＊ ＊ ＊ ＊ ＊ ＊ ＊ ＊

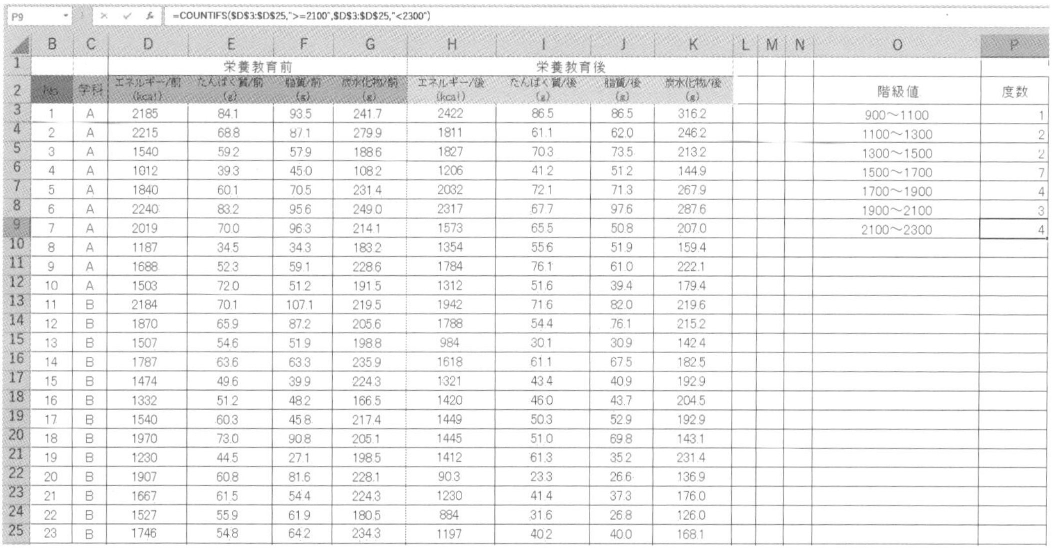

図10-7 度数分布表結果

解説 階級幅の決め方

エネルギーの最大値は2240，最小値は1012，レンジは1228である。階級数の目安は$\sqrt{23}=4.79$であるから，5～6の階級数を目安とする。

レンジは1228であるから，$1228 \div 6 = 204.7$となり，階級幅を200とする。

端点を最小値が中央付近にくるよう900とする。全階級値において度数の算出を行う。

（2） ヒストグラムの作成

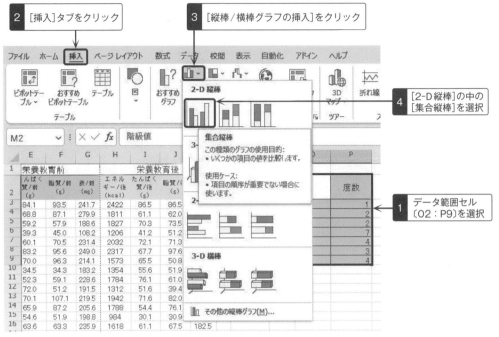

図10-8　集合縦棒の選択

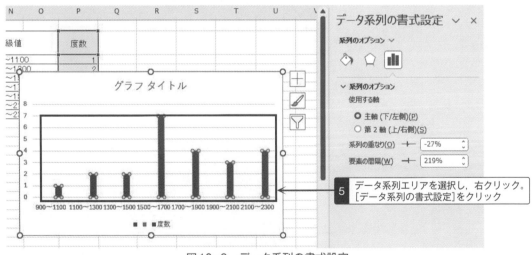

図10-9　データ系列の書式設定

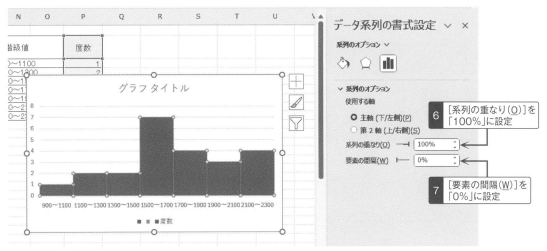

図10-10　データ系列の書式設定の変更

（3）　グラフタイトルと縦軸，横軸ラベルの変更
- グラフタイトルを「エネルギー摂取量の度数分布」に変更（p.105参照）
- 縦軸ラベルを「人数」に変更，横軸ラベルを「kcal」に変更（p.106参照）

● 完成例　＊　＊　＊　＊　＊　＊　＊　＊　＊　＊

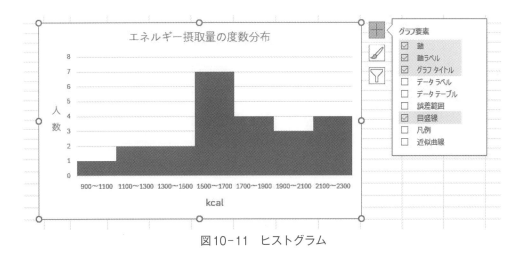

図10-11　ヒストグラム

10-2　度数分布

10-3　分析ツールの活用

1　相関と回帰

　エクセルには簡単にデータ解析を行える便利な「分析ツール」が，アドイン（アドイン：MicrosoftOffice に独自のコマンドや独自の機能を追加する追加プログラム）プログラムとして標準で装備されている。アドインとは，ソフトウエアに追加される拡張機能をさす。Excel で「分析ツール」を初めて使う場合は，まず「分析ツール」をインストールする必要がある。

（1）　分析ツールが組み込まれているか確認する

図10-12　分析ツールの確認

（2）　「データ分析」ボタンがない場合のデータ分析ツールの組み込み方

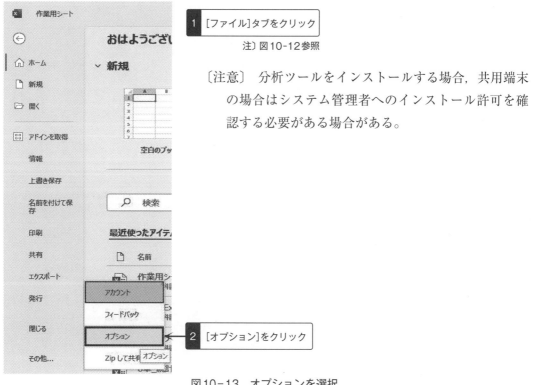

注）図10-12参照

〔注意〕　分析ツールをインストールする場合，共用端末の場合はシステム管理者へのインストール許可を確認する必要がある場合がある。

図10-13　オプションを選択

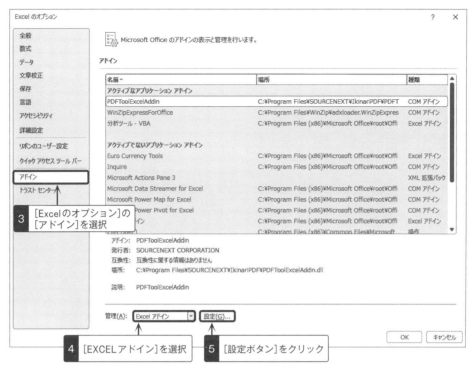

図10-14　アドインの選択

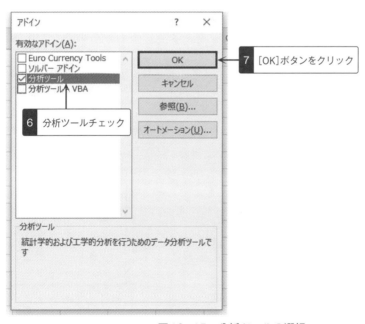

図10-15　分析ツールの選択

　データタブを選択し，データ分析ボタンがあるかどうかを確認し，データ分析ボタンをクリックする（図10-15）。

分析ツールボタンをクリックすると図10-15のようなボックスが表示される。[分析ツール]には19種の分析ツールが用意されている。

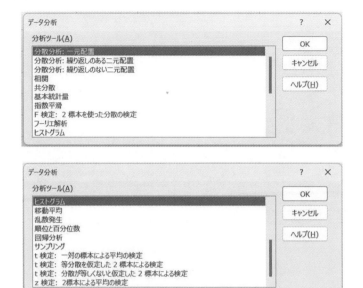

図10-16　分析ツール

（3）　相関係数

相関係数(correlationcoefficient)とは，2つの変数の関係の強さをはかる定量的な尺度である。2つの変数をX軸(横軸)とY軸(縦軸)に対応させたグラフ(散布図)を描いてみる。図10-17において，
①のように一方が大きくなれば他方も大きくなる場合は，2つの関係は正の相関がある。
②のように一方が大きくなれば他方は小さくなる場合は，2つの関係は負の相関がある。
③のように2つの変数の間にはっきりした関係がみられない場合は，2つの関係は無相関である。

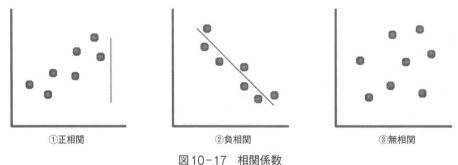

図10-17　相関係数

相関係数は，"r"で表し，「$-1 \leq r \leq 1$」の範囲にある。「0」は，全く直線的な関係がない場合，「-1」は傾きがマイナスの直線上に完全にのる場合，「1」は傾きがプラスの直線上に完全にのる場合である。

相関係数がゼロに近いということは，2つの変数の間に直線関係がないことを意味しているが，必ずしも無関係といえない。2つの変数の間に放物線のような2次曲線的関係があっても相関関係は「0」の近くになる。相関係数は直線関係の強さを見るものであって，2つの変数の関係は散布図を描いてみる方がよい。

課題C　栄養教育前のたんぱく質摂取量と脂質摂取量の相関係数を求めなさい。

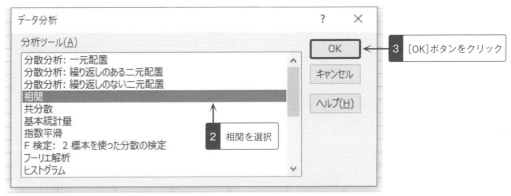

図10-18　データ分析から相関を選択

	A	B	C	D	E	F	G	H	I	J	K
1					栄養教育前						
2		No.	学科	エネルギー/前 (kcal)	たんぱく質/前 (g)	脂質/前 (g)	炭水化物/前 (g)				
3		1	A	2185	84.1	93.5	241.7				
4		2	A	2215	68.8	87.1	279.9				
5		3	A	1540	59.2	57.9	188.6				
6		4	A	1012	39.3	45.0	108.2				
7		5	A	1840	60.1	70.5	231.4				
8		6	A	2240	83.2	95.6	249.0				
9		7	A	2019	70.0	96.3	214.1				
10		8	A	1187	34.5	34.3	183.2	1354			
11		9	A	1688	52.3	59.1	228.6	1784	76.1	61.0	222.1
12		10	A	1503	72.0	51.2	191.5	1312	51.6	39.4	179.4
13		11	B	2184	70.1	107.1	219.5	1942			
14		12	B	1870	65.9	87.2	205.6	1788			
15		13	B	1507	54.6	51.9	198.8	984	30.1	30.9	142.4
16		14	B	1787	63.6	63.3	235.9	1618	61.1	67.5	182.5
17		15	B	1474	49.6	39.9	224.3	1321	43.4	40.9	192.9
18		16	B	1332	51.2	48.2	166.5	1420	46.0	43.7	204.5
19		17	B	1540	60.3	45.8	217.4	1449	50.3	52.9	192.9
20		18	B	1970	73.0	90.8	205.1	1445	51.0	69.8	143.1
21		19	B	1230	44.5	27.1	198.5	1412	61.3	35.2	231.4
22		20	B	1907	60.8	81.6	228.1	90.3	23.3	26.6	136.9
23		21	B	1667	61.5	54.4	224.3	1230	41.4	37.3	176.0
24		22	B	1527	55.9	61.9	180.5	884	31.6	26.8	126.0
25		23	B	1746	54.8	64.2	234.3	1197	40.2	40.0	168.1

図10-19　「相関」ダイアログボックス

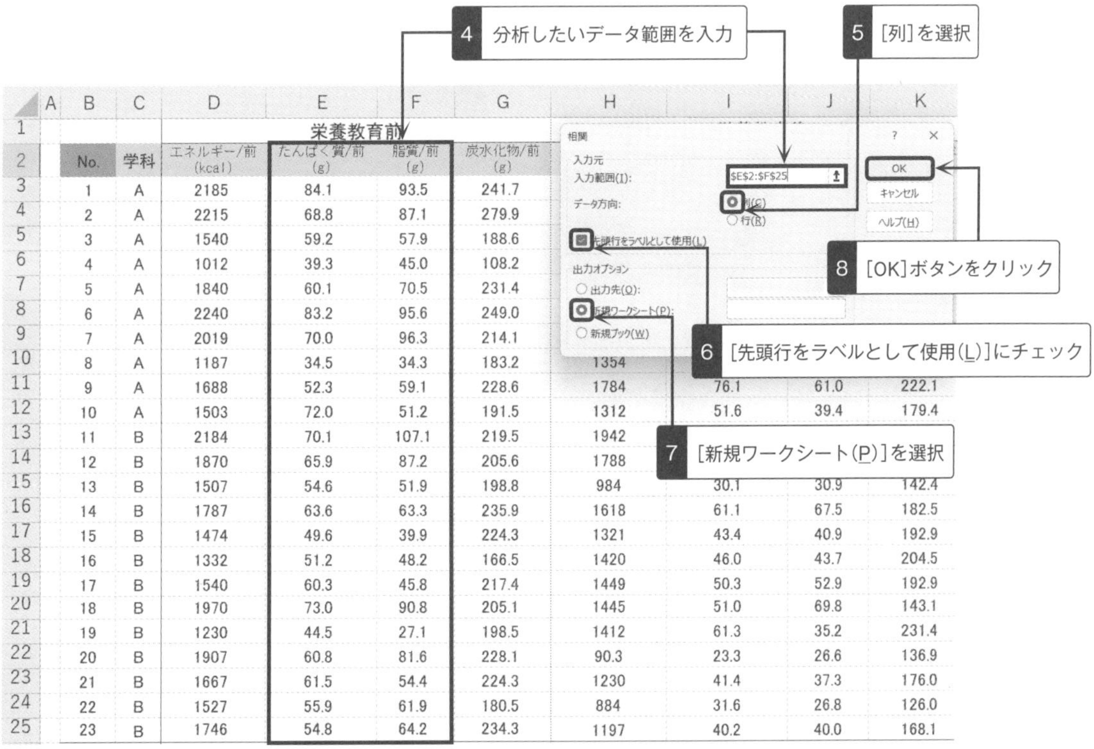

●結果例　＊　＊　＊　＊　＊　＊　＊　＊　＊　＊

栄養教育前のたんぱく質と脂質の相関係数は，0.80576であることがわかる。

	A	B	C
1		たんぱく質/前 (g)	脂質/前 (g)
2	たんぱく質/前 (g)	1	
3	脂質/前 (g)	0.805762316	1

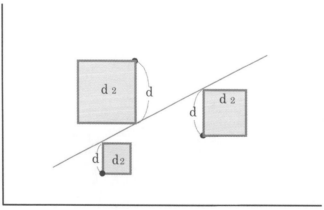

図10-20　相関表

（4）　回帰分析

回帰分析(regressionanalysis)は，2つの変数について，一方の説明したい変数を従属変数(目的変数)とし，他方の説明をするために用いられる独立変数(説明変数)との間に式をあてはめて，目的変数が説明変数によってどれくらい説明できるのかを定量的に分析する手法である。

説明変数が1つのときを単回帰といい，変数間の関係に一次方程式(Y＝a＋bX)をあてはめる。

データに最もよくあてはまる直線を求めるには，求める直線とデータとのY軸でみた誤差dの二乗和(つまり誤差の面積の和)が最小になるように直線を求める方法(最小二乗法という)が使われる。

図10-21　最小二乗法

課題D 栄養教育前の脂質摂取量を目的変数，たんぱく質摂取量を説明変数として回帰式を求めなさい。

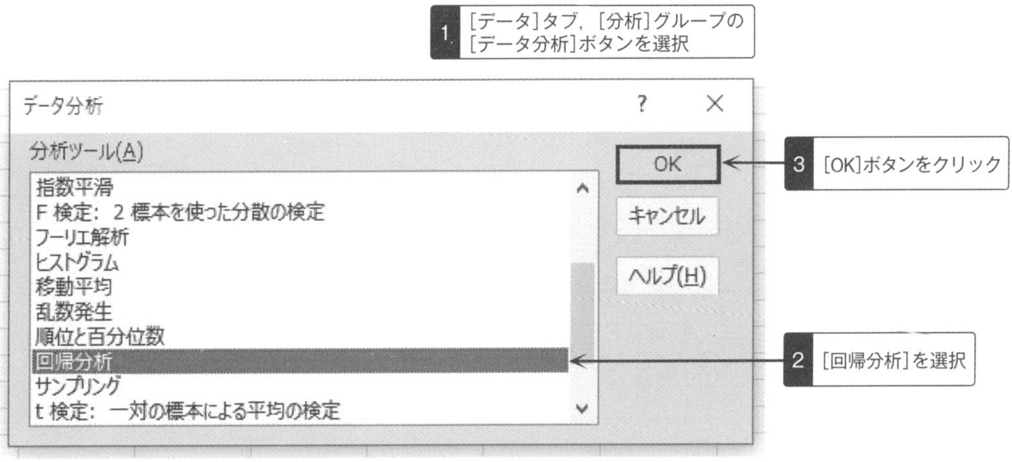

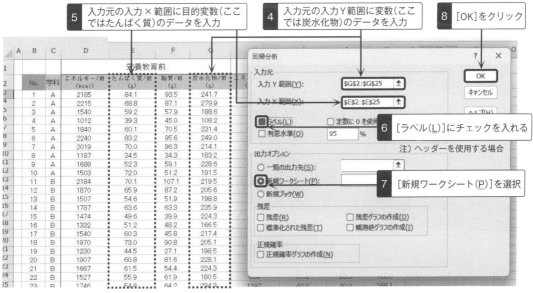

図10-22 データ分析から回帰分析を選択

図10-23 「回帰分析」ダイアログボックス

● 計算結果例　＊　＊　＊　＊　＊　＊　＊　＊　＊　＊

概　要

回帰統計	
重相関 R	0.578819
重決定 R2	0.335032
補正 R2	0.303367
標準誤差	28.30063
観測数	23

分散分析表

	自由度	変動	分散	観測された分散比	有意 F
回帰	1	8474.16592	8474.165915	10.58046418	0.003807
残差	21	16819.4402	800.9257225		
合計	22	25293.6061			

	係数	標準誤差	t	P-値	下限 95%	上限 95%	下限 95.0%	上限 95.0%
切片	115.6688	29.9221548	3.865657957	0.000895346	53.44229	177.89534	53.4422884	177.895343
たんぱく質/前(g)	1.579657	0.48563546	3.252762545	0.003806835	0.569723	2.5895911	0.56972261	2.58959106

図10-24　回帰分析の計算結果

2　平均値の差の検定

図10-15（p.201）に示したように，分析ツールには4種類の平均値の検定のツールが用意されているので，使いこなせると便利である。統計的検定について以下にごく簡単に述べるが，詳しい内容は統計学の成書を読んで勉強してほしい。

例えば，栄養指導前の脂質摂取量と栄養指導後の脂質摂取量，あるいは高血圧群の食塩摂取量と高血圧でない群の食塩摂取量など，2つのデータ群があるとする。2つの群の平均値に明らかに差があるかどうかを統計的な手続きで科学的に判断したい場合に統計的検定が使われる。

仮説検定とは，ある事柄を仮説として設定し，観測データに基づいてこの仮説を検討する推論形式をいう。この際に設定する仮説を帰無仮説といい，これを H_0 で表す。仮説検定はこの仮説 H_0 を否定することを考え，否定できた場合に「有意」であるという。

解説

「係数」のところに切片の値と傾きの値（たんぱく質が1g増加したときの炭水化物の増加分）が示されている。推定された回帰式は
　炭水化物摂取量 = 115.6688 + 1.579657× たんぱく質摂取量となる。
「重決定R2」はあてはまりのよさの指標で，この場合たんぱく質の摂取量から脂質の摂取量の約33.5%が説明できることを示す。

「有意」とは仮説 H_0 を否定することに「統計的に意味が有る」すなわち偶然とは考えにくいという意味である。また，帰無仮説 H_0 が否定されたときには，この仮説の反対の仮説（対立仮説といい H_1 で表す）が正しいとする。すなわち，仮説検定は帰無仮説 H_0 を否定して，対立仮説 H_1 が正しいと証明することをめざすものである。

「有意」の程度を示す確率を有意水準といい，α（一般的に5％，1％，0.1％を用いる）で表す。有意水準とは帰無仮説を否定することが誤りである（第1種の過誤という）確率の上限である。また，帰無仮説を否定しないことが誤りである（第2種の過誤という）確率の上限を β で表し，$1-\beta$ を検出力という。

検定の方法は，この α を重視し，これを一定の有意水準以下に抑え，β を可能な限り小さくするという考え方に基づいている。β を小さくするには，標本サイズを大きくすればよい。

表10-2　2種類の過誤

	仮説が真	仮説が偽
仮説を否定する	第1種の過誤	正しい判断
仮説を否定しない	正しい判断	第2種の過誤

仮説検定の手順は下記のとおりである。

ステップ①帰無仮説と対立仮説を設定する。

ステップ②帰無仮説が正しいとすると，統計理論によって，ある統計量が一定の確率分布を示すことが分かっているので，標本データに基づいて求めた統計量（平均値の差の検定の場合はt統計量という）より大きくなる確率を求める。

ステップ③その確率が有意水準（α）より小さい場合，有意として帰無仮説を否定して，対立仮説が正しいと判断する（帰無仮説を棄却する）。

ステップ④また，その確率が有意水準（α）より大きい場合，有意でないすなわちそのようなことは偶然にいくらでも起こりうると考え，対立仮説が正しいとはいえないと判断する（帰無仮説を採択する）。

（1）　一対の標本による平均の検定

栄養指導前後の脂質の摂取量など同じ対象の対になったデータについての検定を「対応のある平均値の検定」という。同じ対象の前後の差を計算し，この差の平均は「差がない」という帰無仮説のもとでは，差＝0を中心とした分布に従うはずである。この分布は統計学者の研究からt分布という分布に従うことが分かっているので，t分布のどの位置にあるかを計算する。これを統計量といい，対応のある平均値の差の検定ではt分布を用いることから，t統計量という。なお前後の差の平均値はそのままの実数値ではなく，どのような実際データでも使えるように標準偏差を単位とした値に変換して用いる。

課題E 栄養教育前の炭水化物摂取量と栄養教育後の炭水化物摂取量の平均値に差があるか否かを検定しなさい。

帰無仮説は，H_0：栄養教育前後で炭水化物摂取量に差がない。対立仮説は，H_1：栄養教育後の炭水化物摂取量に差がある。

有意水準は5%，すなわち $\alpha = 0.05$ とする。

栄養教育前の炭水化物摂取量の平均は211.1g，栄養教育後の炭水化物摂取量の平均は198.9gであり，栄養教育後の平均摂取量は12.2g減少している。これが偶然の減少か，それとも意味のある減少かを統計的に検定しようという課題である。

ここで自由度は観測数をnとすると，「$n-1 = 23-1 = 22$」となる。図10-27に示す通り t 統計量は差の平均÷（差の平均の標準偏差÷観測数）で計算する。これは，差の平均の分布の平均の標準偏差は元の分布の標準偏差を観測数で割ったものになるという定理があるからである。すなわち，t 統計量は差の平均を標準偏差を単位に変換した値になる。この t の値

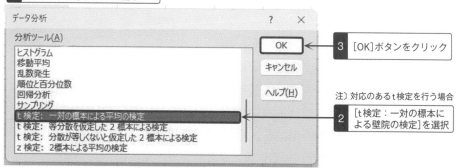

図10-25　t検定：一対の標本による平均の検定を選択

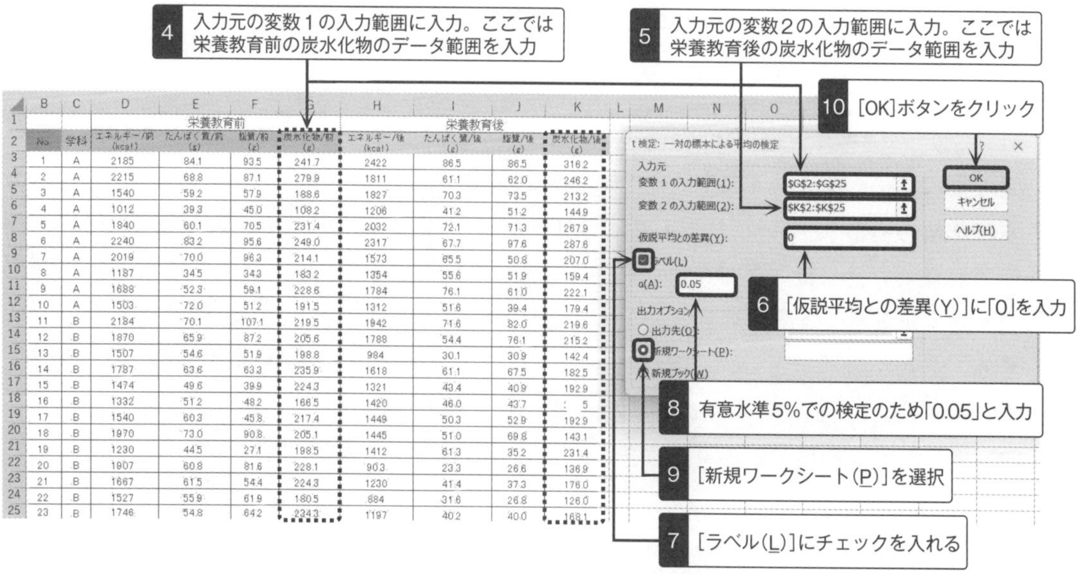

図10-26　t検定：一対の標本による平均の検定のダイアログボックス

は，「差がない」としたときのt分布のどのあたりの位置にあるかをみる。ここで，対立仮説は，栄養教育後の炭水化物摂取量≠教育前炭水化物摂取量なので，増えても減っても等しくないので，両側検定となる。また，「教育前－教育後」の値は，t分布が左右対称の分布であるので，絶対値で判断する。図10-27に示すようにt統計量の絶対値＜t境界値（両側）である。すなわち，このような差がでることは5％よりも大きく，実際の確率では0.19（約19％）となる。したがって，偶然でも起こり得ると判断して，帰無仮説は棄却しない。結論は栄養教育後の炭水化物摂取量は，教育前炭水化物摂取量に比べて有意に減少したとはいえない（意味のある減少とはいえない）。

t-検定: 一対の標本による平均の検定ツール		
	炭水化物/前 (g)	炭水化物/後 (g)
平均	211.0869565	198.9304348
分散	1149.709368	2425.008577
観測数	23	23
ピアソン相関	0.513043403	
仮説平均との差異	0	
自由度	22	
t	1.351300471	
P(T<=t) 片側	0.095166308	
t 境界値 片側	1.717144374	
P(T<=t) 両側	0.190332616	
t 境界値 両側	2.073873068	

図10-27 t検定：一対の標本による平均の検定の結果

（2） 2標本を使った分散の検定

図10-1のクラスAとクラスBに所属する対象者は異なる。このように異なる対象者よりなる2つの母集団から抽出した2つの標本のデータをもとに2つの母集団の平均に差があるか否かを検定したいときには，検定方法の使い分けが必要である。

両群の母集団の分散がわかっているとき，分散が既知の場合は正規分布に基づくZ検定を用いる。両群の母集団の分散がわかっていない分散が未知の場合は，まず両群の分散の差を検定する。分散が等しい場合は，スチューデントのt検定により平均値の差の検定をし，分散が等しくない場合は，ウェルチのt検定により平均値の差の検定をする（表10-3）。

表10-3　2つの標本の平均の差の検定の使い分け

両群母集団の分散が既知	両群母集団の分散が未知
Z検定	両群の母分散が等しい場合：スチューデントのt検定
	両群の母分散が等しくない場合：ウェルチのt検定

2つの標本の分散比の分布は，統計学者の研究から「F分布」という分布に従うことがわかっているので，F分布のどの位置にあるかを計算する。分散比の検定ではF分布を用いることから，分散比を「F統計量」という。

　　帰無仮説は，H_0：分散が等しい，すなわち2群の分散の比＝1である。

　　対立仮説は，H_1：分散が等しくない，すなわち2群の分散の比≠1である。

分散比を求める際，通常は大きい値の方が分子になるようにするため，対立仮説は2群分散の比＞1のようにみえるが，実際は両側検定である。有意水準は5％であるが，以下で使用する「分析ツール」の「F検定：2標本を使った分散の検定」は片側検定しか行わないため，$\alpha = 0.025$と指定する必要がある。

また，「F検定：2標本を使った分散の検定」が算出する分散の比は，「変数1の分散／変

数2の分散」なので，棄却域をF分布の右側に設定するには，分散の大きい方の変数を変数1に指定する。

課題F 栄養教育前のエネルギー摂取量とたんぱく質摂取量各々について，クラスAとクラスBで母分散に差があるか否かを検定しなさい。

① A及びBクラスの栄養教育前エネルギー摂取量の分散の検定

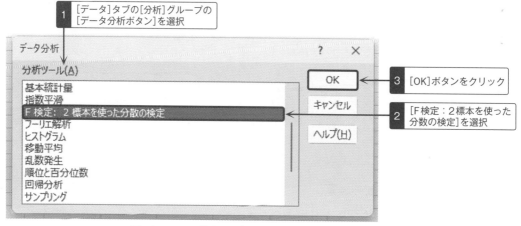

図10-28 F検定：2標本を使った分散の検定を選択

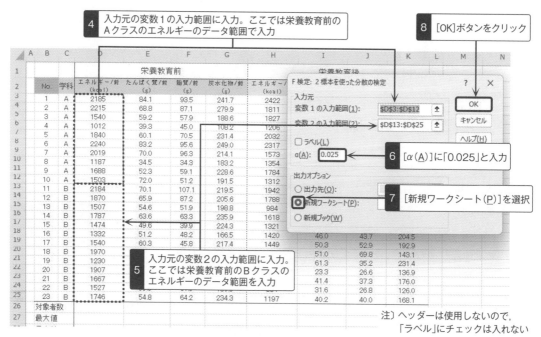

図10-29 F検定：2標本を使った分散の検定のダイアログボックス

	変数1	変数2
平均	1742.9	1672.384615
分散	188452.5444	73328.58974
観測数	10	13
自由度	9	12
観測された分散比	2.569973664	
P(F<=f) 片側	0.064983982	
F 境界値 片側	3.435845642	

図10-30　F検定：2標本を使った分散の検定の結果

Aクラス（変数1）のエネルギー摂取量の分散は約 188453 kcal^2，一方Bクラス（変数2）のエネルギー摂取量の分散は約 73329 kcal^2 である。ここで自由度はA，B両クラスの観測数を n_1, n_2 とすると，「$n_1 - 1 = 10 - 1 = 9$」，「$n_2 - 1 = 13 - 1 = 12$」となる。統計量である分散比は約2.57で$\alpha = 0.025$のときのF境界値片側3.44と比較すると図10-32に示すように分散比＜F境界値（両側$\alpha = 0.05$）である。すなわち，このような比が出ることは5％よりも多い。したがって偶然でも起こり得る分散比と判断して，帰無仮説を捨てない（棄却しない）。

結論は，Aクラスのエネルギー摂取量の分散とBクラスのエネルギー摂取量の分散は等しいとみなす。

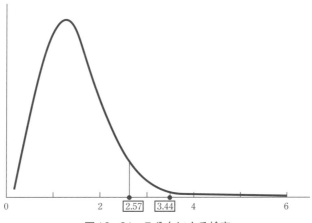

図10-31　F分布による検定

② AおよびBクラスの栄養教育前たんぱく質摂取量の分散の検定

①と同じくF検定：2標本を使った分散の検定を選択（図10-32），同じ要領で，栄養教育前のAクラスとBクラスのたんぱく質に関してF検定を行う。

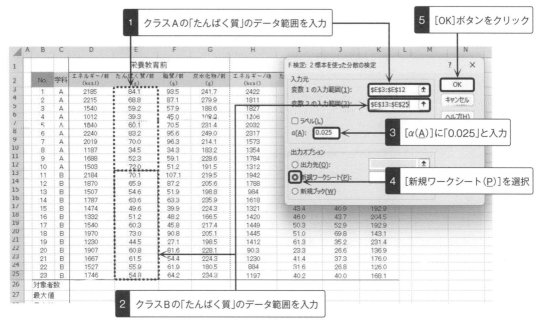

図10-32　F検定：2標本を使った分散の検定のダイアログボックス

	変数1	変数2
平均	62.35	58.90769231
分散	280.4383333	67.0924359
観測数	10	13
自由度	9	12
観測された分散比	4.179880035	
P(F<=f) 片側	0.012084267	
F 境界値 片側	3.435845642	

図10-33　F検定：2標本を使った分散の検定の結果

　Aクラスのたんぱく質摂取量の分散は$280.4g^2$，一方Bクラスのたんぱく質摂取量の分散は$67.1g^2$である。ここで自由度はA，B両群の観測数をn_1，n_2とすると，「$n_1-1=10-1=9$」，「$n_2-1=13-1=12$」である。統計量である分散比は4.18で$\alpha=0.025$のときのF境界値3.44と比較すると，分散比＞F境界値（両側$\alpha=0.05$）である。すなわち，このような比がでることは5％よりも少ない。したがって偶然では起こり得ない分散比と判断して，帰無仮説を捨て（棄却し）対立仮説を採る（採択する）。

　結論は，Aクラスのたんぱく質摂取量の分散とBクラスのたんぱく質摂取量の分散は等しくないとみなす。

（3） 等分散を仮定した2標本による平均値の検定

エネルギー摂取量の分散はクラスAとBで差がなく，等分散の2標本であることが上述で示された。そこで，2標本の平均値の差の検定を「等分散を仮定したt検定」を用いて行う。

帰無仮説は，H0：A，B両クラスでエネルギーの平均摂取量に差がない。

対立仮説は，H1：A，B両クラスでエネルギーの平均摂取量に差がある。

有意水準は5％，すなわち $α = 0.05$ とする。

課題G 栄養教育前エネルギー摂取量について，クラスAとクラスBで平均値に差があるか否かを検定しなさい。

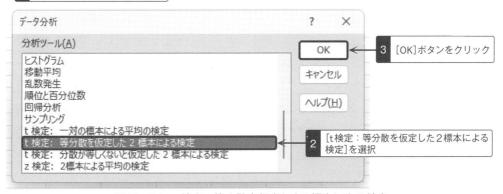

図10-34　t検定：等分散を仮定した2標本による検定

図10-35　t検定：等分散を仮定した2標本による検定のダイアログボックス

	変数 1	変数 2
平均	1742.9	1672.384615
分散	188452.5444	73328.58974
観測数	10	13
プールされた分散	122667.4275	
仮説平均との差異	0	
自由度	21	
t	0.478659859	
P(T<=t) 片側	0.318563306	
t 境界値 片側	1.720742903	
P(T<=t) 両側	0.637126612	
t 境界値 両側	2.079613845	

図10-36　t検定：等分散を仮定した2標本による検定の結果

　等分散を仮定した2標本による検定は，スチューデントのt検定(Student'st-test)ともよばれる。これは，1908年に統計学者のウィリアム・ゴセットがスチューデントというペンネームで論文を発表したことに由来する。

　変数1(クラスA)のエネルギーの平均摂取量は1742.9kcal，変数2(クラスB)のエネルギーの平均摂取量は約1672.4kcalである。自由度はそれぞれの観測数-1を合計した値となるので，(10-1)+(13-1)=9+12=21となる。対立仮説を両クラスの平均値に差があるとした場合両側検定となる。t統計量の値は0.479で，tの境界値両側は，2.08であるから，t統計量＜境界値となる。すなわち，このような差がでることはA，B両群の平均値が等しいという仮説の下ではしばしば起こることで5％よりも高い確率，すなわち0.64(約64％)の確率で起こる事象である。

　したがって帰無仮説を採り(採択し)対立仮説を捨てる(棄却する)。結論は，AクラスのエネルギーA平均摂取量とBクラスのエネルギー平均摂取量は差があるとはいえないとなる。なお，プールされた分散とは，クラスAとBの両群を合算した分散であり，次式で計算される。

　プールされた分散=(Aクラス自由度×Aクラス分散+Bクラス自由度×Bクラス分散)÷全体自由度=((10-1)*188452.5+(13-1)*73328.59)/21=122667.4

　t統計量は，
　(両群の平均値の差)÷$\sqrt{プールされた分散×(1/Aクラス観測数+1/Bクラス観測数)}$
　=(1742.9-1672.385)/sqrt(122667.4*(1/10+1/13)≒0.48
となる。

(4) 分散が等しくないと仮定した2標本による検定

　クラスAのたんぱく質摂取量の分散とクラスBのたんぱく質摂取量の分散は等しくないことが上述で示された。そこで，2標本の平均値の差の検定を「t検定：分散が等しくないと仮定した2標本による検定」を用いて行う。

帰無仮説は，H_0：A，B両クラスでたんぱく質の平均摂取量に差がない。対立仮説は，H_1：A，B両クラスでたんぱく質の平均摂取量に差がある。有意水準は5％，すなわち$\alpha = 0.05$とする。

どちらの集団の母平均が大きいかを既存の知見から仮定できない場合は，通常両側検定とする。

課題H 栄養教育前のたんぱく質摂取量について，クラスAとクラスBで平均値に差があるか否かを検定しなさい。

図10-37 t検定：分散が等しくないと仮定した2標本による検定を選択

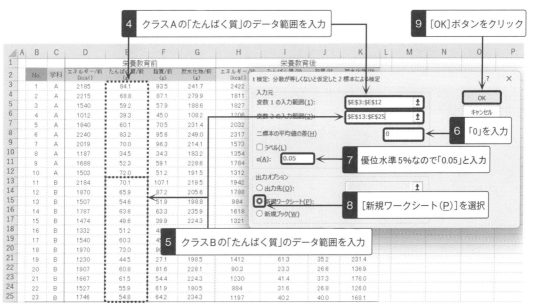

図10-38 t検定：分散が等しくないと仮定した2標本による検定のダイアログボックス

	変数1	変数2
平均	62.35	58.90769231
分散	280.4383333	67.0924359
観測数	10	13
仮説平均との差異	0	
自由度	12	
t	0.59737813	
P(T<=t) 片側	0.280679174	
t 境界値 片側	1.782287556	
P(T<=t) 両側	0.561358348	
t 境界値 両側	2.17881283	

図10-39　t検定：分散が等しくないと仮定した2標本による検定の結果

　等分散性が仮定できない場合の平均値の差の検定は，ウェルチのt検定とよばれる検定が行われる。計算方法はスチューデントのt検定とほとんど同じだが，t統計量と自由度を求める計算式が異なる。t統計量は

(両群の平均値の差) ÷ $\sqrt{クラスAの分散/クラスA観測数+クラスBの分散/クラスB観測数}$

　= (62.35 − 58.91)/sqrt(280.44/10 + 67.09/13) = 0.597

となる。対立仮説はクラスAのたんぱく質平均摂取量がクラスBの平均摂取量と差があるとした両側検定となる。t統計量の値は0.597で，$\alpha = 0.05$のときのtの境界値両側は，2.179であるから，t統計量<境界値となる。すなわち，このような差がでることは5%よりも多く，実際の確率では0.561(約56.1%)で起こる。したがって偶然でも起こり得ると判断して，帰無仮説を捨てない(棄却しない)。

　結論は，クラスAのたんぱく質摂取量の平均はクラスBのたんぱく質摂取量の平均と差があるとはいえない。

10-4　2×2分割表の検定（関連性の検定）

> 例題：ダイエット用に開発されたサプリメントの効果を50人の女子大生で検証した。25人にはサプリメントを投与し，25人にはサプリメントを投与しなかった。サプリメント投与の有無以外，食事や運動などの環境は，50人皆同じものとした。50人のダイエット効果の結果が以下の表となる。
> 　サプリメントがダイエットに効果があったかどうかを検定しなさい。

表10-4　サプリメントとダイエットとの関連

サプリメント	ダイエット効果		
	あり	なし	計
投与あり	17	8	25
投与なし	17	8	25
計	27	23	50

⁑⁑⁑ダウンロード

　2つの質的変数の組み合わせにより集計した表を分割表といい，この2つの変数の関連や分布の差を検討することができる。各変数のカテゴリ数によって2×2分割表，R×C分割表，2×R分割表などという。分割表の検定はχ^2検定で行う。

　ここでは，2×2分割表に限定して，2項目間の関連の有無を検定するために，数式を用いてχ^2検定を行う。

表10-5　項目Aと項目Bの関連図

		項目B		
		あり	なし	計
項目A	あり	a	b	$a+b$
	なし	c	d	$c+d$
	計	$a+c$	$b+d$	$n(a+b+c+d)$

項目Aと項目Bとの間に関連性があるか否かを有意水準で検定するには，

　帰無仮説：項目Aと項目Bとには関連がない（独立である）

　対立仮説：項目Aと項目Bとには関連がある（独立でない）として，

$$\chi^2 = \frac{n(|ad-bc|-0.5n)^2}{(a+b)(c+d)(a+c)(b+d)} \quad \cdots\cdots(式1) \quad (ただし，-0.5nは連続性の補正の項)$$

を求める。

　オッズ比は　$(a*d)/(b*c)$　……(式2)

で求める。

自由度1の χ^2 分布の $100 \cdot \alpha$ パーセント点と比較して

$\chi^2 > 100 \cdot \alpha$ パーセント点なら H_0 を棄却し，H_1 を採択（有意である）

$\chi^2 \leqq 100 \cdot \alpha$ パーセント点なら H_0 を採択（有意でない）

と判断するか，

χ^2 より大きくなる確率（これを上側確率という）P 値を求めて

P 値 $< \alpha$ なら H_0 を棄却し，H_1 を採択（有意である）

P 値 $\geqq \alpha$ なら H_0 を採択（有意でない）と判断する。

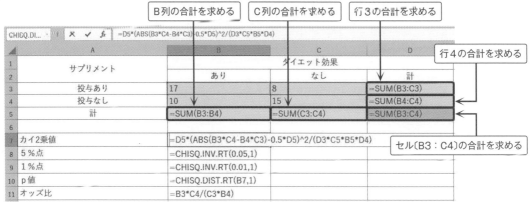

図10-40　数式を用いた χ^2 検定

<算出方法>

- カイ2乗値は，前述の式（式1）に当てはめて算出する。
- 5％点は，CHISQ.INV.RT 関数（確率0.05，自由度1）を用いて算出する。
- 1％点は，CHISQ.INV.RT 関数（確率0.01，自由度1）を用いて算出する。
- p値は，CHISQ.DIST.RT 関数（カイ2乗値，自由度1）を用いて算出する。
- オッズ比は，前述の式（式2）に当てはめて算出する。

図10-41　数式を用いた χ^2 検定結果

図10-44から，$\chi^2 = 2.899 < 3.841$ となり，確率5％で検定すると「有意でない」すなわち「ダイエット用に開発されたサプリメントとダイエット効果との間には関連があるとはいえない」ことがわかる。

これは，P 値 $= 0.089 > 0.05$ であることと同じ意味である。

「オッズ比」とは2項目(この場合，サプリメントとダイエット効果との)間の関係の強さを示す指標であり，この値が1より大であれば，「サプリメント投与」と「ダイエット効果」との間に関連があることを示し，オッズ比＝1の場合は2項目間に関連がないことを示す。一般的にオッズ比は「相対危険」に近似することが知られているので，今回の結果からは，サプリメントを投与すると投与しないより3.188倍ダイエット効果があると解釈してよい。
　しかし，オッズ比は3.188であったが，検定結果では「有意でない」のでこの値は偶然1より大きくなったと判断することになる。
すなわち関連性の検定は，
　帰無仮説 H_0：オッズ比＝1である
　対立仮説 H_1：オッズ比＞1または＜1である
と設定しても上述の仮説の設定と同じである。
　パーセント点を求める関数と確率を求める関数を標準正規分布，t分布，χ^2分布について表10-6に示す。両者は逆関数の関係にある。

表10-6　分布の種類によって用いられる関数

	パーセント点を求める関数	分布の確率を求める関数
標準正規分布	NORM.S.INV (確率)	NORM.S.DIST (Z値)
t分布	T.INV (確率，自由度)…左側 T.INV.RT (確率，自由度)…両側	T.DIST (t値，自由度，関数形式)…左側 T.DIST.2T (t値，自由度，関数形式)…両側 T.DIST.RT (t値，自由度，関数形式)…右側
χ^2分布	CHISQ.INV (確率，自由度)…左側 CHISQ.INV.RT (確率，自由度)…右側	CHISQ.DIST (χ^2値，自由度，関数形式)…左側 CHISQ.DIST.RT (χ^2値，自由度)…右側

Chapter 11 データ集計とピボットテーブル

11-1　ピボットテーブル

Study Point
- ピボットテーブルとは
- ピボットテーブルの作成
- 計算の種類
- 数値のグループ化
- ピボットテーブルのコピー

> 例題：小学生を対象に行った「食行動アンケート調査」の結果（図11-1）をもとに，課題A～Gの課題を行ってみよう。

課題A
1. アンケートシートのデータをもとに表をテーブルに変換しなさい。
2. 「アンケート調査の結果」をもとに，図11-24に示すピボットテーブルを作成する。行に「Q10性別」，列に「Q7食事の前後にあいさつするか」を配置して該当人数を集計しなさい。
3. A-②と同様の集計をダミー文字列を使って行いなさい。

課題B　「Q10性別」，「Q7食事の前後にあいさつするか」別の該当人数を％表記に変更しなさい。

課題C　「Q10性別」，「Q7食事の前後にあいさつするか」別の該当人数と％を並べて表記しなさい。

課題D　「Q10性別」，「Q7食事の前後にあいさつするか」別，「Q12祖父母同居の有無」別の3次元クロス集計をしなさい。

課題E　行を性別，列を学年別とし，体重の平均値の表を作成しなさい。

課題F　行を体重，列を性別とし，学年別人数を集計しなさい。

課題G　「Q10性別」，「Q7食事の前後にあいさつするか」別，「Q12祖父母同居の有無」別の3次クロス集計をし，別のシートに貼り付けなさい。

●食行動アンケート調査　＊　＊　＊　＊　＊　＊　＊　＊　＊　＊

Q.1　だれか（例えば　お母さん）といっしょに，買い物にどのくらい行きますか。（1つだけ）

| 1. ひじょうによく行く　2. まあまあ行く　3. どちらともいえない
| 4. あまり行かない　　　5. まったく行かない |

Q.2　だれかにたのまれて買い物へ行きますか。（1つだけ）

| 1. ひじょうによく行く　2. まあまあ行く　3. どちらともいえない
| 4. あまり行かない　　　5. まったく行かない |

Q.3 食事づくりのお手伝いやじゅんびは，どのくらいしますか。(1つだけ)

1. ひじょうによく行く　2. まあまあ行く　3. どちらともいえない
4. あまり行かない　　　5. まったく行かない

Q.4 包丁や火をつかって，何かの料理をつくることができますか。(1つだけ)

1. できる　2. どちらでもない　3. できない

Q.5 買い物へ行ったときに，食べものの日づけ(賞味期限，消費期限)を気にして選びますか。

1. 気にする　2. どちらでもない　3. 気にしない

Q.6 食事のときに，食器や料理などを運んで並べるお手伝いはしますか。(1つだけ)

1. よくする　2. たまにする　3. しないことのほうが多い　4. しない

Q.7 食事の前と後にあいさつ(「いただきます」，「ごちそうさま」など)をいつもしていますか。

(1つだけ)

1. いつもしている　2. たまにしている　3. めったにしない　4. まったくしない

Q.8 「おはし」の使い方を教えてもらったことがありますか。

1. ある　2. ない

Q.9 あなたの学年

1. 5年生　2. 6年生

Q.10 あなたの性別

1. 男子　2. 女子

Q.11 きょうだい・しまい　がいますか。

1. いる　2. いない

Q.12 おじいさん・おばあさんと一緒にくらしていますか。

1. くらしている　2. くらしていない

Q.13 あなたの体重は

kg

NO	Q1 だれかと一緒に買い物へ行く頻度	Q2 だれかに頼まれて買い物へ行くか	Q3 食事づくりの手伝い程度	Q4 包丁・火を使って料理を作れるか	Q5 買物時に食品表示を気にするか	Q6 食事時に手伝いをするか	Q7 食事の前後にあいさつするか	Q8 「はし」の持ち方を教えてもらったか	Q9 学年	Q10 性別	Q11 兄弟の有無	Q12 祖父母同居の有無	Q13 体重kg
1	5	2	1	1	3	4	1	2	1	1	1	2	37.6
2	4	2	5	3	1	1	4	2	1	1	1	1	27.4
3	2	5	4	2	1	4	2	1	1	1	1	1	34.8
4	2	4	4	1	2	2	3	1	1	1	1	2	33.4
5	2	1	2	1	2	1	1	2	1	1	1	1	32.6
6	2	4	2	1	3	1	2	2	1	1	2	2	26.0
7	2	4	2	1	2	1	1	1	1	1	1	1	35.0
8	1	2	2	1	1	1	1	1	1	2	1	1	26.0
9	1	4	2	1	2	3	3	2	1	1	1	1	30.4
10	1	5	2	2	1	1	1	1	1	1	1	1	32.4
11	2	2	4	2	1	1	2	2	1	1	1	1	31.4
12	5	5	2	1	1	1	1	1	1	1	1	2	37.0
13	4	5	3	1	3	3	1	1	1	1	1	1	29.8
14	1	2	1	1	1	1	1	1	1	1	1	1	52.8
15	2	3	5	1	1	3	1	1	1	1	1	1	24.6
16	3	5	3	2	3	2	2	1	1	1	1	1	50.2
17	1	5	2	2	1	1	1	1	1	1	2	2	40.8
18	2	4	3	1	1	2	2	1	1	2	2	1	21.0
19	2	2	2	2	3	3	2	2	1	1	1	1	26.0
20	1	3	1	2	1	1	1	1	1	1	1	1	37.0
21	2	4	1	1	2	1	2	1	1	2	1	1	20.4
22	4	5	2	1	2	1	2	1	1	1	1	1	22.8
23	2	5	2	1	1	2	2	1	1	2	1	2	40.4
24	2	2	2	1	3	2	1	1	1	1	1	1	24.6
25	3	4	4	2	2	3	1	2	1	1	1	1	39.6
26	2	4	5	2	1	3	2	1	1	2	1	1	26.6
27	1	5	3	1	1	1	2	1	1	2	1	1	43.6
28	1	1	4	1	1	2	2	1	1	2	1	1	35.8
29	2	4	4	1	2	3	2	1	1	2	1	1	25.4
30	2	4	2	1	3	2	1	1	2	2	1	1	24.6
31	2	1	2	1	3	1	1	2	2	1	1	1	26.4
32	2	5	5	3	3	3	2	2	2	1	1	2	31.2
33	2	5	2	1	2	2	1	1	2	1	1	1	29.8
34	4	5	2	1	1	1	2	1	2	1	1	1	31.0
35	4	5	2	1	1	1	3	3	1	2	2	1	26.6
36	2	4	2	1	1	1	2	1	1	2	2	1	27.8
37	2	2	3	2	3	1	1	1	1	2	1	1	39.0
38	2	4	2	1	1	2	2	1	1	2	1	2	42.2
39	2	4	2	1	3	1	1	2	2	1	1	2	34.8
40	2	3	3	2	1	2	2	1	2	1	1	2	42.4
41	1	4	1	1	1	1	4	1	2	1	1	2	42.6
42	2	5	4	1	1	1	2	1	2	1	1	2	26.6
43	1	5	4	1	3	3	1	2	2	2	1	1	30.0
44	2	5	2	1	2	1	1	1	2	1	1	1	21.2
45	2	5	1	2	2	1	4	2	2	1	1	1	34.8
46	1	2	2	1	3	2	2	2	2	1	1	1	21.8
47	2	4	1	1	2	1	1	1	1	2	1	1	20.8
48	2	2	2	1	1	1	2	2	1	2	2	2	48.0
49	2	2	2	1	2	2	2	1	2	1	1	1	30.0
50	2	5	2	1	1	1	1	1	2	2	1	1	30.0
51	1	2	2	1	1	1	1	1	2	1	2	1	20.0
52	2	4	2	1	1	2	1	2	2	2	1	2	20.0
53	1	2	4	1	1	2	1	2	2	2	1	2	30.0

図11-1　アンケート調査の結果

11-2　ピボットテーブルとは

「ピボットテーブル」とは「ピボット＝回転」できる「テーブル＝表」という意味で，集計項目を回転するように入れ替えて，分析の視点を変えることができる表のことである。

EXCELの「ピボットテーブル」を使用すると，マウス操作により，大量のデータを簡単に，単純・クロスの集計・比較，抽出・分類・集計・並べ替えなどデータ分析を行うことができる。また，ピボットグラフにより，データの視覚化も簡単に行うことができる。

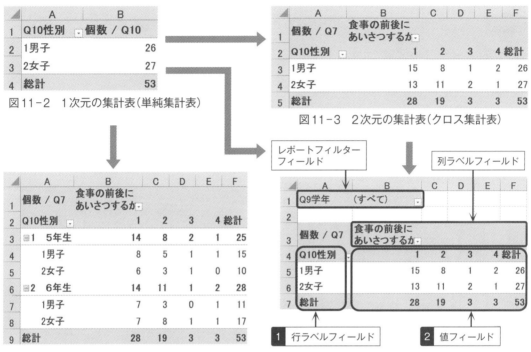

図11-2　1次元の集計表(単純集計表)

図11-3　2次元の集計表(クロス集計表)

図11-4　2階層の集計表

図11-5　ピボットテーブルの構成要素／3次元の集計表

ピボットテーブルの構成要素は，データを表示する領域が

　レポートフィルターフィールド，行ラベルフィールド，列ラベルフィールド，値フィールド，の4種類ある。

また，ピボットテーブルは，行列のフィールドをどこに配置するかによって，

　1次元の集計表(単純集計表)，2次元の集計表(クロス集計表)，2階層の集計表，などを作成することができる。

1　ピボットテーブルの作成

ピボットテーブルのもとになる表の形態には，通常の表(図11-1)とテーブル(図11-8)の2種類がある。集計する表をあらかじめテーブル化しておくと，ピボットテーブルでの作業や，集計元の表にデータを追加するとテーブルが自動拡張し，新しい行にテーブルの書式や数式が適用され，操作がスムーズに行える。

課題A　1．アンケートシートのデータをもとに表をテーブルに変換しなさい。

（1）　表のテーブル変換

図11-6　[テーブル]ボタン

4 [テーブル作成]ダイアログボックスが表示される

図11-7　[テーブルの作成]ダイアログボックス

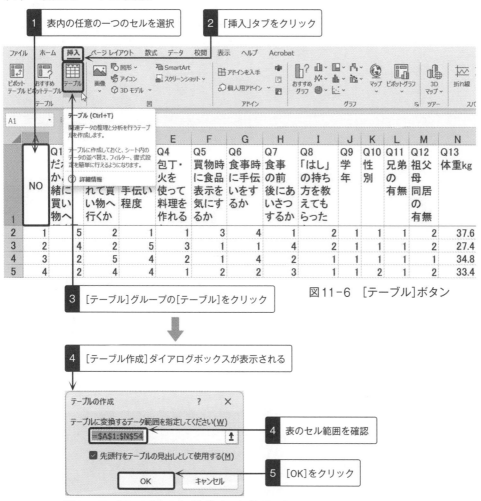

6 表がテーブルに変換され，縞模様が設定され，フィールド名のセルに ▼ が表示される

NO	Q1 だれかと一緒に買い物へ行く頻度	Q2 だれかに頼まれて買い物へ行くか	Q3 食事づくりの手伝い程度	Q4 包丁・火を使って料理を作れるか	Q5 買物時に食品表示を気にするか	Q6 食事時に手伝いをするか	Q7 食事の前後にあいさつするか	Q8 「はし」の持ち方を教えてもらったか	Q9 学年	Q10 性別	Q11 兄弟の有無	Q12 祖父母同居の有無	Q13 体重kg
1	5	2	1	1	3	4	1	2	1	1	1	2	37.6
2	4	2	5	3	1	1	4	2	1	1	1	2	27.4
3	2	5	4	2	1	4	2	1	1	1	1	1	34.8
4	2	4	4	1	2	2	3	1	1	2	1	2	33.4
5	2	2	2	1	2	2	1	1	1	1	1	1	32.6
6	2	1	2	1	3	1	2	1	1	1	1	1	26.0
7	2	2	2	1	1	1	1	1	1	1	1	1	35.0
8	1	2	2	1	1	1	1	1	1	2	1	1	26.0

注）テーブルを作成すると「テーブル1」「テーブル2」とテーブル名が自動設定されるので，必要に応じてわかりやすい名前に変えておくとよい。

図11-8　変換後のテーブル

（2）テーブル名の変更

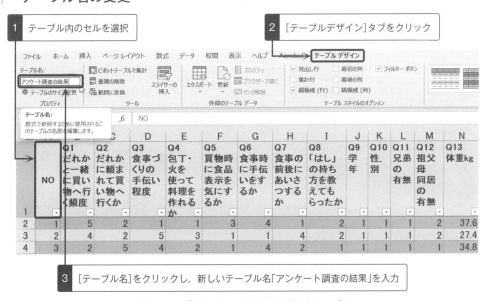

図11-9　「アンケート調査の結果」テーブル

解説 テーブルを元のセル範囲に戻す場合

セルの背景色や罫線などの書式はそのまま残る。

書式をクリアする場合は，先に［テーブルスタイル］グループの ▽ をクリックして，［クリア］をクリックしてから範囲の変換をする。

次に［テーブルデザイン］タブの［範囲に変換］をクリックし，「テーブルを標準の範囲に変換しますか」のダイアログボックスで［はい］をクリックする。

11-2　ピボットテーブルとは

課題A　2.「アンケート調査の結果」をもとに，図11-24に示すピボットテーブルを作成する。行に「Q10性別」，列に「Q7食事の前後にあいさつするか」を配置して該当人数を集計しなさい。

（1）ピボットテーブルの作成

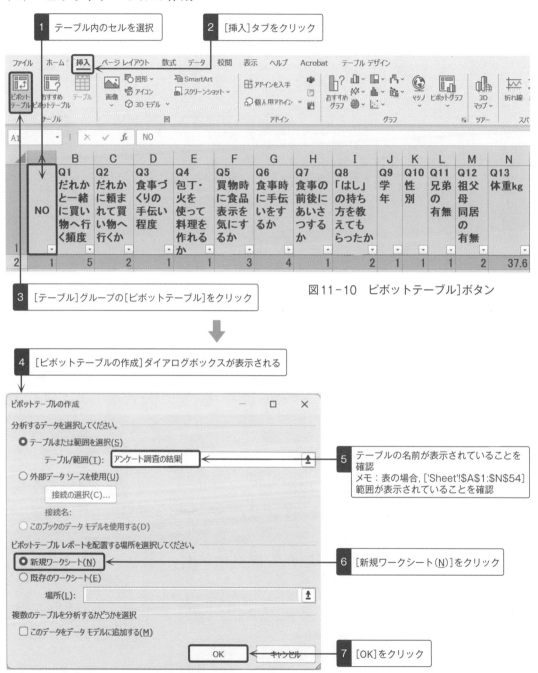

図11-10　［ピボットテーブル］ボタン

図11-11　［ピボットテーブルの作成］ダイアログボックス

226　Chapter 11　データ集計とピボットテーブル

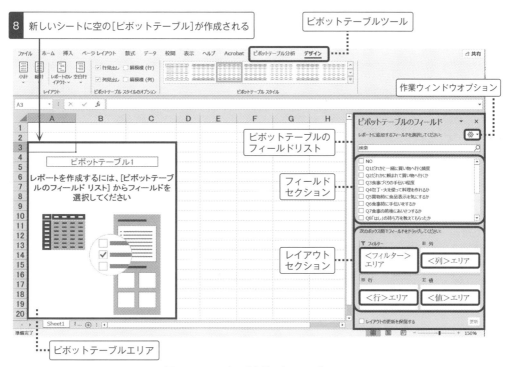

図11-12 空のピボットテーブル

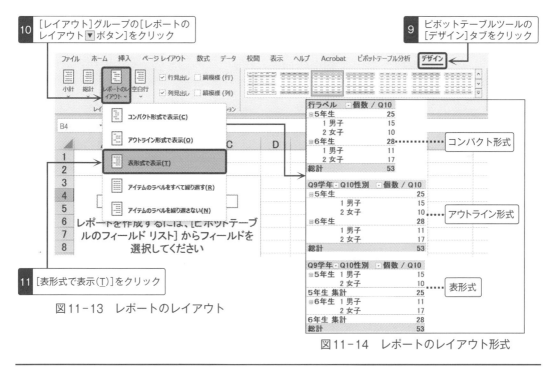

図11-13 レポートのレイアウト

図11-14 レポートのレイアウト形式

(解説) レポートのレイアウト

規定のレイアウトは「コンパクト形式」で，すべての行見出しがA列に表示され，階層の低い見出しは字下げで区別される。レイアウトを「アウトライン形式」や「表形式」に変更すると，行見出しが異なる列に表示されるので，階層がはっきりと区別できる。

（2）「フィールドリスト」ウィンドウの表示と非表示表示

① 「フィールドリスト」ウィンドウの表示

図11-15 「フィールドリスト」ウィンドウの表示

② 「フィールドリスト」ウィンドウの非表示

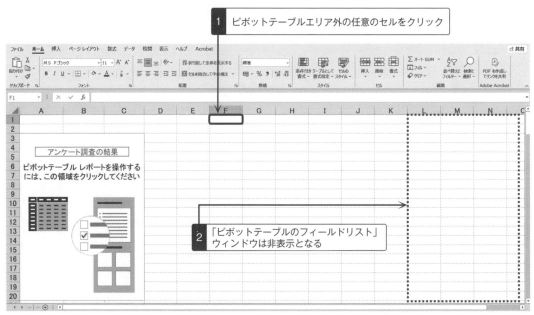

図11-16 「フィールドリスト」ウィンドウの非表示

注）ピボットテーブルの「フィールドリスト」を間違って ✕ を押してしまった場合，ピボットテーブルエリア内を選択し「ピボットテーブル分析」タブをクリックし，〔表示〕グループの「フィールドリスト」ボタンをクリックする。

（3） 2次元の集計表（クロス集計表）の作成

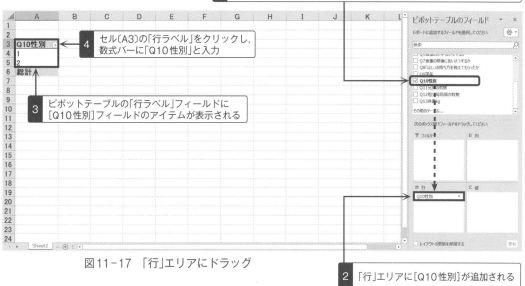

図11-17 「行」エリアにドラッグ

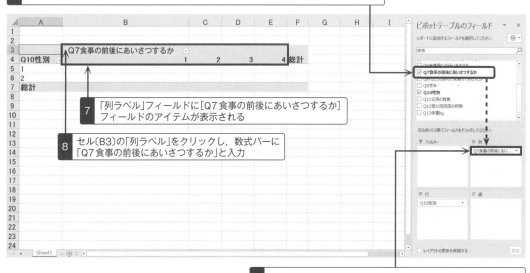

図11-18 「列」エリアにドラッグ

(解説) 2次元の集計表（クロス集計表）

　縦軸と横軸の両方に項目見出しを配置し，そのデータの個数や割合を集計した2次元の集計表をクロス集計表という。ピボットテーブルでは，「行」と「列」，「値」の3つのエリアにフィールドを配置すると，2次元の集計表になる。

　図11-24から，Q10性別「1」男子で，食事の前後にあいさつするか「1」（いつもしている）が15人，「4」（まったくしない）が2名，などの集計結果が出た。

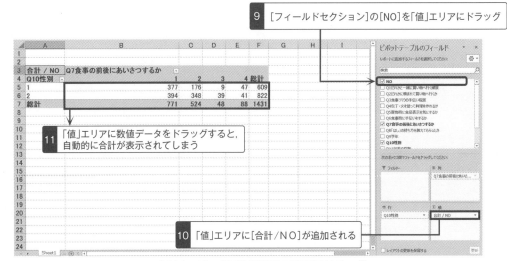

図11-19　[NO]を「値」エリアにドラッグ

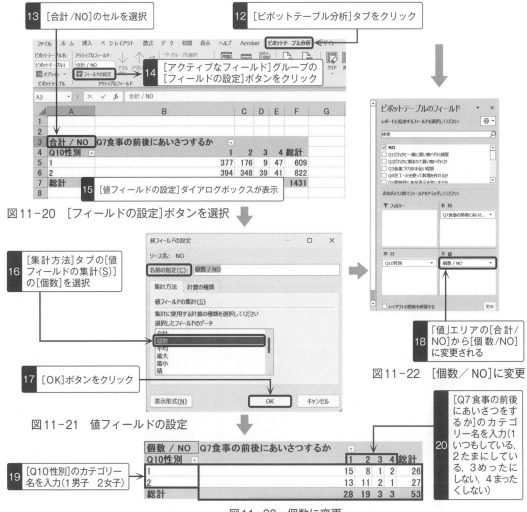

図11-20　[フィールドの設定]ボタンを選択

図11-21　値フィールドの設定

図11-22　[個数／NO]に変更

図11-23　個数に変更

個数 / NO	食事の前後にあいさつするか				
Q10性別	1いつもしている	2たまにしている	3めったにしない	4まったくしない	総計
1男子	15	8	1	2	26
2女子	13	11	2	1	27
総計	28	19	3	3	53

図11-24 課題Aの完成集計表

(4) ピボットテーブルのクリア

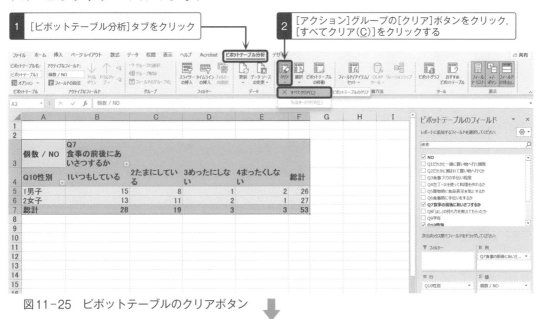

図11-25 ピボットテーブルのクリアボタン

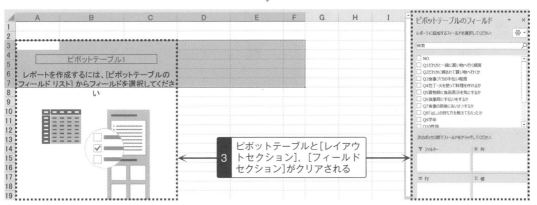

図11-26 ピボットテーブル,レイアウトセクション,フィールドセクションのクリア

(解説) 2次元の集計表(クロス集計表)

① カテゴリー名の入力

　行(男子,女子)や列(いつもしている,たまにしている,めったにしない,まったくしない)のカテゴリー名は「食行動アンケート調査」をみてピボットテーブル入力しておくとよい。

② クリア処理

　ピボットテーブルは,レイアウトセクションのフィールドをクリアすることによって,何回でも異なる集計に使うことができる。

（5）ダミー文字のデータ作成

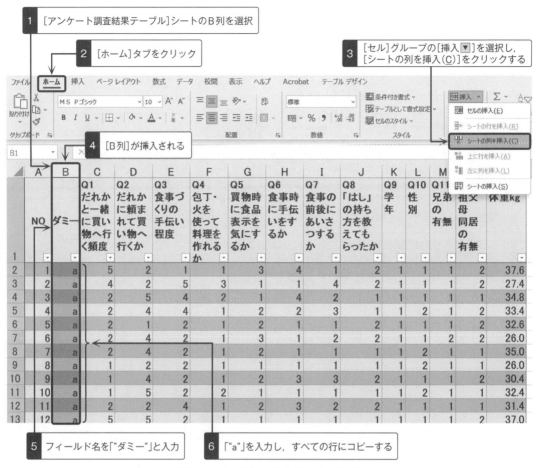

図11-27　ダミー文字データの作成

解説　ダミー文字（文字データ）

「データの個数」を求める場合，「数値データ」を入れると，そのつど「値フィールドの設定」が必要となる。ところが「文字データ」を入れると「データの個数」が集計される。したがって，あらかじめデータの個数を求めるためのダミーデータを作成しておくと便利である。

また，「文字データ」を使うこともできるが，生データは欠損値（空白セル）が含まれていることがある。欠損値があると正しく「データの個数」が集計されない。そのためにも欠損値のないダミー文字データを作成しておくとよい。3回のドラッグ作業で，クロス集計ができる。

フィールド名は他のフィールド名と重複しないようにする。文字データは文字であれば任意である。

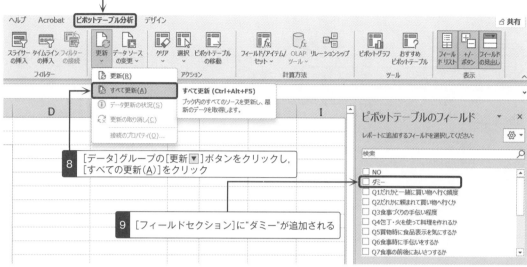

図11-28 データの更新/「ダミー」の追加

解説　ピボットテーブルの更新
　元のデータを修正した場合は，必ず更新が必要である。
　一度ピボットテーブルを作成してから表に列を追加する場合，集計元データがテーブルの場合と通常の表の場合とでは異なる。
　テーブルの場合は，「更新」の操作を行うだけで簡単に反映できる。
　表の場合は，先頭列の前または最終列の後ろに追加しても更新されない。挿入列は先頭列と最終列の間に挿入する。

課題A 3.「アンケート調査の結果」をもとに，図11-24に示すピボットテーブルを作成する。行に「Q10性別」，列に「Q7食事の前後にあいさつするか」を配置して該当人数の集計を，ダミー文字列を使って集計しなさい。

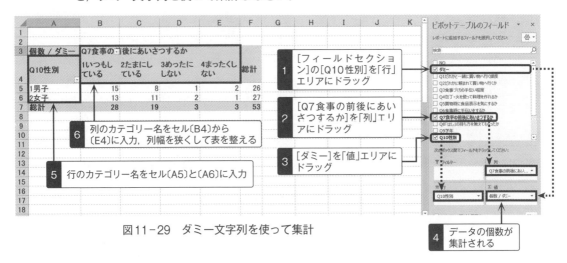

図11-29 ダミー文字列を使って集計

計算の種類

目的に応じて計算の種類を使い分ける。

計算の種類	説明
計算なし	集計方法で指定した計算結果をそのまま表示（初期設定）
総計に対する比率	総合計を100%とした比率を表示
列集計に対する比率	各列の総計をそれぞれ100%として，各列ごとに比率を表示
行集計に対する比率	各行の総計をそれぞれ100%として，各行ごとに比率を表示
基準値に対する比率	[基準フィールド]の[基準アイテム]で指定した値100%として，比率を表示
親行集計に対する比率	(アイテムの値)/(行の親アイテムの値)としての値。
親列集計に対する比率	(アイテムの値)/(列の親アイテムの値)としての値。
親集計に対する比率	(アイテムの値)/(選択された[基準フィールド]の親アイテムの値)としての値。
基準値との差分	[基準フィールド]の[基準アイテム]の値との差分を表示
基準値に対する比率の差	[基準フィールド]の[基準アイテム]の値に対する差分の比率として表示
累計	[基準フィールド]内の連続するアイテムの値の累計を表示
比率の累計	[基準フィールド]の連続するアイテムについて計算され，累計が比率として表示
昇順での順位	フィールドの値の小さい順の順位を表示
降順での順位	フィールドの値の大きい順の順位を表示
指数（インデックス）	((セルの値)×(総計))/((行の総計)×(列の総計))としての値。

11-3　計算の種類の変更

課題B　「Q10性別」、「Q7食事の前後にあいさつするか」別の該当人数を％表記に変更しなさい。

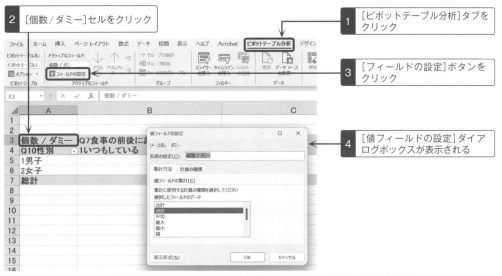

図11-30　[値フィールドの設定]ダイアログボックスの表示

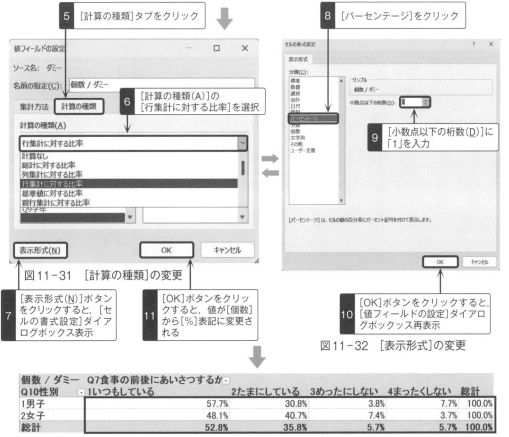

図11-31　[計算の種類]の変更

図11-32　[表示形式]の変更

図11-33　[個数]から「％」表記に変更

課題C 「Q10性別」,「Q7食事の前後にあいさつするか」別の該当人数と%を並べて表示しなさい。

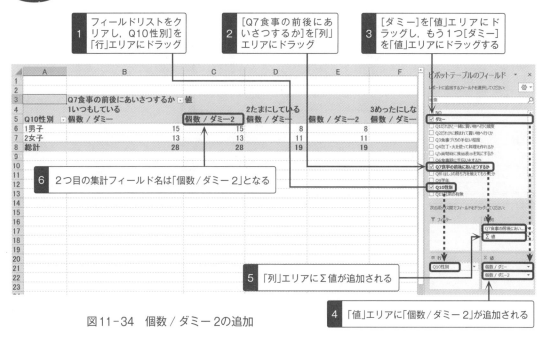

図11-34 個数／ダミー2の追加

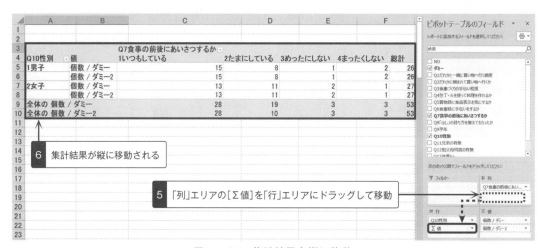

図11-35 集計結果を縦に移動

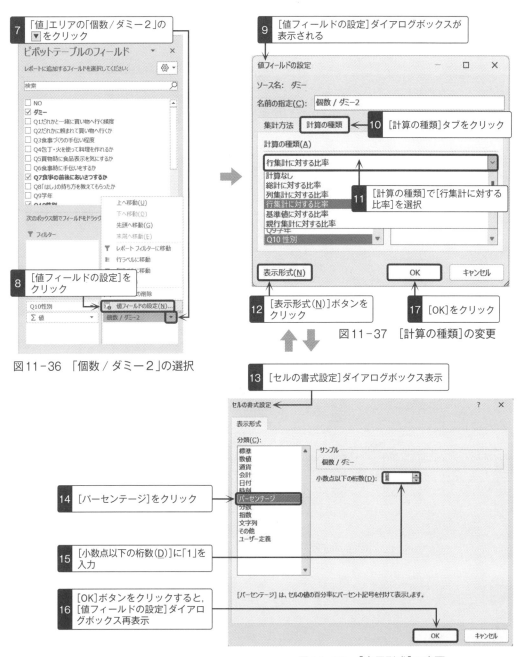

図11-36 「個数/ダミー2」の選択

図11-37 [計算の種類]の変更

図11-38 [表示形式]の変更

図11-39 データ数が「%」に変更

11-3 計算の種類の変更

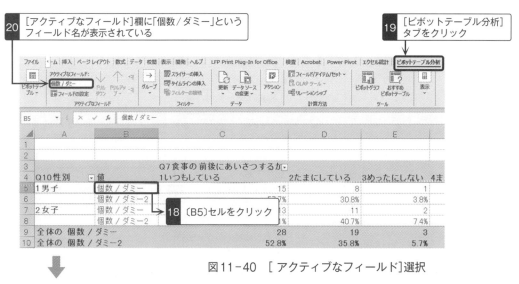

図11-40　[アクティブなフィールド]選択

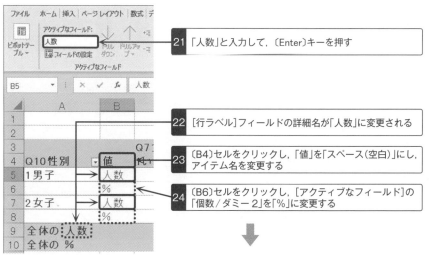

図11-41　アイテム名とフィールド名の変更

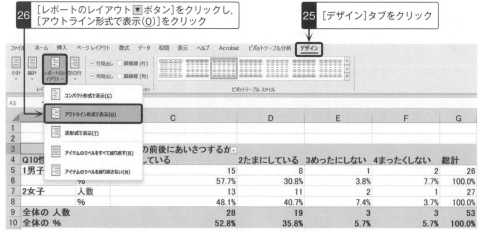

図11-42　アウトライン形式に変更

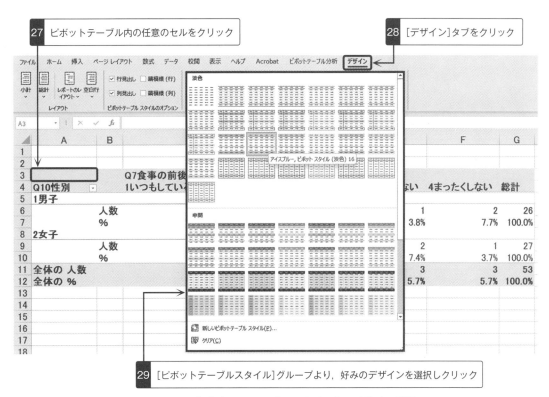

図11-43 [ピボットテーブルスタイル]のデザイン選択

Q10性別	Q7食事の前後にあいさつするか				
	1いつもしている	2たまにしている	3めったにしない	4まったくしない	総計
1男子					
人数	15	8	1	2	26
%	57.7%	30.8%	3.8%	7.7%	100.0%
2女子					
人数	13	11	2	1	27
%	48.1%	40.7%	7.4%	3.7%	100.0%
全体の 人数	28	19	3	3	53
全体の %	52.8%	35.8%	5.7%	5.7%	100.0%

図11-44 課題Cの集計表の完成

(解 説) ①フィールド名の変更

1つのセルの値を変更すると，他の行も同時に変更される。列幅は自動調整される。

課題D 「Q10性別」,「Q7食事の前後にあいさつするか」別,「Q12祖父母同居の有無」別の3次元クロス集計をしなさい。

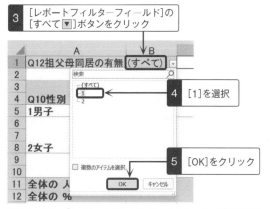

図11-45 祖父母の同居の有無別の集計

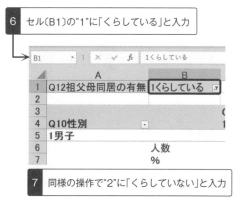

図11-46 [レポートフィルターフィールド]の選択　　図11-47 アイテム名の変更

図11-48 課題Dの集計表の完成

解説 集計方法

　ピボットテーブルでは,集計方法を選択することによって,データの数を集計するほかに,数値の合計,平均値,最大値,最小値などを求めることもできる。

課題E 行を性別，列を学年別とし，体重の平均値の表を作成しなさい。

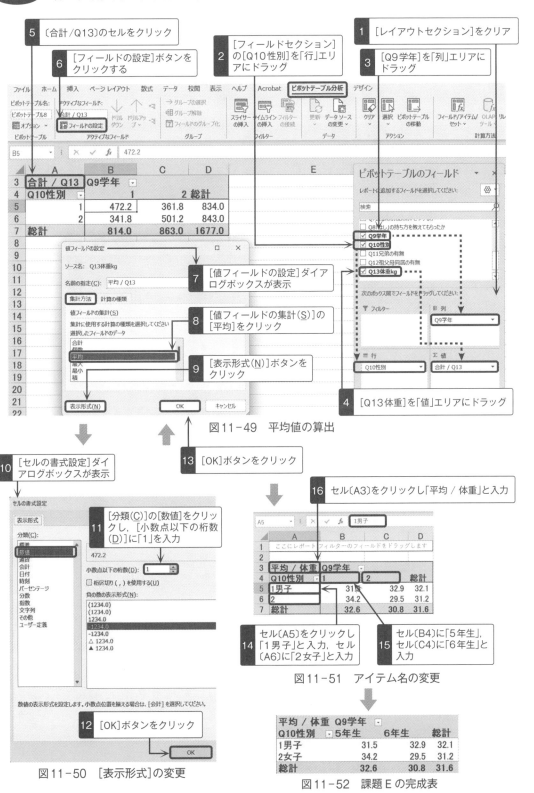

図11-49 平均値の算出
図11-50 [表示形式]の変更
図11-51 アイテム名の変更
図11-52 課題Eの完成表

11-3 計算の種類の変更 241

11-4　項目の変更と数値のグループ化

課題F　行を体重，列を性別とし，学年別人数を集計しなさい。

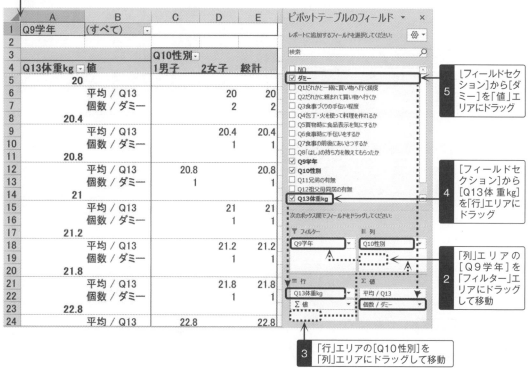

図11-53　フィールド項目の入れ替え

解説

① 項目の変更

　フィールドの一部を削除して，その他のフィールドを残しておくと，表の形式を統一して集計することができる。すなわち，フィールド「項目」を入れ替えるだけで，項目を変えて同じ形式の集計表を作成できる。

② フィールドの削除

　フィールドを削除するには，他に，エリア外にドラッグする，フィールドセクション上でフィールド名の先頭にあるチェックを外すという方法もある。

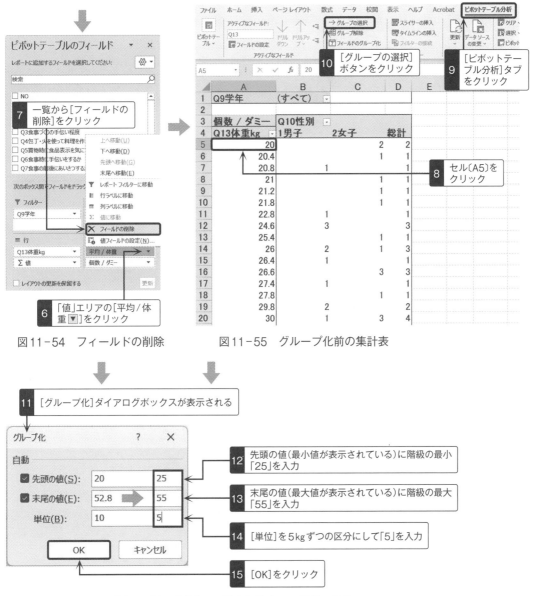

図11-54　フィールドの削除　　図11-55　グループ化前の集計表

図11-56　「グループ化」のダイアログボックス

(解説) 階級値の判定（未満と以上）

図11-60で最小の階級は「＜25」となっており，この階級には25kg未満がすべて入る。また次の階級25-30は，25kg以上30kg未満が入る。25kgの人はこの階級に入り，30kgの人は次の階級に入る。すなわち「未満」は，「その値を含まず，その値より小」という意味であり，「以上」は「その値に等しいかまたはその値を超える」という意味である。

11-4　項目の変更と数値のグループ化　　243

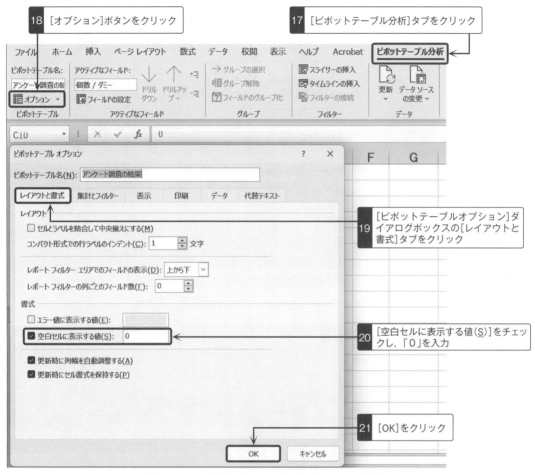

図11-57　ピボットテーブルオプションの設定

図11-58　課題Fの完成

注）空白セルに表示する値：初期状態では集計対象のデータがない場合，その集計値は空白セルとなる。これを「0」で表示したい場合は，［ピボットテーブルオプション］ダイアログボックス（図11-62）で設定を行う。

11-5 ピボットテーブルのコピー

課題G 「Q10性別」,「Q7食事の前後にあいさつするか」別,[Q12祖父母同居の有無]別の3次元クロス集計をし,別のシートに貼り付けなさい。

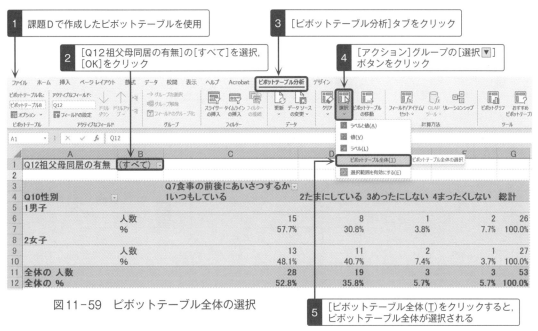

図11-59 ピボットテーブル全体の選択

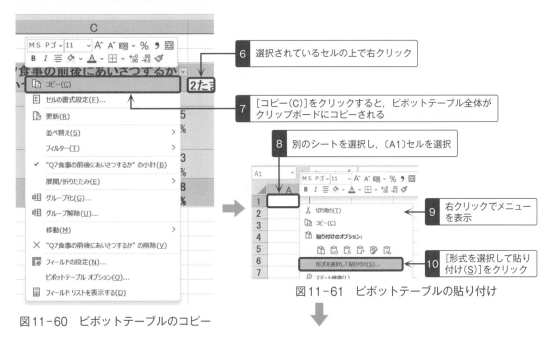

図11-60 ピボットテーブルのコピー

図11-61 ピボットテーブルの貼り付け

11-5 ピボットテーブルのコピー 245

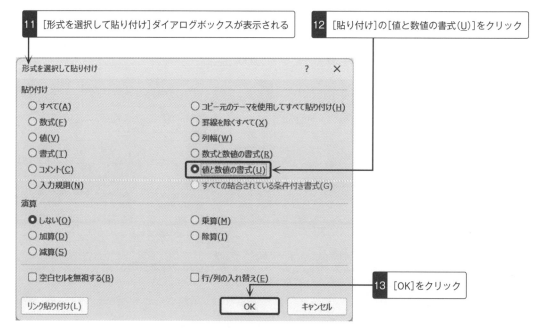

図11-62 貼り付け項目の選択

14 シートに貼り付けられる

	A	B	C	D	E	F	G
1	Q12祖父f(すべて)						
2							
3			Q7食事の前後にあいさつするか				
4	Q10性別		1いつもも	2たまにし	3めったに	4まったくし	総計
5	1男子						
6		人数	15	8	1	2	26
7		%	57.7%	30.8%	3.8%	7.7%	100.0%
8	2女子						
9		人数	13	11	2	1	27
10		%	48.1%	40.7%	7.4%	3.7%	100.0%
11	全体の	人数	28	19	3	3	53
12	全体の	%	52.8%	35.8%	5.7%	5.7%	100.0%

図11-63 貼り付け

15 以下同様に[1くらしている]の結果をコピーし，[すべて]の結果を貼り付けたシートと同じシートに貼り付け，[2くらしていない]の結果をコピーし，同じシートに貼り付ける。3次元クロス集計が貼り付けられる

解説 ピボットテーブルのコピー

　ピボットテーブルでは，別の集計を行うと前の集計結果は消えてしまう。そこで，集計結果を別のシートにコピーして，集計結果を残す。この方法ですべての集計結果をまとめることができる。

16 [ホーム]タブの[罫線]ボタンや[セルのスタイル]ボタンで表を整える。

	A	B	C	D	E	F	G
1	Q12祖父母同居の有無	(すべて)					
2							
3			Q7食事の前後にあいさつするか				
4	Q10性別		1いつもしている	2たまにしている	3めったにしない	4まったくしない	総計
5	1男子						
6		人数	15	8	1	2	26
7		%	57.7%	30.8%	3.8%	7.7%	100.0%
8	2女子						
9		人数	13	11	2	1	27
10		%	48.1%	40.7%	7.4%	3.7%	100.0%
11	全体の 人数		28	19	3	3	53
12	全体の %		52.8%	35.8%	5.7%	5.7%	100.0%
13							
14							
15	Q12祖父母同居の有無	1くらしている					
16							
17			Q7食事の前後にあいさつするか				
18	Q10性別		1いつもしている	2たまにしている	3めったにしない	4まったくしない	総計
19	1男子						
20		人数	8	5		1	14
21		%	57.1%	35.7%	0.0%	7.1%	100.0%
22	2女子						
23		人数	7	4	1		12
24		%	58.3%	33.3%	8.3%	0.0%	100.0%
25	全体の 人数		15	9	1	1	26
26	全体の %		57.7%	34.6%	3.8%	3.8%	100.0%
27							
28							
29	Q12祖父母同居の有無	2くらしていない					
30							
31			Q7食事の前後にあいさつするか				
32	Q10性別		1いつもしている	2たまにしている	3めったにしない	4まったくしない	総計
33	1男子						
34		人数	7	3	1	1	12
35		%	58.3%	25.0%	8.3%	8.3%	100.0%
36	2女子						
37		人数	6	7	1	1	15
38		%	40.0%	46.7%	6.7%	6.7%	100.0%
39	全体の 人数		13	10	2	2	27
40	全体の %		48.1%	37.0%	7.4%	7.4%	100.0%

図11-64　課題Gの完成表

Chapter 12 検索／行列／数学関数

Study Point
- マトリックス表を検索して該当する値を返すINDEX関数を理解する

12-1　INDEX関数

> 例題：第4章のBMI判定の表を使って，課題A～Cをやってみよう。なお，BMIの値が計算済みでボディータイプの表がすでに作成されているものとする。
> ボディータイプは体脂肪率とBMIの値を区分した図12-1に対応するものである。

課題A　BMIの右に「BMI区分」の1列を挿入し，BMI区分を判定する式を入力しなさい。

課題B　体脂肪率の右に「体脂肪率区分」の列を挿入し，体脂肪率区分を判定する式を入力しなさい。

課題C　BMI区分の右に「ボディータイプ」の列を挿入し，INDEX関数を利用してボディータイプを言葉で表示しなさい。

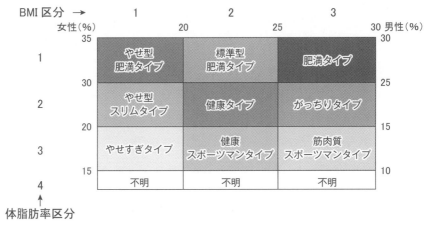

図12-1　ボディータイプ

1　INDEX関数の入力

　検索／行列関数は，表の中から検索条件と一致するセルの値やセルの位置を返す関数である。基本的にはどの関数も，必ず検索範囲と検索値を引数に指定する。

　INDEX関数は，＝INDEX（範囲，行番号，列番号）の書式で，行番号と列番号が交差する位置のセルの値を返す。行番号と列番号は，指定したセル範囲の上端行と左端列の番号を1として順に数えた数値を指定する。

課題A BMIの右に「BMI区分」の列を挿入し，BMI区分を判定する式を入力しなさい（第4章の課題Cと同様にIF関数をネストする）。

(1) BMI区分1を求める

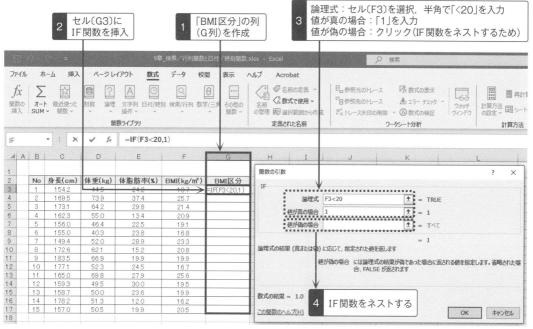

図12-2　BMI区分1の入力

⋯⋯⋯⋯ダウンロード

(2) BMI区分2，3を求める

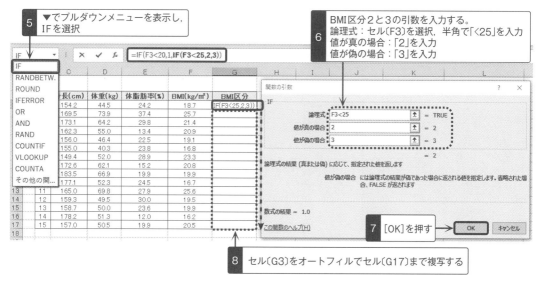

図12-3　BMI区分2と3の入力

12-1　INDEX関数　249

課題B 体脂肪率の右に「体脂肪率区分」の列を挿入し，体脂肪率区分を判定する式を入力しなさい。

（1） 体脂肪率区分1を求める

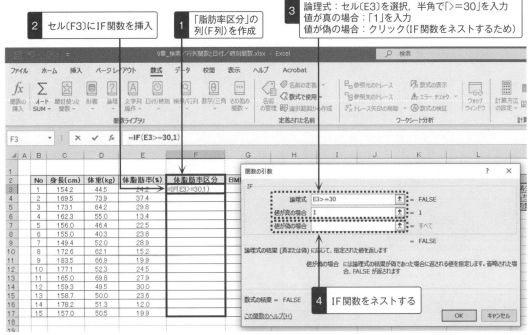

図12-4 体脂肪率区分1の入力

（2） 体脂肪率区分2, 3を求める

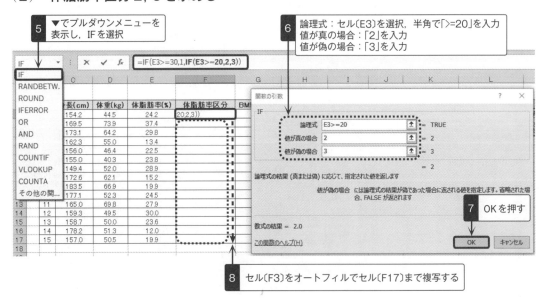

図12-5 体脂肪率区分2と3の入力

（3） 値が小数になっている場合は ←.0/.00 ボタンで整数表示にする

課題C BMI区分の右に「ボディータイプ」の列を挿入し，INDEX関数を利用してボディータイプを言葉で表示しなさい。

（1） INDEX関数の挿入

1. 「ボディータイプ」の列（I列）を作成し，セル〔I3〕にINDEX関数を挿入する
2. ［引数の選択］ダイアログボックスが表示されるので，［参照，行番号，列番号，領域番号］を選択してOKを押す
3. セル〔L3〕から〔N5〕を選択，［F4］キーを押す
4. 行番号：セル〔F3〕を選択
   列番号：セル〔H3〕を選択
   領域番号：「1」を入力
5. ［OK］を押す
6. セル〔I3〕をオートフィルでセル〔I17〕まで複写

図12-6 ［引数の選択］ダイアログボックス

図12-7 INDEX関数の引数

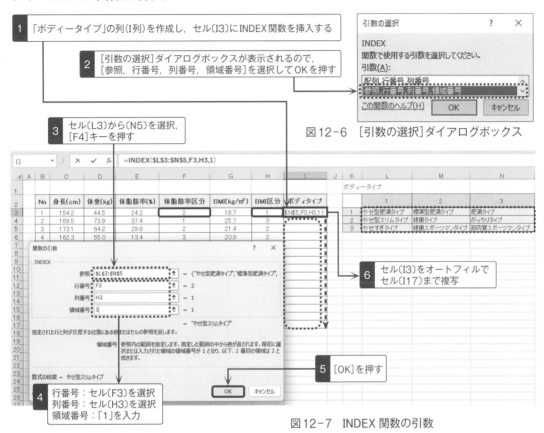

図12-8 完成表

Study Point
- 表を行方向(横方向)に検索して該当する値を返すHLOOKUP関数を理解する

12-2　HLOOKUP関数

例題：下図は，日本人の食事摂取基準(2025年版)のカルシウムの推奨量(recommended dietary allowance：RDA)である。課題Aをやってみよう。

	A	B	C	D	E	F	G	H	I	J	K	L	M
1													
2	カルシウム推奨量mg（日本人の食事摂取基準2025）												
3													
4			1～2	3～5	6～7	8～9	10～11	12～14	15～17	18～29	30～49	50～64	65～74	75～
5	年齢歳		1	3	6	8	10	12	15	18	30	50	65	75
6	男性：	1	450	600	600	650	700	1000	800	800	750	750	750	750
7	女性：	2	400	550	550	750	750	800	650	650	650	650	650	600

図12-9　カルシウムの推奨量の表

　　　　ダウンロード

課題A HLOOKUP関数を用いて，性別と年齢を入力し，カルシウムの推奨量を表示しなさい。

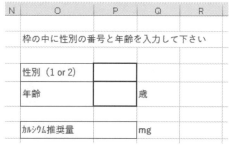

図12-10　性別と年齢に応じたカルシウムの推奨量を表示する表

HLOOKUP関数の入力

　HLOOKUP関数は範囲で指定した行の上端行を検索し，「検索値」と一致する値がある列と，行番号で指定した行とが交差する位置のセルの値を返す。

　検索する値が行方向に並んでいる場合に利用する。「検索値」をもとにした「検索方法」には，2通りの指定方法がある。

　① 0：「検索値」と一致する値を検索
　② 0以外：「検索値」と一致する値がない場合に，「検索値」未満の最大値を検索

　例えば年齢が20歳の場合，上端行[B5：M5]に一致する値がないので，検索の型(2)を考える。20歳は30未満であるが，上端行で30未満の最大値は18である。したがって，この列，すなわちJ列が選択される。参考までに4行目に年齢の幅を示した。

課題A HLOOKUP関数を用いて，性別と年齢を入力し，カルシウムの推奨量を表示しなさい。

(1) HLOOKUP関数の挿入

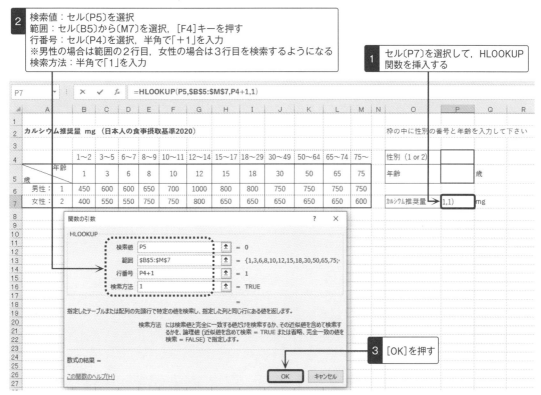

図12-11　HLOOKUP関数の引数

(2) カルシウム推奨量の検索

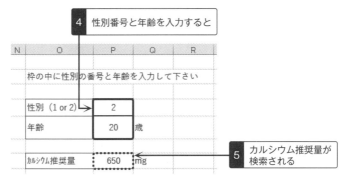

図12-12　カルシウム推奨量の表示(20歳の女性の場合)

(3) シート名を「HLOOKUP」に変更

Study Point
- 表を列方向(縦方向)に検索して該当する値を返す VLOOKUP 関数を理解する

12-3 VLOOKUP 関数

例題：下図に示すカルシウム食品テーブル(図12-13)と，カルシウム摂取量計算表(図12-14)を使って，課題 A～C をやってみよう。

課題A VLOOKUP 関数を用いて，カルシウム摂取量計算表に食品コードを入力すると食品名が表示されるようにしなさい。

課題B VLOOKUP 関数を用いて，食品摂取重量(g)を入力すると，カルシウム摂取量と可食部100gあたりのカルシウム量(mg)が表示される計算式を作成しなさい。

課題C 総カルシウム摂取量を集計しなさい。また HLOOKUP の結果を使ってカルシウム摂取量を評価しなさい。

	A	B	C	D
1				
2		カルシウム食品テーブル		
3		コード	食品	mg/100g
4		1	プロセスチーズ	630
5		2	カマンベールチーズ	460
6		3	アイスクリーム(普通脂肪)	140
7		4	牛乳(低脂肪乳)	130
8		5	アイスクリーム(高脂肪)	130
9		6	ソフトクリーム	130
10		7	ヨーグルト(全脂/無糖)	120
11		8	牛乳(普通)	110
12		9	油揚げ	300
13		10	がんもどき	270
14		11	厚揚げ/生揚げ	240
15		12	豆腐(焼き)	150
16		13	豆腐(木綿)	120
17		14	おから	100
18		15	納豆	90

図12-13 カルシウム食品テーブル

F	G	H	I	J
カルシウム摂取量計算表				
食品名	コード	摂取重量g	カルシウム摂取量 mg	mg/100g
		合計		

図12-14 カルシウム摂取量計算表

……ダウンロード

VLOOKUP関数の入力

VLOOKUP 関数は，検索範囲の左端列を検索し，検索値と一致した値がある行と，列番号で指定した列とが交差する位置のセルの値を返す。検索する値が列方向に並んでいる場合に利用する。

「検索値」をもとにした「検索方法」には HLOOKUP 関数と同様に2通りの方法がある。

VLOOKUP 関数は，VLOOKUP(検索値, 範囲, 列番号, 検索方法)の書式で，範囲には検索する表の範囲を指定する。

数式を利用して計算する場合は，セル参照がよく使われる。通常セル番地を利用して指定するが，セルやセル範囲に名前をつけて，その名前をセル番地の代わりに指定することができる。名前を付けたセルを数式で利用すれば，セル番地よりも数式の内容が分かりやすくなる。

セルに付ける名前には以下の制限がある。

　① セル番地と同じ名前(A1，B2など)は指定できない。
　② 名前にスペースを使うことはできない。

③ 先頭の文字に数字を使うときは，最初にアンダーバー「_」を入力する。
④ 名前に使用できる文字数は，半角で255文字まで。
⑤ 名前の大文字と小文字は区別されない。

課題A VLOOKUP関数を用いて，カルシウム摂取量計算表に食品コードを入力すると食品名が表示されるようにしなさい。

（1） カルシウム食品テーブルに名前をつける

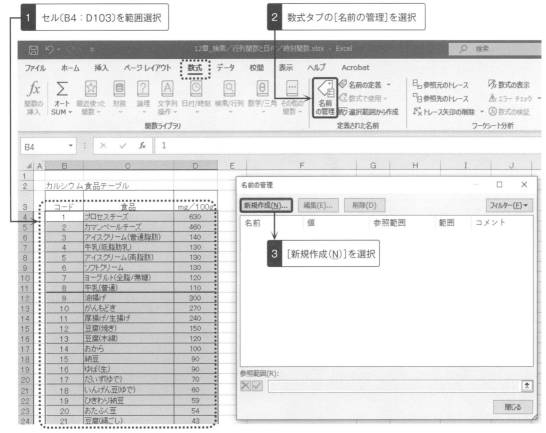

図12-15　名前の管理

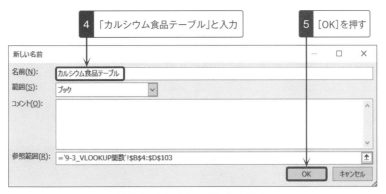

図12-16　テーブル名の入力

図12-17　名前の管理ダイアログボックス

（2）　IF 関数によるエラー処理

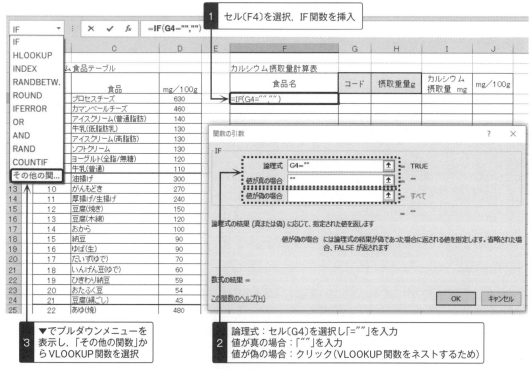

図12-18　IF 関数によるエラー処理

(3) VLOOKUP関数の引数入力

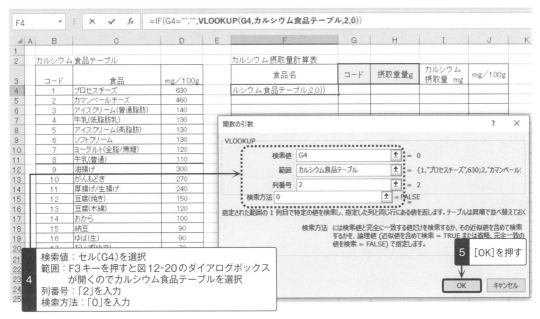

図12-19　VLOOKUP関数の引数

図12-20　名前の貼り付けダイアログボックス

(4) 数式バーの表示

図12-21　数式バーの表示

12-3　VLOOKUP関数

(5) 食品名表示の確認

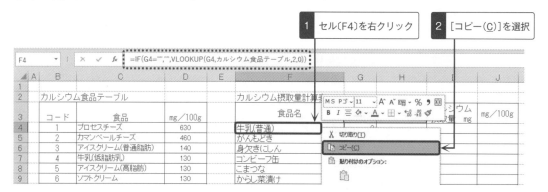

図12-22 食品名の表示

課題B VLOOKUP関数を用いて，食品摂取重量(g)を入力すると，カルシウム摂取量と可食部100gあたりのカルシウム量(mg)が表示される計算式を作成しなさい。

(1) 数式のコピー&ペースト

図12-23 数式のコピー&ペースト

（2） 数式バーでセル〔I4〕の数式修正

図12-24　セル〔I4〕の数式の修正

（3） 式の複写

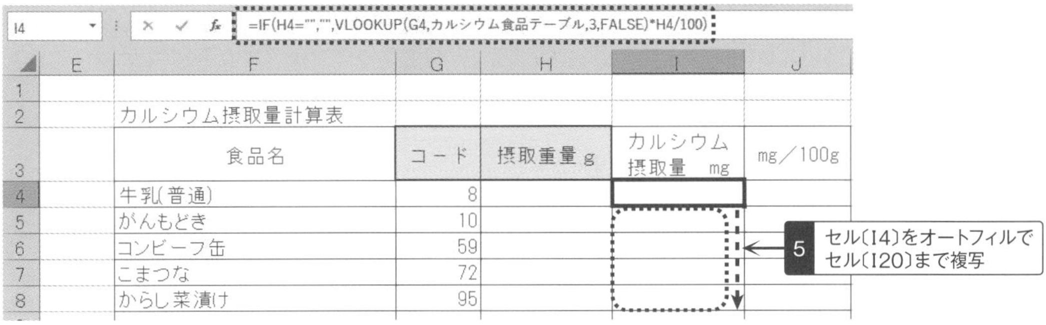

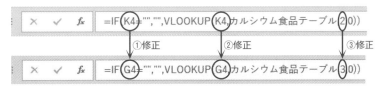

図12-25　セル〔I4〕の複写

（4） （1）の要領でセル〔F4〕の数式をセル〔J4〕にコピー&ペーストする。

（5） 数式バーでセル〔J4〕の数式を修正する。

図12-26　セル〔J4〕の数式の修正

（6） 式の複写

図12-27　セル〔I4〕の複写

（7） カルシウム摂取量と可食部100g当たりのカルシウム含有量表示の確認

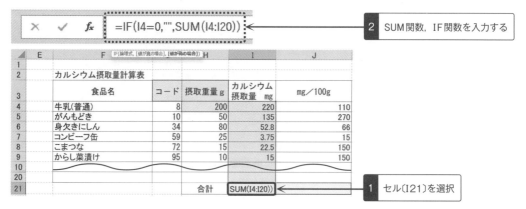

図12-28　カルシウム摂取量と含有量表示

（8） シート名を「VLOOKUP」に変更

課題C 総カルシウム摂取量を集計しなさい。またHLOOKUPシートの結果を使ってカルシウム摂取量を評価しなさい。

（1） カルシウム摂取量の合計を表示

図12-29　セル〔I21〕の数式バーの表示

SUM関数を使ってセル〔I21〕にカルシウム摂取量の合計を表示させる。このとき、セル〔I4〕にカルシウム摂取量が入力されていないとエラーが表示されるので、IF関数を使ってエラー処理をしておくこと。

解説　カルシウム摂取量の評価計算式

　セル〔J21〕にカルシウム摂取量の評価を表示させる。このとき、「HLOOKUP!P7」という表記を使うと「HLOOKUPシートのセル〔P7〕の値を参照する」という意味になる。
　したがってHLOOKUP!P7はカルシウムの推奨量、VLOOKUP!I21はカルシウム総摂取量の値を参照することになるので、推奨量と総摂取量の差を求めたとき、総摂取量の方が推奨量より多ければ「カルシウムはOKです」と表示し、少なければ不足分を「あと〇〇mg必要です」と表示させればよい。セル〔J21〕を数式バーに表示させると「=IF(I21="","", IF(HLOOKUP!P7-VLOOKUP!I21<=0,"カルシウムはOKです","あと"&ROUND(HLOOKUP!P7-VLOOKUP!I21,0)&"mg必要です"))」と表示される。

(2) カルシウム摂取量の評価

```
=IF(I21="","",IF(HLOOKUP!P7-VLOOKUP!I21<=0,"カルシウムはOKです","あと"&ROUND(HLOOKUP!P7-VLOOKUP!I21,0)&"mg必要です"))
```

	E	F	G	H	I	J
1						
2		カルシウム摂取量計算表				
3		食品名	コード	摂取重量 g	カルシウム 摂取量 mg	mg／100g
4		牛乳(普通)	8	200	220	110
5		がんもどき	10	50	135	270
6		身欠きにしん	34	80	52.8	66
7		コンビーフ缶	59	25	3.75	15
8		こまつな	72	15	22.5	150
9		からし菜漬け	95	10	15	150
10						
20						
21				合計	449	=IF(HLOOKUP関数!

2 IF関数を入力する(解説を参照)

1 セル〔J21〕を選択

図12-30 セル〔J21〕の数式バーの表示

F	G	H	I	J
カルシウム摂取量計算表				
食品名	コード	摂取重量 g	カルシウム 摂取量 mg	mg／100g
牛乳(普通)	8	200	220	110
がんもどき	10	50	135	270
身欠きにしん	34	80	52.8	66
コンビーフ缶	59	25	3.75	15
こまつな	72	15	22.5	150
からし菜漬け	95	10	15	150
		合計	449	あと201mg必要です

図12-31 カルシウム摂取量計算と評価

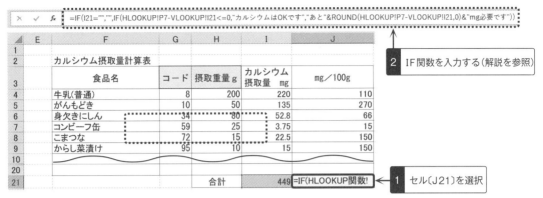

Study Point

- HYPERLINK 関数を使うと，セルをクリックしたときにインターネットのホームページにジャンプさせることができることを理解する。

12-4　HYPERLINK 関数

例題：インターネットを利用して，食や栄養に関連した情報を入手できると便利である。課題Aをやってみよう。

課題A　食や栄養に関連したホームページへのリンクを HYPERLINK 関数を使って設定しなさい。

	A	B	C	D
1	分野	発信者/内容	URL	ハイパーリンク
2	国・省庁	電子政府	https://www.e-gov.go.jp/	
3	国・省庁	厚生労働省	https://www.mhlw.go.jp/index.html	
4	国・省庁	日本年金機構	https://www.nenkin.go.jp/	
5	国・省庁	農林水産省	https://www.maff.go.jp/	
6	国・省庁	水産庁	https://www.jfa.maff.go.jp/	
7	国・省庁	文部科学省	https://www.mext.go.jp/	
8	独立行政法人	国立健康・栄養研究所	https://www.nibiohn.go.jp/eiken/	
9	独立行政法人	農研機構 食品研究部門	https://www.naro.go.jp/laboratory/nfri/index.html	
10	関連団体	健康・体力づくり事業財団	https://www.health-net.or.jp/	
11	関連団体	財団法人日本健康・栄養食品協会	https://www.jhnfa.org/	
12	関連団体	社団法人日本食品衛生協会	https://www.n-shokuei.jp/	
13	栄養職能団体	日本栄養士会	https://www.dietitian.or.jp/	
14	栄養職能団体	カナダ栄養士会	https://www.dietitians.ca/	
15	栄養職能団体	アメリカ栄養士会	https://www.eatright.org/	
16	栄養職能団体	オーストラリア栄養士会	https://dietitiansaustralia.org.au/	
17	特定非営利活動法人学会	日本栄養改善学会	https://jsnd.jp/	
18	学会	日本ビタミン学会	https://www.vitamin-society.jp/	
19	都道府県栄養士会	東京都栄養士会	https://www.tokyo-eiyo.or.jp/	
20	都道府県栄養士会	埼玉県栄養士会	https://www.saitamaken-eiyoushikai.or.jp/	

図12-32　ホームページリスト

・・・・・ダウンロード

図12-32のように，食や栄養に関するホームページを表に整理しておく。

HYPERLINK 関数の入力

課題A　食や栄養に関連したホームページへのリンクを HYPERLINK 関数を使って設定しなさい。

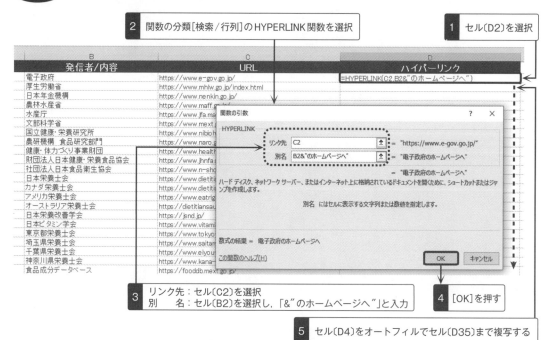

図12-33　HYPERLINK 関数の引数

	A	B	C	D
1	分野	発信者/内容	URL	ハイパーリンク
2	国・省庁	電子政府	https://www.e-gov.go.jp/	電子政府のホームページへ
3	国・省庁	厚生労働省	https://www.mhlw.go.jp/index.html	厚生労働省のホームページへ
4	国・省庁	日本年金機構	https://www.nenkin.go.jp/	日本年金機構のホームページへ
5	国・省庁	農林水産省	https://www.maff.go.jp/	農林水産省のホームページへ
6	国・省庁	水産庁	https://www.jfa.maff.go.jp/	水産庁のホームページへ
7	国・省庁	文部科学省	https://www.mext.go.jp/	文部科学省のホームページへ
8	独立行政法人	国立健康・栄養研究所	https://www.nibiohn.go.jp/eiken/	国立健康・栄養研究所のホームページへ
9	独立行政法人	農研機構 食品研究部門	https://www.naro.go.jp/laboratory/nfri/index.html	農研機構 食品研究部門のホームページへ
10	関連団体	健康・体力づくり事業財団	https://www.health-net.or.jp/	健康・体力づくり事業財団のホームページへ
11	関連団体	財団法人日本健康・栄養食品協会	https://www.jhnfa.org/	財団法人日本健康・栄養食品協会のホームページへ
12	関連団体	社団法人日本食品衛生協会	https://www.n-shokuei.jp/	社団法人日本食品衛生協会のホームページへ
13	栄養職能団体	日本栄養士会	https://www.dietitian.or.jp/	日本栄養士会のホームページへ
14	栄養職能団体	カナダ栄養士会	https://www.dietitians.ca/	カナダ栄養士会のホームページへ
15	栄養職能団体	アメリカ栄養士会	https://www.eatright.org/	アメリカ栄養士会のホームページへ
16	栄養職能団体	オーストラリア栄養士会	https://dietitiansaustralia.org.au/	オーストラリア栄養士会のホームページへ
17	特定非営利活動法人学会	日本栄養改善学会	https://jsnd.jp/	日本栄養改善学会のホームページへ
18	学会	日本ビタミン学会	https://www.vitamin-society.jp/	日本ビタミン学会のホームページへ
19	都道府県栄養士会	東京都栄養士会	https://www.tokyo-eiyo.or.jp/	東京都栄養士会のホームページへ
20	都道府県栄養士会	埼玉県栄養士会	https://www.saitamaken-eiyoushikai.or.jp/	埼玉県栄養士会のホームページへ
21	都道府県栄養士会	千葉県栄養士会	https://www.eiyou-chiba.or.jp/	千葉県栄養士会のホームページへ
22	都道府県栄養士会	神奈川県栄養士会	https://www.kana-eiyo.or.jp/	神奈川県栄養士会のホームページへ
23	食品成分	食品成分データベース	https://fooddb.mext.go.jp/	食品成分データベースのホームページへ
24	食品成分	食品栄養成分データベース	https://food-composition.info/	食品栄養成分データベースのホームページへ
25	食品成分	グリコ栄養成分ナビゲーター	https://jp.glico.com/navi/	グリコ栄養成分ナビゲーターのホームページへ
26	病院栄養管理	川崎市病院栄養管理部会	http://byoei.life.coocan.jp/	川崎市病院栄養管理部会のホームページへ
27	病院栄養管理	愛媛労災病院栄養管理室	https://www.ehimeh.johas.go.jp/group/nutrition/	愛媛労災病院栄養管理室のホームページへ
28	研究会	アクティブシニア「食と栄養」研究会	https://activesenior-f-and-n.com/	アクティブシニア「食と栄養」研究会のホームページへ
29	全国学校給食連合会	学校給食	https://zenkyuren.jp/	学校給食のホームページへ
30	学校給食会	東京都学校給食会	http://www.togakkyu.or.jp/	東京都学校給食会のホームページへ
31	学校給食会	埼玉県学校給食会	https://www.saigaku.or.jp/	埼玉県学校給食会のホームページへ
32	レシピ	クックパッド	https://cookpad.com/	クックパッドのホームページへ
33	レシピ	味の素	https://park.ajinomoto.co.jp/recipe/	味の素のホームページへ
34	レシピ	E-レシピ	https://erecipe.woman.excite.co.jp/	E-レシピのホームページへ
35	レシピ	大阪ガス・ボブとアンジー	https://www.bob-an.com/	大阪ガス・ボブとアンジーのホームページへ

図12-34　ハイパーリンクを設定した完成表

参考：ハイパーリンクの削除は，設定したセルを右クリックし，ショートカットメニューの［ハイパーリンクの削除(R)］をクリックする。

12-5 RANDBETWEEN関数

Study Point
- RANDBETWEEN関数を使うと，ランダムな整数が生成されることを理解する。

例題：アンケート調査の対象者をいくつかのグループに分けたい。人為的な偏りが生じるのを防ぐために乱数を使うと便利である。課題Aをやってみよう。

課題A 50名のアンケート対象者を3つのグループに分けなさい。

	A	B	C	D	E
1	NO	年齢	生年月日	性別	居住地
2	1	55	1968年12月23日	男	東京都
3	2	34	1990年2月12日	女	埼玉県
4	3	20	2003年9月13日	男	広島県
5	4	21	2003年1月27日	男	東京都
6	5	80	1944年2月24日	男	東京都
7	6	68	1955年9月3日	男	千葉県
8	7	28	1996年3月31日	男	兵庫県
9	8	55	1969年4月20日	女	愛知県
10	9	69	1954年12月19日	女	愛知県
11	10	37	1986年9月29日	男	東京都
12	11	37	1986年11月8日	男	東京都
13	12	34	1989年9月11日	男	広島県
14	13	51	1972年7月2日	男	愛媛県
15	14	41	1982年12月28日	男	鹿児島
16	15	69	1954年8月6日	男	熊本県
17	16	38	1985年9月20日	男	東京都
18	17	71	1952年11月15日	男	北海道
19	18	21	2002年8月15日	男	東京都
20	19	27	1996年9月11日	男	千葉県
21	20	35	1988年8月5日	女	岐阜県
22	21	71	1953年3月12日	男	愛知県
23	22	63	1960年5月7日	女	神奈川県
24	23	60	1963年9月8日	男	埼玉県
25	24	23	2001年1月24日	男	埼玉県
26	25	66	1957年8月23日	女	神奈川県
27	26	77	1946年12月7日	女	神奈川県
28	27	24	1999年10月20日	男	東京都
29	28	39	1985年3月14日	男	愛知県
30	29	23	2000年9月2日	男	埼玉県
31	30	64	1959年10月24日	男	埼玉県
32	31	75	1949年2月8日	女	東京都
33	32	68	1955年11月7日	男	大阪府
34	33	43	1980年8月18日	その他・不明	沖縄県
35	34	40	1984年3月19日	男	東京都
36	35	32	1992年2月8日	男	大阪府
37	36	22	2001年12月20日	女	大阪府
38	37	80	1943年5月6日	男	東京都
39	38	53	1970年10月22日	女	神奈川県
40	39	56	1967年6月16日	男	岐阜県
41	40	22	2001年12月29日	その他・不明	大阪府
42	41	41	1982年12月8日	男	山形県
43	42	66	1958年2月19日	男	東京都
44	43	25	1998年4月28日	女	東京都
45	44	44	1979年11月12日	女	北海道
46	45	64	1959年7月27日	男	山口県
47	46	55	1968年8月23日	女	熊本県
48	47	62	1961年5月22日	男	大阪府
49	48	43	1980年12月31日	男	山口県
50	49	74	1949年12月2日	女	神奈川県
51	50	38	1985年6月3日	女	神奈川県

図12-35 アンケート対象者リスト　　ダウンロード

図12-35のように，アンケート対象者を表にまとめておく。

RANDBETWEEN関数の入力

課題A 50名のアンケート対象者を3つのグループに分けなさい。

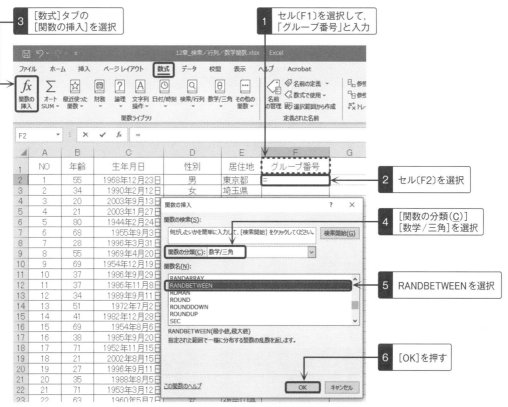

図12-36 RANDBETWEE関数の挿入

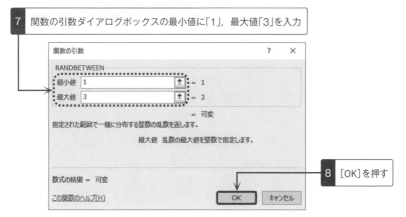

図12-37 引数の入力

9 セル〔F3〕をオートフィルでセル〔F51〕まで複写する

F2　=RANDBETWEEN(1,3)

	A	B	C	D	E	F
1	NO	年齢	生年月日	性別	居住地	グループ番号
2	1	55	1968年12月23日	男	東京都	3
3	2	34	1990年2月12日	女	埼玉県	
4	3	20	2003年9月13日	男	広島県	
5	4	21	2003年1月27日	男	東京都	
6	5	80	1944年2月24日	男	東京都	

図12-38　RANDBETWEE関数のコピー

	A	B	C	D	E	F
1	NO	年齢	生年月日	性別	居住地	グループ番号
2	1	55	1968年12月23日	男	東京都	3
3	2	34	1990年2月12日	女	埼玉県	1
4	3	20	2003年9月13日	男	広島県	3
5	4	21	2003年1月27日	男	東京都	1
6	5	80	1944年2月24日	男	東京都	3
7	6	68	1955年9月3日	男	千葉県	3
8	7	28	1996年3月31日	男	兵庫県	2
9	8	55	1969年4月20日	女	愛知県	1
10	9	69	1954年12月19日	女	愛知県	2
11	10	37	1986年9月29日	男	東京都	1
12	11	37	1986年11月8日	男	東京都	2
13	12	34	1989年9月11日	男	広島県	1
14	13	51	1972年7月2日	男	愛媛県	3
15	14	41	1982年12月28日	男	鹿児島	2
16	15	69	1954年8月6日	男	熊本県	1
17	16	38	1985年9月20日	男	東京都	2
18	17	71	1952年11月15日	男	北海道	2
19	18	21	2002年8月15日	男	東京都	1
20	19	27	1996年9月11日	男	千葉県	1
21	20	35	1988年8月5日	女	岐阜県	2
22	21	71	1953年3月12日	男	愛知県	2
23	22	63	1960年5月7日	女	神奈川県	3
24	23	60	1963年9月8日	男	埼玉県	1
25	24	23	2001年1月24日	男	埼玉県	3
26	25	66	1957年8月23日	女	神奈川県	2
27	26	77	1946年12月7日	女	神奈川県	3
28	27	24	1999年10月20日	男	東京都	1
29	28	39	1985年3月14日	男	愛知県	3
30	29	23	2000年9月2日	男	埼玉県	1
31	30	64	1959年10月24日	男	埼玉県	2
32	31	75	1949年2月8日	女	東京都	1
33	32	68	1955年11月7日	男	大阪府	1
34	33	43	1980年8月18日	その他・不明	沖縄県	3
35	34	40	1984年3月19日	男	東京都	2
36	35	32	1992年2月8日	男	大阪府	1
37	36	22	2001年12月20日	女	大阪府	3
38	37	80	1943年5月6日	男	東京都	1
39	38	53	1970年10月22日	女	神奈川県	2
40	39	56	1967年6月16日	男	岐阜県	3
41	40	22	2001年12月29日	その他・不明	大阪府	3
42	41	41	1982年12月8日	男	山形県	2
43	42	66	1958年2月19日	男	東京都	1
44	43	25	1998年4月28日	女	東京都	3
45	44	44	1979年11月12日	女	北海道	3
46	45	64	1959年7月27日	男	山口県	2
47	46	55	1968年8月23日	女	熊本県	3
48	47	62	1961年5月22日	男	大阪府	2
49	48	43	1980年12月31日	男	山口県	3
50	49	74	1949年12月2日	女	神奈川県	3
51	50	38	1985年6月3日	女	神奈川県	2

図12-39　ランダムなグループ番号が生成された完成表

<参考文献>

1章
技術評論社編集部，AYURA：今すぐ使えるかんたん Excel 2021 [Office 2021/Microsoft 365 両対応]，技術評論社，東京(2022)
阿部香織：情報利活用 表計算 Excel 2021対応，日経BP，東京(2023)
きたみあこ：今すぐ使えるかんたん Excel ピボットテーブル [Office 2021/2019/Microsoft 365 対応版]，技術評論社，東京(2022)

3章
厚生労働省：食中毒発生状況(2023)

5章
厚生労働省：国民生活基礎調査(2022)
厚生労働省：国民健康・栄養調査(2022)
厚生労働省：食中毒発生状況(2023)
総務省：人口推計(2020)
厚生労働省：人口動態統計(2020)

6章
日本高血圧学会：高血圧治療ガイドライン(2019)

9章
厚生労働省：人口動態統計(2022)
国立健康・栄養研究所：国民健康・栄養調査(2019)，調査内容の変遷，栄養摂取状況調査，栄養素等摂取量
文部科学省：日本食品標準成分表(八訂)増補(2003)
厚生労働省：日本人の食事摂取基準(2025年版)

12章
厚生労働省：日本人の食事摂取基準(2025年版)

索　引

記号・数学

- ####……………………………………87
- #DIV/0!………………………………87
- #N/A……………………………………87
- #NAME?………………………………87
- #VALUE!………………………………87
- #REF!……………………………………87
- #NUM!…………………………………87
- #NULL!…………………………………87
- 1次元の集計表（単純集計表）……223
- 3次元クロス集計……………………245
- 3次元の集計表………………………223
- 3D集計…………………………………28
- 2階層の集計表………………………223
- 2次元の集計表（クロス集計表）……………………………223

A～Z

- AND……………………………96, 165, 194
- AND関数…………………………………165
- AVERAGE………………………26, 175, 194
- COUNT……………………………………73, 194
- DATE……………………………………156
- DATEDIF…………………………156, 158
- DATEDIF関数……………………………158
- DATESTRING…………………………156
- DATEVALUE……………………………156
- DAY……………………………………156
- Deleteキー………………………………82
- DELキー…………………………………169
- EDATE…………………………………156
- EOMONTH……………………………156
- FALSE……………………………………96
- FALSE関数………………………………97
- F検定…………………………………209, 212
- F統計量………………………………209
- F分布…………………………………209
- HLOOKUP関数………………………252
- HOUR…………………………………159
- HYPERLINK関数……………………262
- IF………………………………………96, 163
- IFERROR…………………………………96
- IFERROR関数によるエラー処理…………………………………172
- IF関数…………………………………97, 249
- IF関数によるエラー処理………169
- IF関数による判定………………………98
- IF関数のネスト………………………100
- INDEX…………………………………248
- INDEX関数……………………………248
- JISコード順…………………………130, 135
- MAX……………………………………194
- MEDIAN………………………………194
- MIN……………………………………194
- MINUTE………………………………159
- MONTH………………………………156
- NETWORKDAYS……………………156
- NORM.S.DIST………………………219
- NORM.S.INV…………………………219
- NOT……………………………………96
- NOW……………………………………156
- OR…………………………………96, 165
- OR関数…………………………………165
- PHONETIC……………………………137
- RANDBETWEEN関数………………264
- SECOND………………………………159
- STDEV.P………………………………194
- STDEV.S………………………………194
- T.DIST…………………………………219
- T.INV…………………………………219
- TIME……………………………………159
- TIMEVALUE…………………………159
- TODAY…………………………………156
- TODAY関数……………………………157
- TRUE……………………………………96
- TRUE関数………………………………97
- t検定…………………………………208, 213
- t統計量………………………………207, 209
- t分布…………………………………207, 209
- VLOOKUP……………………………254
- VLOOKUP関数………………………254
- WEEKDAY……………………………156
- WEEKNUM……………………………156
- WORKDAY……………………………156
- YEAR……………………………………156
- Z検定…………………………………209

五十音

あ

- 「アクション」グループ………………231
- 「アクティブなフィールド」グループ…………………………230
- 「値」エリア……………………………230
- 値フィールド……………………………230
- 値フィールドの設定……………………232
- 「値フィールドの設定」ダイアログボックス……230, 235, 241, 237
- アドイン………………………………200
- アルファベット順………………130, 140

う

- ウィンドウ枠の固定……………………141
- ウィンドウ枠の固定解除………………141
- ウェルチのt検定………………209, 216

え

- エラー表示………………………………87

お

- 大きい順…………………………………130
- 大きさの比較……………………………102
- オートSUM………………………26, 55, 73
- オートフィルオプション………………19
- オートフィルター……………………144
- ［オートフィルターオプション］のダイアロボックス…………………154
- オートフィルターの設定……………144
- オートフィルターボタン……………130
- 親行集計に対する比率………………234
- 親集計に対する比率…………………234
- 親列集計に対する比率………………234
- 折れ線グラフ……………119, 174, 177

か

回帰分析 ································ 204
カイ 2 乗値 ··························· 218
片対数グラフ ······················ 176
関数の入力 ····························· 69
[関数の引数]ダイアログ
　ボックス ··························· 138
関連性の検定 ······················ 217

き

基準値との差分 ·················· 234
基準値に対する比率 ········· 234
基準値に対する比率の差 ··· 234
基本統計量 ············· 193, 194, 196
帰無仮説 ······························· 206
行 ··· 7
行／列の切り替え ········· 111, 190
「行」エリア ························ 229
行集計に対する比率 ···· 234, 235, 237
行の高さの変更 ···················· 51
行ラベルフィールド ·········· 223

く

空白セルに表示する値 ······ 244
空白のブック ······················ 4, 37
グラフエリア ······················ 103
グラフタイトル ·················· 105
グラフツールのリボン ······ 103
グラフの種類 ······················ 102
グラフの使い分け ············· 102
グラフ要素ボタン ············· 105
クロス集計表 ······················ 229
クロスの集計 ······················ 223

け

計算の種類 ··························· 234
罫線を引く ····························· 65
健康診断データ ·················· 126
検索条件範囲(C) ················· 152
検索値 ····························· 252, 254

こ

合計特殊出生率 ·················· 179
合計の計算 ····························· 55

降順 ·· 130
降順での順位 ······················ 234
構成割合 ······························· 102
項目軸の入れ替え ············· 190
五十音順 ················ 130, 135, 138, 140
五十音順による並べ替えの
　優先順位 ··························· 140

さ

最小二乗法 ··························· 204
最小値(N) ······························ 123
最大値(X) ······························ 123
作業ウィンドウオプション ······ 227
参照 ·· 38
散布図 ····························· 121, 202

し

シート ······································· 5
シートの移動 ························· 22
シートのグループ化 ············ 25
シートのコピー ····················· 22
シートの削除 ························· 23
シートの挿入 ························· 22
シートのリンク ····················· 30
シート名の変更 ····················· 23
式複写 ····································· 56
軸の書式設定 ······················ 178
軸ラベルの追加 ·················· 106
時系列変化 ···················· 102, 119
時刻関数 ······················· 156, 159
時刻の入力 ····························· 14
指数(インデックス) ··········· 234
集計 ································ 125, 223
集合縦棒 ······························· 105
集合縦棒グラフ ·················· 108
従属変数 ······························· 204
出生数 ··································· 179
詳細設定 ······························· 149
詳細設定の条件式 ············· 155
昇順 ································ 130, 134
昇順での順位 ······················ 234
昇順の逆 ······························· 130
ショートカットキー ············ 17
食行動アンケート調査 ······ 220
書式タブ ······························· 103

す

[数式]タブ ···························· 137
数式の入力 ····························· 53
数式ライブラリ ·················· 137
数値のグループ化 ············· 242
数値の入力 ····························· 12
数値フィルタ(F) ················· 145
スクロール ··························· 141
スチューデントの t 検定 ······ 216
ステータスバー ·················· 145

せ

成人における血圧値の分類 ······ 149
正の相関 ······················· 121, 202
生命表 ··································· 182
絶対参照 ·························· 74, 83
セル ······································· 5, 6
セル内のクリア ····················· 82
セルの結合 ····························· 48
セルの中央揃え ····················· 47
セル範囲 ··································· 6
先頭行の固定(R) ················· 141

そ

相関係数 ······························· 202
相関と回帰 ··························· 200
相対参照 ··································· 74
その他の関数 ······················ 137

た

第 1 縦軸ラベル ·················· 181
対数目盛 ······························· 178
第 2 縦軸ラベル ·················· 181
対立仮説 ······························· 207
縦棒グラフ ··························· 104
タブ ·· 5
ダミー文字 ··························· 232
単回帰 ··································· 204

ち

小さい順 ······························· 130
チェックボックス ············· 178
値フィールド ······················ 223
抽出 ································· 2, 223

抽出条件……………………145
抽出（フィルター）……………125
抽出レコード数………………145
チルダ…………………………155

つ

積み上げ縦棒グラフ…………112

て

データソースの選択…………111
データの一部修正………………15
データの移動……………………15
データの上書き…………………14
データの消去……………………14
データの消去・修正……………14
データの抽出…………………141
データの並べ替え……………130
データの入力……………………11
データの複写……………………18
データ分析……………………201
データベース…………………125
データベース形式の表………125
データラベルの追加…………106
データを再表示する…………143
データを非表示にする………142
テーブル化……………………224
テーブル形式への変換………128
テーブルスタイル……………129
テーブルデザイン……………129
［テーブルの作成］ダイアログ
　　ボックス……………………224
テーブル変換…………………224
テーマの色……………………110
テキストフィルター(F)…153, 155
デザインタブ…………………103

と

統計関数………………………194
総計に対する比率……………234
統計量……………………207, 211
独立変数（説明変数）…………204
度数分布………………………196

な

名前をつけて保存………………38

並べ替え（ソート）………2, 125, 223
［並べ替え］ダイアログボックス
　　………………………………132
［並べ替えとフィルター］グループ
　　………………………132, 136, 144

に

日本高血圧学会………………149
日本語の並べ替え……………135
日本語の並べ替え順序………140
入力モードの切り替え…………10

ぬ

塗りつぶし…………………67, 109

は

配置の変更………………………13
ハイパーリンク………………263
半角英数字………………………10
半角英数字モード………………10
凡例の移動……………………191
凡例の入れ替え………………190

ひ

ヒストグラム…………………196
日付関数………………………156
日付の入力………………………13
非表示(H)……………………142
ピボットテーブル……………223
ピボットテーブルエリア……227
ピボットテーブルオプション…244
ピボットテーブルのコピー…245
［ピボットテーブルの作成］
　　ダイアログボックス………226
ピボットテーブル分析………230
表示形式(N)………181, 235, 237, 241
表示形式の変更…………………52
表示単位………………………181
表の編集…………………………47
比率の累計……………………234

ふ

フィールドセクション……227, 230,
　　　　　　　　　　231, 234, 240
フィールドの削除……………242

フィールド名………………125, 238
「フィールドリスト」
　　ウィンドウ…………………228
フィルター……………………240
フィルターオプションの
　　設定……………………150, 154
フィルター解除………………145
［フィルター］ボタン…………144
フォントサイズの変更…………63
フォントの変更…………………62
複合グラフ……………………179
複合参照…………………… 74, 83
複数の検索条件………………146
ブックの操作……………………32
負の相関…………………121, 202
フリガナ………………………135
プルダウンリスト…………19, 175
プロットエリア………………103
分散比……………………209, 211
分析ツール………………200, 209
分布の種類によって
　　用いられる関数……………219
分類……………………………223

へ

平均(A)…………………………26
平均値の検定…………………207
平均値の差の検定………206, 207

ほ

［ホーム］タブ……………… 12, 52

ま

マイクロソフト・オフィス・
　　エクセル………………………2

め

目盛間隔の変更………………191
目的変数………………………204

も

文字の修飾………………………64
文字列の抽出…………………153
文字列の入力……………………11

ゆ

有意水準……………………207

よ

要素の間隔………………184, 199

り

リボン…………………………5
両側検定……………………209

る

累計…………………………234

れ

レイアウトセク
　ション……………227, 231, 241
レーダーチャート………………185
レコード……………………125
列……………………………7
「列」エリア…………………229
列集計に対する比率……………234
列幅と行の高さ…………………50
列幅の変更……………………50
列や行の削除……………………9
列や行の選択……………………7
列や行の挿入……………………9

列ラベルフィールド……………223
レポートフィルター
　フィールド………………223
連続した数値の入力……………19
連続データ……………………19

ろ

論理関数の種類…………………96

わ

ワークシート……………………5
ワイルドカード文字……………155
割合の計算……………………57

執筆者紹介

編著者

藤倉　純子(ふじくら　じゅんこ)
　　　女子栄養大学栄養学部健康情報科学研究室　教授
　　　主要図書：新しい健康教育－理論と事例から学ぶ健康増進への道－，健康同人社(2011)
　　　　　　　『栄養教育・指導実習ワークブック』［第4版］，みらい(2025)

執筆者

山田　耕太郎（やまだ　こうたろう）　女子栄養大学栄養学部データサイエンス教育研究室　教授
吉澤　剛士（よしざわ　たけし）　十文字学園女子大学人間生活学部食物栄養学科　教授
吉本　優子（よしもと　ゆうこ）　京都府立大学大学院生命環境科学研究科　准教授

| 2021年対応 | 健康・医療・栄養のための
Excel ワーク |
|---|---|

初版発行　2025年3月30日

編著者Ⓒ　　藤倉　純子

発行者　　森田　富子

発行所　　株式会社 アイ・ケイコーポレーション

　　　　　〒124-0025　東京都葛飾区西新小岩4-37-16
　　　　　　　　　　　I&Kビル202
　　　　　　　　　　Tel 03-5654-3722, 3723
　　　　　　　　　　Fax 03-5654-3720

表紙デザイン　㈱エナグ　渡部晶子
組版　㈲ぷりんてぃあ第二／印刷所　㈱エーヴィスシステムズ

ISBN978-4-87492-400-6 C3004